国家自然科学基金重点项目"中部地区承接产业转移的驱动机制与环境效应"（41430637）
河南省机构编制委员会办公室委托项目"河南省直管县、市管县利弊实证量化分析"

黄河文明与可持续发展文库

省直管县体制改革的探索与评价

以河南省为例

An Exploration and Evaluation of the
"Province Governing County" Reform
The Case of Henan Province

苗长虹　赵建吉　等◎著

科学出版社
北京

内 容 简 介

省直管县体制改革是我国行政体制改革的重要内容。本书对政府层级设置的经验进行了归纳，分析了市管县体制的发展情况与弊端、省直管县改革的进程。以我国第一个实行"省直管县全面由省直接管理"体制试点的省份——河南省为例，在总结其省直管县体制改革的历程、特点与经验的基础上，通过计量经济模型与调研访谈相结合的研究方法，从经济增长与发展效率、产业结构、财政收入、城乡统筹、行政成本、干部流动等方面定量研究了省直管县改革对于县域发展的影响，提出了河南省下一步省直管县改革的备选对象。

本书可供从事城市与区域规划、人文地理、经济地理、城市与区域经济等领域的教学科研人员参考，也可为相关政策部门开展工作提供借鉴。

图书在版编目（CIP）数据

省直管县体制改革的探索与评价——以河南省为例/苗长虹等著. —北京：科学出版社，2020.4

（黄河文明与可持续发展文库）

ISBN 978-7-03-064379-7

Ⅰ. ①省… Ⅱ. ①苗… Ⅲ. ①县–行政管理体制–体制改革–研究–河南 Ⅳ. ①D625.61

中国版本图书馆 CIP 数据核字（2020）第 018109 号

责任编辑：杨婵娟 李嘉佳 / 责任校对：贾伟娟
责任印制：徐晓晨 / 封面设计：无极书装
编辑部电话：010-64035853
E-mail: houjunlin@mail.sciencep.com

科学出版社 出版
北京东黄城根北街 16 号
邮政编码：100717
http://www.sciencep.com

北京虎彩文化传播有限公司 印刷
科学出版社发行　各地新华书店经销

*

2020 年 4 月第 一 版　开本：720×1000 B5
2020 年 4 月第一次印刷　印张：16 3/4
字数：328 000

定价：98.00 元
（如有印装质量问题，我社负责调换）

丛 书 序

大河流域是人类文明的摇篮。在中华文明发祥、形成、发展、演化和复兴的过程中,黄河文明一直发挥着中流砥柱的作用。尽管什么是文明,学术界还有不同的看法,但文明作为人类社会进步的状态,就不仅体现在诸如文字、技术(如青铜器)、城市、礼仪等组成要素上,而且还体现在由这些要素组成的社会整体:国家的形成与发展上。正如恩格斯在《家庭、私有制和国家的起源》中所指出的:"国家是文明社会的概括。"对于黄河文明的认识,无论是对中国古代文明起源持单中心论的学者,还是持多中心论的学者,都无法否认从黄河流域兴起的夏、商、周文明在中国古代文明起源与发展中的支配地位。特别是,随着考古学研究的深入和中华文明探源工程的推进,我国史前文化的地域多样性得到了进一步的确认,黄河文明在我国古代文明进程中的支配地位同样也得到了进一步的确认。由此,我们不禁要问,在灿烂发达、具有多个起源的中国史前文化中,为何只有地处黄河流域的中原地区走向了国家文明的道路,而别的地区却被中断或停滞不前?黄河文明的特质、优势及其对文明连续性发展的影响何在?黄河文明与周边地区的文明是如何互动并融合发展的?在国家文明形成之后,自秦汉至唐宋,黄河文明在中华文明进程中是如何创造一个个高峰的?她对中华文明乃至世界文明究竟产生了哪些重大影响?北宋以来,伴随着国家经济中心和政治中心的地域转移,黄河文明的演化与发展又面临着哪些前所未有的挑战?如果说农耕文明是黄河文明的核心内容,那么,是什么原因造就了这种文明的历史辉煌?又是什么原因造成其发展的路径依赖甚至锁定,以至于形成"高水平均衡陷阱"?

在国际学术界,冷战结束之后,伴随着经济全球化的快速推进,国际政治经济格局和秩序的重构,生态与可持续发展问题的凸显,有关文明冲突、共存,以及文化软实力、文化竞争力的辩论,为地域文明的研究注入了鲜明的时代性及全球化和生态环境两个重要视角。对于黄河文明而言,在全球化时代从传统农耕文明向现代农业文明、现代工业文明和现代城市文明的转型已成为历史的必然。经过一个多世纪的探索,目前黄河文明已经进入全面、快速转型的新时期,但这种转型不仅面临着传统制度和文化的约束,而且还面临着前所未有的资源与生态环境问题的挑战。作为中华文明的典型代表,黄河文明在全球化时代和全面转型时代如何实现可持续发展并实现伟大复兴,仍是我们面临的一个重大的时代性课题。

历史是一面镜子，而现在是联系过去和未来的纽带。对于文明的研究，我们需要回答几个基本问题：我们是谁？我们从哪里来？现在到了哪里？今后走向何方？为了回答黄河文明的这些问题，地处黄河之滨的河南大学以多年对黄河文明研究所形成的厚重历史积淀为基础，整合学校地理、经济、历史、文学（文化）等优势学科，并广泛联合国内外优秀研究力量，于 2002 年组建了黄河文明与可持续发展研究中心，并于 2004 年被国家教育部批准为普通高等学校人文社会科学重点研究基地。围绕黄河文明与可持续发展这一核心，中心将历史研究与现实研究有机结合起来，凝练了黄河文明的承转与发展、制度变迁与经济发展、生态与可持续发展三个主攻方向，并以此为基础，提出了创建具有中国特色、中国风格、中国气派的"黄河学"的宏伟目标。

近年来，中心科研人员承担了一批国家自然科学基金、国家社会科学基金、教育部人文社科重点研究基地重大项目等国家级和省部级课题，取得了丰硕研究成果。为繁荣黄河文明与可持续发展研究，推动"黄河学"建设与发展，河南大学黄河文明与可持续发展研究中心从 2011 年起编撰"黄河文明与可持续发展文库"，分批出版中心研究人员在黄河文明与可持续发展研究领域的代表性成果。此套丛书的出版得到了科学出版社的大力支持，在此我代表黄河文明与可持续发展研究中心表示衷心的感谢。

"黄河学"的创建任重而道远，黄河文明复兴的征程伟大又艰巨。研究黄河文明形成、发展、演变的规律，探究黄河文明的精髓和可持续发展的道路，不仅对中华文明、中国道路的研究有重大贡献，而且能为世界不同文明的和谐发展提供知识和智慧源泉。我们期待着中华文明的伟大复兴，我们也期待着以黄河文明与可持续发展研究为核心的"黄河学"能够早日建成并走向世界。

苗长虹

河南大学黄河文明与可持续发展研究中心执行主任

2011 年 4 月 9 日

前　言

"郡县治，天下安"。自秦开创郡县体制以来，县作为我国历史上最为稳定、也相对独立的一级基层管理单元，在维护中央统治、国家统一、社会稳定和经济发展等方面发挥着不可替代的基础性作用。截至2017年12月31日，我国共有县级行政区划单位2851个，其中市辖区962个、县级市363个、县1355个、自治县117个、旗49个、自治旗3个、特区1个、林区1个[①]。县域经济作为我国国民经济中相对独立的基本单元，是我国国民经济发展的重要组成部分和战略基石，对加快推进新型城镇化、实施乡村振兴战略、解决"三农"问题，推进国家经济和社会发展的现代化进程，全面建成小康社会，具有不可替代的作用。

对县的有效治理是我国行政体制变迁的关键因素，也是协调与平衡中央与地方关系的核心。中华人民共和国成立以来，我国的省、市、县府际关系一直处于动态调整之中。市管县体制是由地级以上的市（含直辖市、较大的市和地级市）管理周边县（市）的体制。改革开放以来，基于加快工业化和城市化进程的需要，市管县体制快速发展。不可否认，市管县体制在促进城市化、工业化进程，推动城乡一体化发展等方面起到了积极的作用，但随着改革开放的深入推进和市场经济体制的逐步完善，这一体制也遭遇越来越多的挑战与质疑。市管县体制下，作为独立利益主体的地级市为了自身利益，利用其掌握的行政权力，不断汲取其所管辖县的资源，在一定程度上成为制约县域经济发展的瓶颈。在此背景下，改革"市管县"体制、建立扁平化的省直管县体制，已成为推动经济发展和深化行政体制改革的迫切要求和战略选择。省直管县体制是指省、市、县的行政管理关系由目前的"省-市-县"三级体制转变为"省-县"二级体制，县不再受到地级以上的市的管理约束，而是直接由省直管。20世纪90年代以来，以浙江省为代表的一些省份陆续推行以"强县扩权""扩权强县""县财省管"等为主要内容的省直管县体制改革试点工作，通过减少地方财政层级和下放经济管理权限，提高财政管理效率和县级政府发展经济的积极性，在很大程度上促进了县域经济的增长。党的十八大报告在涉及行政体制改革的篇章中明确提出，"优化行政层级和行政区划设置，有条件的地方可探索省直接管理县（市）改革，深化乡镇行政体制改革"。党的十八届三中全会通过的《中共中央关于全面深化改革若干重大问

[①] 资料来源：中华人民共和国行政区划统计表.中华人民共和国民政部网站.http://xzqh.mca.gov.cn/statistics/2017.html[2018-09-15].

题的决定》再次提出,"优化行政区划设置,有条件的地方探索推进省直接管理县(市)体制改革"。

2010年,中央机构编制委员会办公室确定在安徽、河北、河南、湖北、江苏、黑龙江、宁夏、云南8省(自治区)的30个县(市)进行省直管县体制改革试点,为进一步推进地方行政体制改革积累经验。在此次改革试点中,河南作为全国的人口大省和县域经济发展大省,巩义、兰考、汝州、滑县、长垣、邓州、永城、固始、鹿邑、新蔡10个县(市)入选。2011年5月,中共河南省委、河南省人民政府联合下发《中共河南省委 河南省人民政府关于印发〈河南省省直管县体制改革试点工作实施意见〉的通知》(豫发〔2011〕7号),标志着河南成为全国首个正式宣布启动"行政省直管县"体制改革试点工作的省份。2013年11月,中共河南省委、河南省人民政府出台了《中共河南省委 河南省人民政府关于印发〈河南省深化省直管县体制改革实施意见〉的通知》(豫发〔2013〕12号),决定从2014年1月1日起,上述10个县(市)全面实行由省直接管理的体制。河南省直管县体制改革试点工作开展以来,河南省委、省人民政府和试点县(市)在行政、经济等管理体制改革上做出了一系列的探索,取得了极其宝贵的实践经验,但也发现了一些必须面对和急需解决的重要问题。梳理总结河南省直管县体制改革的探索经验和存在问题,定量评价省直管县与市管县体制的利弊,对省直管县改革对象进行遴选,不仅对河南深化和完善直管县改革具有重要指导作用,而且对我国省直管县体制改革向纵深推进具有重要理论价值和实践意义。

本书的研究和写作提纲拟定、全书统稿与修改,由苗长虹和赵建吉完成。赵宏波、丁志伟、吕可文、王珏、田光辉、付光伟分别参与了第四、第五、第六、第七、第八、第九章的研究和撰写工作。

本书共分为十一章。

第一章主要研究政府层级设置的经验借鉴与市管县体制的发展。分析我国地方政府层级设置的历史演变、国外经验借鉴,以及市管县体制在我国的发展历程。

第二章主要研究市管县体制的弊端与省直管县的兴起。对市管县体制存在的问题进行剖析,对省直管县与市管县体制的差异进行对比,梳理我国省管县体制改革的实践。

第三章主要研究河南省直管县体制改革的历程、特点与经验。选取我国第一个实行"全面省直管县"的河南省作为案例,剖析其改革历程,研究10个省直管县(市)的特点,总结归纳河南省直管县体制改革中的经验。

第四章主要是对河南省直管县与市管县经济发展的异同进行定量分析。基于2011~2014年的数据,从经济总量时序变化、经济结构时序变化、经济质量时序变化、经济综合指数时序变化、经济速度时序变化等方面,对河南省直管县、扩权县与市管县的发展绩效进行研究。

第五章主要研究省直管县与扩权县、市管县的经济发展效率。基于 DEA 和 Malmquist 指数，对直管县政策全面推行以来，省直管县、扩权县与市管县的经济发展效率进行研究。

第六章主要研究不同扩权政策对县域经济增长的影响。分析扩大经济管理权限、社会管理权限、全面省直管（经济管理权限+社会管理权限）等不同类型扩权政策，对于县域产业结构的影响。

第七章主要研究省直管县改革对县域财政的影响。在对省直管县改革对县域财政影响进行理论分析的基础上，通过构建计量经济模型分析不同类型扩权政策对县域财政收入的影响。

第八章主要研究省直管县改革对县域城乡统筹的影响。在对比分析省直管县、扩权县和市管县城乡统筹进程变化的基础上，运用动态面板数据，分析省直管县、市管县体制下城乡收入差距的变动情况及影响因素；借助于综合评价模型分析省直管县、扩权县和市管县城乡统筹综合水平的时空变化规律。

第九章主要研究省直管县改革对县域行政成本的影响。从行政成本的角度，通过访谈资料和统计数据，探究河南实行省直管县体制改革之后是否降低了其行政成本。

第十章主要研究省直管县改革对县域干部流动的影响。分析省直管前后干部管理体制的变化、省直管对干部管理体制的积极影响和消极影响，提出省管县体制下干部制度改革路径。

第十一章主要研究省直管县改革的备选对象。对现有 10 个省直管县（市）的人口规模、经济体量、距离中心城市距离等指标进行分析，结合都市区一体化、城市群建设等现有规划，区域综合统筹与协调发展等方面的因素，提出河南省省直管县改革的备选对象与建议对象。

本书主要观点如下：

第一，河南省具备推进省直管县体制改革的条件和优势。河南省县域经济地位突出。河南省县域经济占全省的比重在 70%以上，县域经济的发展水平很大程度上决定了省域经济的发展水平。目前大多数县域经济发展水平不高，弱市无法带动弱县的发展，同时还遏制了强县的发展，即使强市也无法带动远离中心城市的县域。河南省推行省直管县体制的基础条件良好。河南省高速公路分布密度在全国遥遥领先，省域面积适中，省级政府财政实力和财政统筹能力较强，经济和社会发展排在中部省份的前列，具备了有选择、分步骤实施市县并立的省直管县体制的条件。省委高度重视，周密部署，大胆实践。济源直管的成功经验坚定了河南省委、省人民政府改革的勇气和决心，也获得了市、县领导的支持和认同。从 20 世纪 90 年代初的扩权强县到 2014 年的 10 个试点县（市）全面直管，河南省经济和行政管理体制改革稳步推进、周密部署、大胆尝试，成为省直管县改革的积极探索者,改革走在了全国的前列。

第二,河南现有10个直管县(市)的特点凸显。市弱县大,受到所在地级市辐射带动有限。河南中心城区经济实力相对薄弱,2010年市辖区GDP占全省的比重仅为28.5%,驻马店、许昌、三门峡、周口4个地级市市区GDP占全市的比重低于20%,周口仅有9%,导致河南多数县域受到所在地级市的辐射带动作用有限。试点县(市)类型多样,在全国具有代表性。在全国试点县(市)中,除民族县(市)、边境县(市)、山区县(市)外,其他类型河南省都有涉及。相对于其他试点省(区),河南10个试点县(市)类型最为多样。经济发展水平相对较高。除江苏外(江苏试点的主要目的为探索发达省份通过省直管县改革促进区域协调发展),河南省10个试点县(市)平均GDP、人均GDP分别达到203.42亿元和19 927.51元,是除河南和江苏外的其他试点县(市)的1.63倍和1.21倍。

第三,省直管县改革对于省直管县的经济增长具有显著促进作用。省直管县经济总量上升趋势明显。省直管县GDP总量、全社会固定资产投资、工业增加值、公共财政预算收入占全省的比重呈现大幅提升。省直管县经济质量提升速度高于非省直管县[①]。省直管前,非省直管县的经济质量指数略高于省直管县,但省直管后,省直管县的经济质量稳步提升,直至与非省直管县持平。省直管县经济增速高于非省直管县。省直管县与非省直管县各经济指标均呈上升的趋势,但省直管县的经济增速高于非省直管县。

第四,省直管县的经济发展效率高于市管县但低于扩权县。省直管县和扩权县相比市管县,具有更高的经济发展效率,省直管县和扩权县与市管县发展效率差距不断增大。不同经济发展水平的省直管县在省直管政策实施后的表现各异,但省直管政策对于经济发展水平较低的省直管县经济发展效率提升具有显著影响。

第五,不同类型扩权政策对于县域产业结构变化和产出增长的影响不同。经济管理权限的下放促使县域第二产业和第三产业带动经济增长的能力更强,社会管理权限的下放则主要释放第三产业带动经济增长的能力。省直管县政策主要对第二产业增长起到积极作用,抑制了第三产业带动经济增长的能力。试点县中,相对中心城市经济体量大、初始发展基础较差的"大县"和"穷县",具有更好的经济增长。经济管理权限下放促进了县域经济增长,社会管理权限下放对县域经济增长产生抑制作用,而全面实行省直管则对县域经济增长产生促进作用。

第六,省直管县改革使县域财政能力大幅提升。省管县的财政收入、人均财

[①] 根据研究需要,本书将河南省县域划分为三种类型,即省直管县、扩权县、市管县。扩权县和市管县又称为非省直管县。

政收入增速高于市管县。相对市管县，扩权县人均GDP增长1%，意味着财政收入额外增长0.138%，而省直管县为0.758%；以人均GDP年增长率为7.5%计，扩权县和省直管县财政收入分别额外增长1.032%和5.684%。

第七，省直管县改革在县域城乡统筹发展中逐步显现出较为显著的作用。从县域城镇化水平看，省直管县总体高于市管县，与扩权县相比存在一定的差距，但是这种差距呈现缩小趋势。省直管县和扩权县改革均对城乡收入比产生负向影响，且作用强度较大。省直管县的城乡经济综合发展指数虽然波动变化，但其总体发展状态在向好的趋势变化。省直管县人均教育支出处于快速增长状态，且逐步缩小与扩权县差距，最终超越扩权县。

第八，省直管县改革对县域行政成本的影响不显著，公共安全支出明显提升。省直管县改革虽然减少了行政层级，简化了中间环节，但面临着从"县政府"转型为"准市政府"，摩擦和转型成本随之提高，导致短期内省直管县改革对于直管县政府一般公共服务支出的增减没有显著的统计影响。此外，省直管县政府在脱离了原属地级市政府之后，由于不能共享原属地级市提供的某些公共服务资源，公共安全成本增加。

第九，杞县、林州、夏邑、沈丘、郸城、太康、平舆7个县（市）可以作为省直管县的优先备选对象。封丘、禹州、灵宝、淅川、新野、民权、睢县、柘城、光山、商城、潢川、淮滨、息县、扶沟、上蔡、正阳、泌阳17个县（市）作为省直管县的一般备选对象。对24个备选对象进行逐一分析，结合每个县所处的交通区位条件、人口规模、经济体量、与市区距离，在更大空间范围内综合考虑，杞县、林州、夏邑、沈丘、郸城、太康、平舆、封丘、禹州、灵宝、淅川、新野、民权、柘城、潢川、息县、扶沟、上蔡、正阳、泌阳20个县（市）可作为省直管县改革的推荐对象。

基于河南省直管县改革的实践探索，本书对我国省直管县体制改革提出如下几点建议。第一，坚持市管县与省直管县并存的二元协同模式。无论是市管县还是省直管县体制，都是实现有效治理的路径选择，各自具有各自的优势、适合的区域和适用条件。统筹城乡发展既要发挥中心城市的效率优势和辐射带动能力，也要对距离中心城市较远的外围县给予充分的自主权，致力于培育新的经济增长极。要积极稳妥推进省直管县体制改革，但要防止不切实际、盲目扩大省直管县数量。在相当长的时期内，我国市县关系应坚持市管县与省直管县两种体制并存，并在减政扩权改革中相互协同、统筹推进。第二，稳步推进经济发展水平较低、相对中心城市经济体量较大、距离较远的县（市）优先进行省直管县改革。第三，审慎推进经济发展水平较高、相对中心城市经济体量较小的县（市）进行省直管县改革。特别是对于经济实力较强、辐射和带动能力突出的中心城市，其周边县（市）应审慎推进省直管县改革。第四，加速推进市管县的经济扩权改革。对于不宜推进省直管县改革的县（市），应加快推进经济管理权限下放，将社会管理权限更多统筹到地级市，以便提升县域经济发展效率、城乡统筹水平和财政实力，同时避免干部流动不畅带来的矛盾。第五，城市周边地区要沿用市管县模式。为支持中心城市加快发展，构建以中心城市为核心的都市区，对其邻近县延续市管县体制是非常必要的，这既能满足中心城市及周边地区的一体化发展要求，又有利于进一步增强中心城市的集聚辐射功能。第六，在城市近郊地区实施撤县设区改革。在城市近郊地区实施撤县设区改革，打破行政区壁垒，保证财政、土地、空间、产业等要素资源在更大空间内进行统一规划，合理布局基础设施，有利于增强中心城市的竞争力。

本书撰写得到了河南省机构编制委员会办公室委托项目"河南省直管县、市管县利弊实证量化分析"、国家自然科学基金重点项目"中部地区承接产业转移的驱动机制与环境效应"（41430637）、国家自然科学基金项目（41601119、41301115）、教育部人文社会科学研究项目（19YJA790123、15YJC790111）等项目的支持。感谢教育部人文社会科学重点研究基地河南大学黄河文明与可持续发展研究中心、黄河文明协同创新中心、河南大学环境与规划学院对项目研究和本书出版提供的大力支持。感谢中共河南省委机构编制委员会办公室（河南省省直管县体制改革试点工作领导小组办公室）对本研究给予的指导和帮助。感谢巩义、兰考、汝州、滑县、长垣、邓州、永城、固始、鹿邑、新蔡10个省直管县（市）的相关单位在调研和访谈过程中给予的配合。感谢河南大学原校长娄源功教授、河南大学冯海龙教授对研究工作的鼓励督促和组织协调。最后，特别感谢科学出版社编辑在书稿编辑、校对、出版过程中的辛勤劳动。限于作者理论水平和实践经验，本书存在诸多不足之处，恳请广大读者和学术同人批评指正。

苗长虹
2019年8月

目　录

丛书序 …………………………………………………………………… i

前言 ……………………………………………………………………… iii

第一章　市管县体制的发展演变与总结 ……………………………… 1

 第一节　地方行政层级设置的历史演变 ……………………………… 1

 第二节　市管县体制的形成与演变 …………………………………… 3

  一、市管县体制的兴起（1949~1960年） …………………………… 4

  二、市管县体制的停滞（1961~1982年） …………………………… 5

  三、市管县体制的快速发展（1983年至今） ……………………… 5

 第三节　与国外地方行政层级设置的比较 …………………………… 6

 第四节　市管县体制的积极作用与存在问题 ………………………… 8

  一、市管县体制的积极作用 ………………………………………… 8

  二、市管县体制的弊端与问题 ……………………………………… 10

 第五节　本章小结 ……………………………………………………… 12

第二章　省直管县体制改革的兴起及与市管县体制的并立 ………… 13

 第一节　省直管县体制改革的兴起 …………………………………… 13

 第二节　省直管县体制改革的成效与问题 …………………………… 15

  一、主要成效 ………………………………………………………… 15

  二、面临问题 ………………………………………………………… 16

 第三节　省直管县与市管县体制的差异与并立 ……………………… 17

  一、省直管县与市管县的差异 ……………………………………… 17

  二、构建省直管县与市管县并立的管理体制 ……………………… 19

 第四节　本章小结 ……………………………………………………… 20

第三章　省直管县体制改革的河南实践 ……………………………… 22

 第一节　河南省直管县体制改革历程 ………………………………… 22

  一、全面推行市管县体制阶段（1983~2003年） ………………… 22

  二、向扩权县体制转型阶段（2004~2010年） …………………… 22

  三、推行省直管县体制阶段（2011年至今）……23

 第二节 河南省直管县的特点……24
  一、试点县（市）类型多样……25
  二、受所在中心城市（地级市）辐射带动作用有限……26
  三、经济发展水平相对较高……27
  四、以打造区域性中心城市为目标……29

 第三节 河南省直管县体制改革的实践操作……29
  一、省委、省人民政府高度重视"顶层设计"……29
  二、重大体制机制改革渐进推进、分步实施……30
  三、构建了一整套完善的制度……30
  四、将省直管县经济社会发展作为省直管县体制改革的关键任务……31
  五、改革过程中明确了对试点县（市）的监管机制……32

 第四节 本章小结……32

第四章 省直管县与市管县经济发展状态的多维评价……33

 第一节 评价目的和方法……33
  一、评价对象的划分……33
  二、指标选取……33
  三、权重确定……34
  四、评价方法……35

 第二节 经济总量的时序变化……36
  一、省直管县经济总量排名变化……40
  二、扩权县经济总量排名变化……40
  三、市管县经济总量排名变化……41
  四、省直管县、扩权县与市管县经济总量对比……41

 第三节 经济结构的时序变化……44
  一、省直管县经济结构排名变化……48
  二、扩权县经济结构排名变化……49
  三、市管县经济结构排名变化……49
  四、省直管县、扩权县、市管县经济结构对比……49

 第四节 经济质量的时序变化……52
  一、省直管县经济质量排名变化……55
  二、扩权县经济质量的排名变化……56
  三、市管县经济质量的排名变化……56
  四、省直管县、扩权县与市管县经济质量对比……57

第五节　经济综合指数的时序分析 59
　　　　一、省直管县经济综合指数的排名变化 63
　　　　二、扩权县经济综合指数的排名变化 63
　　　　三、市管县经济综合指数的排名变化 64
　　　　四、经济综合指数的聚类分析 64
　　第六节　经济速度的时序变化 65
　　　　一、省直管县、扩权县与市管县 GDP 总量增长率对比 65
　　　　二、省直管县、扩权县与市管县全社会固定资产投资总额增长率对比 66
　　　　三、省直管县、扩权县与市管县规模以上工业增加值增长率对比 67
　　　　四、省直管县、扩权县与市管县社会消费品零售总额增长率对比 67
　　　　五、省直管县、扩权县与市管县公共财政预算收入增长率对比 68
　　第七节　本章小结 68

第五章　省直管县与市管县经济发展效率评价 70
　　第一节　评价目的和方法 70
　　　　一、评价目的 70
　　　　二、评价方法 71
　　　　三、投入和产出变量选择 73
　　第二节　基于 BC^2 模型的县域经济发展效率评价 74
　　　　一、省直管县、扩权县与市管县经济发展效率 74
　　　　二、BC^2 模型的投影分析 88
　　第三节　基于 Malmquist 指数的县域经济发展效率评价 92
　　第四节　本章小结 98

第六章　不同扩权政策对县域经济增长的影响 100
　　第一节　研究目的与研究方法 100
　　　　一、研究目的 100
　　　　二、研究方法 102
　　第二节　计量结果分析 109
　　第三节　本章小结 111

第七章　省直管县改革对县域财政的影响 113
　　第一节　研究目的和方法 113
　　　　一、研究目的和思路 113
　　　　二、研究方法与数据 113

第二节　省直管县财政管理与运行效率分析 …………………………… 115
　　一、短期内财政部门运行成本加大 ………………………………… 115
　　二、来自市级财政的支持与指导力度较少 ………………………… 116
　　三、省级财政管理难度增加 ………………………………………… 117
　　四、资金的运转效率与财政部门的工作效率大大提高 …………… 117
　　五、基层财政管理水平明显提升 …………………………………… 118
第三节　财政收支变化 …………………………………………………… 118
　　一、财政收入变化 …………………………………………………… 119
　　二、财政支出变化 …………………………………………………… 139
第四节　财政收支平衡变化 ……………………………………………… 160
　　一、预算内财政赤字 ………………………………………………… 160
　　二、预算内赤字增长速度 …………………………………………… 164
　　三、预算内赤字率 …………………………………………………… 169
第五节　省直管和扩权财政效应的计量分析 …………………………… 173
　　一、因变量 …………………………………………………………… 174
　　二、自变量与控制变量 ……………………………………………… 174
　　三、结果与结论 ……………………………………………………… 175
第六节　本章小结 ………………………………………………………… 177

第八章　省直管县、扩权县、市管县城乡统筹发展的多维评价 …………… 180

第一节　评价目的和方法 ………………………………………………… 180
　　一、评价目的 ………………………………………………………… 180
　　二、方法 ……………………………………………………………… 180
第二节　人口市民化进程的差异 ………………………………………… 184
　　一、不同体制下非农化进程的差异 ………………………………… 184
　　二、不同体制下人口市民化进程的差异 …………………………… 186
第三节　城乡收入差距的变化及影响因素分析 ………………………… 189
　　一、城乡收入差距的时序变化 ……………………………………… 189
　　二、城乡收入差距的空间分异 ……………………………………… 192
　　三、影响城乡收入差距的原因分析 ………………………………… 193
第四节　城乡统筹发展综合水平评价 …………………………………… 194
第五节　公共财政中教育支出、农林社会事务支出的变化 …………… 208
第六节　河南省直管县城乡统筹发展面临的问题 ……………………… 214
　　一、人口市民化进程压力大、城镇化迁移目的地更为复杂 ……… 214
　　二、城乡基础设施与公共服务设施共建共享压力大 ……………… 215

三、城乡社会统筹保障机制建立难度大 215
　　四、城乡民生问题急需进一步关注 215
　第七节　本章小结 216

第九章　省直管县改革对县域行政成本的影响 220
　第一节　评价目的与方法 220
　　一、评价目的 220
　　二、评价方法 220
　第二节　省直管县体制对政府行政成本的影响 222
　　一、市管县体制的县县关系与县市关系 222
　　二、省直管县体制的县县关系与县市关系 223
　　三、省直管县体制对行政成本的影响 224
　第三节　模型及结果 227
　第四节　本章小结 229

第十章　省直管县改革对县域干部流动的影响 230
　第一节　省直管对干部管理体制的影响 230
　　一、积极影响 230
　　二、消极影响 231
　第二节　省直管县体制下干部制度改革路径 235
　　一、畅通干部交流渠道 235
　　二、强化对县处级以上干部的管理和使用 235
　　三、干部交流向省直管县等基层倾斜 236
　　四、注重改善领导班子结构 236
　第三节　本章小结 236

第十一章　省直管县改革的备选对象 238
　第一节　现有省直管县特点分析 238
　第二节　省直管县设立最低标准 239
　第三节　新省直管县选择范围 240
　第四节　本章小结 246

参考文献 247

第一章 市管县体制的发展演变与总结

第一节 地方行政层级设置的历史演变

地方行政层级一直是中国中央与地方关系的调节器。自秦朝统一至今,中国地方行政体制经历了一个在二级制与三级制之间反复变更的过程。这种历史现象深刻地反映出地方行政分层决策中的矛盾与困局(韩春晖,2011)。

秦始皇统一六国后,将天下划分为36郡,采取"以郡辖县"的体制,"县"成为统治地方的基本单位。郡县制为我国后来的行政区划管理树立了样板,其在秦朝成为定制后,被后世继承和发展(张永理,2012)。

汉初实行郡县制,及至汉武帝元封五年,将天下分为十三部(州),每部设刺史,即中央特派专员到地方调查,刺史上属御史中丞,属监察机构,平均每部监管7~8郡(寇明风和王晓哲,2010)。东汉末年,改州刺史为州牧,赋予州牧指挥所属兵力及处理地方政务权力,"州"成为"郡"之上的一级地方行政单位,自此地方政府由"郡-县"二级制变为"州-郡-县"三级制。

魏晋南北朝时期处于长期的分裂状态,各王朝在州郡设置上越设越多,南北朝末年共设州275个,下辖674郡。隋朝统一后,废除"郡"一级建制,采取"以州辖县"的体制,地方行政又重新恢复二级制,"州"的数量减少至190个。

唐朝前期承隋制为两级建制,只是将"郡"改为"州",公元627年又分设道一级监察区。"安史之乱"爆发后,节度使在全国广泛设置,集军政大权于一身,凌驾于"州"之上。唐中后期原来作为监察区的"道"与作为节度使军管区的"方镇"合二为一,地方行政管理体制逐渐由"州(府)-县"二级制向"道-州(府)-县"三级制的体制转变。

北宋时期,中央吸取五代藩镇割据的教训,削减、分解节度使的政权、兵权和财权,在州之上设置转运使、提刑按察使、安抚使和提举常平使,这些"使"的管辖区域也称为"路"(韩春晖,2011)。宋朝地方政府分三级,"路"为最高等级,相当于唐朝之"道",中间一级是"府、州、军、监",相当于唐朝的"州、府",最低一级仍是"县"(任丰金等,2014)。

元朝时期,游牧民族入主中原,中国历史上疆域空前广阔。中央政权为了有效地统治地方,在宋朝一级行政区"路"之上设立"省",均有固定的管辖区域。在"省"之下,设置"路、府、州、县"等各级行政,行政层次因地而异,其层次最多的为"省-路-府-州-县"五级，最简单的为"省-路""省-府""省-州"二级，较为普遍的是"省-路（府）-（州）县"三级（张永理，2012）。从行政区划沿革来看，元朝以"省"为高层政区，以"路（府）"为统县政区，以"（州）县"为基层政区的行政区划体制开创了中国行政区划的新纪元。

明朝的行政区划体制遗存了元朝的多级制。明朝高层政区为"都布按"三司分权，统县政区由守、巡各道监察控制，府辖县幅度通过增加属州来调节。明朝统县政区相对于元朝有所简化，其行政区划总体上是"省-府（州）-县"三级制，但也存在一定数量的"省-府-州-县"四级制。

清朝地方行政管理体制主要是督抚制度、守巡道制度和知府制度等，总督、巡抚成为固定官职，督抚辖区调整到与"省"的范围相一致。地方行政体制实行"省-府（直隶州）-（州）县"三级制。为了克服三级制管理幅度过大的问题，省以下还分设巡道与守道，作为省派出机构，以分管诸府、直隶州。

民国初年，行政区划体制变革，裁府撤州，以"道"作为"省"和"县"之间的二级行政区，行政区划成为"省-道-县"三级制。南京国民政府成立以后，绝大多数省区于1928年前后陆续废"道"，行政区划完全恢复到与秦朝郡县制类似的"省-县"二级制。省的数目相对较少，而县的数目相对较多。1936年国民政府行政院公布了《行政督察专员公署组织暂行条例》，正式确立行政督察专员公署的性质为"省政府之辅助机关"，并在江西省首先分区设行政督察专员，随后各省照此办理，形成"省-专区-县"的虚三级制。在整个国民政府统治期间，地方制度虽然名义上仍为"省-县"二级制，但是实际上已成为"省-行政督察区-县"三级制。另外，1930年国民政府颁布《市组织法》，规定"特别市"不入省的行政范围，直接由中央行政院辖，称为院辖市，或者直辖市（史卫东，2006）。

自秦汉以来，我国历朝历代的地方政府层级基本上是在二级政府和三级政府之间循环。大体来看，由汉至清，"州-郡-县"三级制自东汉末至隋文帝开皇三年，前后经历近400年；而"道-州（府）-县"准三级制由唐贞观元年持续至宋末，历时约650年；自元以后，中央与地方之间不再存在准行政单位，三级制持续至清末（寇明风和王晓哲，2010）。自秦始皇建立大一统帝国，地方行政实行二级制的约有290年；实行虚三级制的约有610年；实行实三级制的约有660年；实行三级、四级并存制的约有276年；实行多级制的约有350年（樊建飞和周俊俊，2011a）。可以说，实三级制和虚三级制是中国历史上最常见的地方行政建制模式。纵观中国行政区划的历史，凡是一个中央集权巩固的朝代，无论疆域多广，一般都实行三级制，即在中央政府之下设置"省-府（道、州）-县""州-郡（国）-县"或"道（路）-州（郡）-县"。但是在这三级中，往往有一级是虚的，即只起监察或中介的作用，而不是一级政府，更不具备一级政府的全部功能（表1-1）。

表 1-1 我国行政体制的历代变化情况

朝代名称	区划层级	一级行政区名称与数目	二级行政区名称与数目	三级行政区名称与数目
商朝	二级	诸侯国（不详）	邑（不详）	
秦朝	二级	郡（36~50）	县（900~1000）	
西汉	二级	郡（60~103）	县（1500多）	
东汉	三级	州（13）	郡（105）	县（1180）
隋朝	二级	州（190）	县（1255）	
唐朝	三级	道（10~15）	州、府（300多）	县（1600多）
北宋	三级	路（24）	府、州、军、监（300多）	县（1200多）
南宋	三级	路（16）	府、州、军（195）	县（不详）
元朝	三级	省（11）	路、府（208）	州、县（1127）
明朝	三级	省（15）	府、州（400多）	县（1171）
清朝	三级	省（26）	府、直隶州（190多）	州、县（1300多）
中华民国	三级	省市（48）	行政督察区（2383）	乡镇区（不详）

资料来源：根据樊建飞和周俊俊（2011a）修改。

注：括号中为行政区数目，单位为个。

第二节 市管县体制的形成与演变

"市管县"是指省、市、县行政管理关系为"省-市-县"三级管理，"省领导市-市领导县"模式（吴云清等，2012）。市作为在省与县之间的行政层级，先后经历了行政专员公署、地区行政公署、地区革命委员会、地级市等多个称谓。中华人民共和国成立以后，我国在省与县之间设有专区，作为省的派出机构。1954年颁布的《中华人民共和国地方各级人民代表大会和地方各级人民委员会组织法》[①]和1956年修改的《中国共产党章程》[②]均首次分别规定专署行政机关和党的委员会为上级政府和党委的派出机关。1970年，国务院批准全国专区一律改称地区，设地区革命委员会，作为一级地方政权机关。1975年，第四届全国人民代表大会通过的《中华人民共和国宪法》确认地区与省和县一样，是国家的一级正

---

① 中华人民共和国地方各级人民代表大会和地方各级人民委员会组织法.http://www.npc.gov.cn/wxzl/wxzl/2000-12/10/content_4268.htm[2018-09-15].

② 中国共产党章程(1956年9月26日八大通过).http://www.12371.cn/2012/10/25/ARTI1351156898801133_2.shtml[2018-09-15].

式地方行政建制。从此,地区机关具有了一级政权的地位及与之相适应的职能、机构和人员。

中华人民共和国成立后,我国市管县体制的发展大体上经历了三个阶段。

一、市管县体制的兴起(1949~1960年)

中华人民共和国成立之后,在中央与省级行政区之间设立了东北、华北、华东、中南、西北、西南六个行政大区。行政大区管理省与直辖市,省管理省辖市,此时直辖市与省辖市还没有设区级行政单位。1954年6月,中央人民政府委员会决定撤销大行政区行政委员会。全国绝大多数地区实行的是"市县分治",即由省分别直接管理城市和农村地区。鉴于中国农村地区广大的客观现实,实际上当时在农村地区实行的是"省-(地区)-县"的行政管理模式。地区不是一级政权,不设地方人民代表大会,也不设人民政协的地方委员会。然而,受历史原因和一系列现实因素的共同影响,地区行署的工作范围和实际职权多数已经超出了相关法律的规定,地区行署在事实上起着一级政权的作用(朱光磊,2008),从而在实际上成为县的上级领导机构。而在当时,绝大多数市级政府主要承担城市管理的基本职能,并不负责领导县级政权,在行政隶属关系上,直接接受省级政府的领导和监督(王雪丽,2013)。在此期间,为了维护社会治安以及保证城市的蔬菜、副食品供应的需要,也出现了市领导县的情况。例如,杭州市于1949~1951年曾经管辖过杭县;兰州市于1949~1950年曾经管辖过皋兰县;重庆市于1951~1952年曾经管辖过巴县;贵阳市于1952~1955年曾经管辖过贵筑县;昆明市于1951~1953年曾经管辖过昆明县等(周仁标,2012)。1958年,国务院先后批准北京市、天津市、上海市和辽宁省实行市领导县的体制,并逐步在一些经济发达地区试点并推广。1959年9月通过的《全国人民代表大会常务委员会关于直辖市和较大的市可以领导县自治县的决定》指出,"为了适应我国社会主义建设事业的迅速发展,特别是去年以来工农业生产的大跃进和农村的人民公社化,密切城市和农村的经济关系,促进工农业的相互支援,便利劳动力的调配,决定:直辖市和较大的市可以领导县、自治县①。"这一体制便以法律形式确定下来,并得到快速发展。1960年底,除京沪两个直辖市外,全国有50个省辖市(占省辖市总数的75%)实行了市领导县体制,共辖县237个,约占全国总县数的1/7(周仁标,2011)。

---

① 全国人民代表大会常务委员会关于直辖市和较大的市可以领导县自治县的决定.http://www.npc.gov.cn/wxzl/gongbao/2000-12/10/content_5004348.htm[2018-09-15].

二、市管县体制的停滞（1961～1982年）

20世纪60年代初期，受自然灾害的影响，加上政策方面的原因，粮食供应严重短缺。当时全国面临着严酷的经济形势，各地市管县体制难以为继，随着"调整、巩固、充实、提高"八字方针的贯彻，一些市管县被撤销，许多已经撤销的行署建制又重新恢复。1961年，中央和国务院决定在全国停止推广市领导县体制。仅1961年，全国领导县的市数减少到了39个；市领导的县数（包括县、自治县、旗等）则骤减至132个，降幅超过了50%（胡汉伟等，2014）。1965年底，仅剩25个市领导78个县、1个自治县。至1967年底，全国仅剩23个市领导70个县（市），平均每个市领导3.04个县（市）。无论是管县（市）的市数、市管的县（市）数，还是平均每个市领导的县（市）数量，在这一时期都形成了阶段性的低点（周仁标，2011）。

三、市管县体制的快速发展（1983年至今）

20世纪80年代以来，伴随着工业化和城市化进程的快速推进，城市日益成为区域经济发展的中心和主导性力量。根据"增长极"理论，在区域经济发展的初期阶段，各种资源要素不断向区域经济增长极的城市聚集，由此形成的"极化效应"将导致城市经济的长足发展。而当增长极发展到一定阶段后，"极化效应"将逐渐为"扩散效应"所取代。也就是说，当城市经济发展到一定程度后，会通过辐射和带动作用促进周边区域经济的整体增长。基于此，为促进城乡经济共同发展，一些省份开始探索"以城带乡""以工促农"的发展思路，试图通过实行市管县体制，发挥中心城市对区域经济的辐射带动作用，以此实现城乡经济的共同增长。

为了发挥中心城市对区域经济的辐射带动作用，实现城乡一体化发展，中共中央1982年第51号文作出改革地区体制、实行市领导县体制的决定[1]，建立市管县体制成为行政体制改革的主要方向。受此激发，全国迅速出现了撤地建市热潮。短短一年时间，管县（市）的市数从1982年的58个增加到1983年的126个，市管县（市）数从171个增加到542个，平均每个市领导的县（市）数则从2.95个增加到了4.30个，增幅分别为117%、217%、46%（吴金群，2013）。在这一时期，地级市的形成大体有四种情况：一是将地级市与地区合并，将地区原来管辖县的职能并入市；二是将行署所在的县升格为地级市，将行署原来的职能交付给升格后的市；三是将周围的一些县划归省会或较大的中心城市；四是将新设的县市升格为地级市。这个过程到20世纪80年代后期大体完成，我国的地方层

---

[1] 深化行政改革解读河南省直管县. http://henan.people.com.cn/GB/356898/360911/index.html[2018-09-15].

级建制,也由原来的"省-县(省辖市)-乡镇"三级变成了事实上的"省-市(地级市)-县-乡镇"四级,民政部适当调整了原有的地改市标准,更加速了市管县体制的发展。在 2000 年形成了仅次于 1983 年的又一次市管县体制发展的高潮,一年撤销地区 21 个,领导县的市、市领导的县分别增加 23 个和 156 个,浙江、安徽、江西、山东、河南 5 省全面推行市管县体制。截至 2006 年底,全国 283 个地级市共领导了 1546 个县级单位,约占全国县级单位总数的 77.15%,平均每个地级市领导了 5.46 个县级单位,加上 4 个直辖市领导的 31 个县级单位,全国市领导的县级单位达到 1577 个,占全国县级单位总数的 78.7%(李晓玉,2008)。至此,地方政府层级正式由"省-县(市)-乡(镇)"三级体制调整为"省-市-县-乡(镇)"四级体制,市管县体制逐渐发展成为 21 世纪初期中国地方政府管理体制的主要形式(王雪丽,2013)。

市管县体制的兴起、发展和演变,一方面与我国地级市的兴起和发展紧密相关,另一方面与不同时期国家法律和政策的支持密不可分。中央人民政府下发的各类文件,对于推动地级市形成和市管县体制的发展起到了重要的指导作用(表 1-2)。

表 1-2 中华人民共和国成立后我国地级市形成的历史脉络

时间	法律文书或政府文件	对地级市最终形成的作用
1954 年 9 月	《中华人民共和国宪法》	界定了市的两种不同等级形态,除普通市外,还有"较大的市",其行政级别相当于当时的专区
1955 年 6 月	《国务院关于设置市、镇建制的决定》	量化了"设区的市"的人口数量,使设置这类城市具有了可操作性
1959 年 9 月	《全国人民代表大会常务委员会关于直辖市和较大的市可以领导县自治县的决定》	赋予了"较大的市"以双重解释,即适当"领导"若干县、自治县的市也是"较大的市",市的概念成为广域型概念
1986 年 4 月	《关于调整设市标准和市领导县条件的报告》	将中等城市概念由城市规划范畴引入行政区划管理,相应地限定了领导县的市的基本条件
1993 年 5 月	《关于调整设市标准的报告》	在正式的法律文件中,首次提出了"地级市"的设立标准,自此,"地级市"开始了依法设置的工作

资料来源:根据周仁标(2012)整理。

第三节 与国外地方行政层级设置的比较

一般来说,世界各国政府都会根据国土面积大小、人口数量和密度、科学技术和社会经济发展、历史文化传统和政治体制等因素,通过制定宪法和其他法律法规来明确规定地方政府的层级或行政区划的层次。从全球范围来看,实现政府层级的扁平化已是一个显见的趋势。扁平化是组织结构由复杂模式向简明模式的一种回归,是形成最短指挥链的有效途径。而且,这种柔性管理结构还可以降低政府部门之间以及公务人员之间的摩擦成本,消减产生于组织内部的各种信息噪声,从而实现有效地沟通并提高公共管理的效率(吴金群,2013)。

美国实行的是"州-市"二级与"州-县-镇"三级共存制。美国现有50个州,8万多个地方政府,其中县、市政府2.2万个。

日本是一个拥有1亿多人口的大国,地方政府同样实行的是"都(道、府、县)-市(町、村)"二级制。

德国地方政府长期以来保持"联邦-州-地方"的三级政府框架,并以此配备国家三级财政体制且相互独立。根据《德意志联邦共和国基本法》的规定,德国实行三级独立财政体制,即联邦政府、州政府和地方政府均在财政管理上拥有独立权力,互不依赖(樊建飞和周俊俊,2011a)。一些大州所设置的行政专区,不是地方自治单位,而只是州政府的派出机构。州以下的基层行政自治单位为县,以及县所辖的市或乡镇。

法国于1982年通过《有关市镇、省和大区的权力和自由法案》,对行政区划进行了调整。实行了"中央-大区-省-市镇"的政府模式。虽然在省下设专区和县,但它们都不是行政区划单位,而是司法和选举单位。

在有资料可查的全球217个国家和地区中,不划分地方政区的有13个;实行一级制的有53个;二级制的有92个;三级制的有51个(实行二、三级制的国家和地区合计达到143个,占217个国家和地区的65.9%);实行四级制的国家和地区有8个,仅占3.7%,且主要集中于亚洲和非洲(浦善新,2006)。

管理学的理论表明,管理层次与管理幅度呈负相关关系,即扩大幅度和减少层级通常是相辅相成的。与区划层级较少相对应的是西方国家的管理幅度,其一般都较大,美国一级政区的平均管理幅度是446.74,日本是69.64,德国是20.50,而中国(不包括港澳台地区)一级政区的平均管理幅度是10.71,仅仅高于法国(本土)(4.36);德国二级政区的平均管理幅度是25.91,法国(本土)是382.92,均远远高于中国(不包括港澳台地区)二级政区的平均管理幅度。由此可见,我国多层次、小幅度的政府体制结构与发达国家的少层次、宽幅度的政府体制结构形成了强烈的反差(周仁标,2012)。

不同国家的行政层级数量,与国家的规模和一级地方政府单位的有效管理幅度直接联系,一旦地方政府单位数量确定,而中央政府直接控制幅度又有一定限度时,就在客观上形成了对相应层级数的需要(龙朝双和谢昕,2001)。一个国家地方政府层级结构的形成,是该国国情的客观产物,与国家结构和地方政府体制息息相关。政治制度对于地方政府层级设置的影响是十分明显的,尤其是国家结构形式、权力体制和地方政府体系这几个方面对地方行政单位的上下级关系的影响。实行联邦制的国家，其地方政府单位层级较少。目前世界上联邦制国家约有19个，实行二级制的国家有12个，占总数的63%，其中包括加拿大、澳大利亚、巴西等大国，美国和委内瑞拉二级制和三级制并存。加拿大、澳大利亚等国实行联邦制，虽然面积较大，但是这些国家的行政层级却很少（李晓玉，2008）。实行三级制及以上的联邦制国家，多是规模较大的国家以及第三世界的国家。可见，若排除其他因素，联邦制国家是倾向于较少层级的。因为联邦制国家实行地方自治体制，其上下级之间仅存在职能分工与法律监督关系，因此其有效管理幅度要大些，从而可以少设行政层级。此外，上下级政府间的权力体制对于地方政府层级也有很大影响。上级政府与下级政府的权力分配主要有集权制、分权制和均权制等几种不同的方式。采用集权制的国家，中央政府高度集权，地方政府的自主权较少，上级政府严格控制下级政府的各种行政事务，因此管理幅度就不能太大。而分权制下，下级地方政府的独立性较强，上级政府不得强行干涉下级政府的行政事务管理，因此下级政府的管理幅度就会更大一些（李晓玉，2008）。

20世纪80年代，通信技术的不发达给交通、通信带来了很大困难；此外，我国是单一制的中央集权的国家，地方政府存在上下级的行政隶属关系，其管辖幅度必然受到一定的限制。因此，政府管理中必然要求采用增加层级的办法。

第四节 市管县体制的积极作用与存在问题

一、市管县体制的积极作用

20世纪80年代初期开始广泛实行的市管县体制，是中国由典型的农业化国家逐步转向工业化国家的一个重要标志，也是中国政府管理一体化和城乡经济一体化两个过程同步推进的重要结果（朱光磊，2008）。市管县体制的实行，对于打破市县之间的行政壁垒和城乡分割、工农分离的格局，增强大中城市实力，发挥其中心城市对农村的辐射带动作用，推动城乡一体化进程起到了积极的促进作用（胡汉伟等，2014）。

（一）促进了中心城市的发展

城市是社会经济活动即生产、交换、分配、消费等比较集中的场所，是区域经济的核心。在市场经济起步发展阶段，市县分治造成的行政隔绝和城乡间的经济壁垒，阻碍了贸易交流、阻塞了资源流动渠道，城市的资金、人才、技术等优势没有得到充分发挥。市管县体制拓宽了市的管辖权限和区域，扩大了城市的发展空间，有利于人口、资金、技术、物资等要素的集聚和扩散，推动了一大批中心城市的形成和迅速发展。市管县体制有利于发挥中心城市的辐射作用及城市对农村经济和社会发展的带动作用，使城乡、市县的优势得以互补，一些乡镇的弱小企业在中心城市的支持和帮助下，通过联合、重组等形式，规模迅速扩大，技术含量不断提升，经济效益明显提高。市管县体制为形成以中心城市为核心、以市域为腹地的城镇体系奠定了基础（周仁标，2012）。

（二）促进了城乡分割的区域经济趋于统一

改革开放之初，随着经济社会的发展和经济体制改革的不断深入，城乡经济发展之间的矛盾越来越突出，城乡分割、生产重复、流通堵塞、多头领导、互相牵制等问题变得越来越突出。市管县体制打破了经济发展的条块分割与城乡分割的局面，为城市发展提供了更加广阔的腹地，加强了城乡之间的紧密协作，摆脱了地方保护主义的束缚，有效地发挥了城乡之间的优势互补，实现了人力、物资和信息的自由合理流动，促进了区域市场的进一步统一，形成了区域经济发展的有机整体（肖立辉，2016；皮建才，2015）。市管县体制将原来处于相对割裂状态的城市和农村地区统一在一个行政区域内，使更大的空间范围内形成以大中城市为中心，以众多小城市和城镇为纽带，联结大城乡的经济网络和区域格局。按照专业化分工和协作的原则，发展全方位、多层次、多渠道的经济联合，使生产要素在更大的空间范围内实行有效整合与优化配置，提高了资源利用的效率，促进了区域经济的一体化，使行政区划与经济区划、行政区经济与区域经济趋于一致和协调，优化了区域发展的格局。

（三）克服了当时省直管县带来的管理幅度过大的问题

20世纪80年代，我国经济发展水平不高、交通通信条件等较为滞后。这种物质技术条件客观上决定了在权力高度集中的计划体制的制度框架内，由省直接领导七八十个甚至上百个县确实存在一定的困难，需要有一个中间层次来加强管理。实行市管县体制以后，省、市两级政府的管理幅度都得到大幅降低。在由计划经济体制向市场经济体制过渡的时期，市场经济体制尚不完善的情况下，实行市管县的体制，可以有效地降低省级和市级政府的管理幅度，提高政府管理的效率和效能（周仁标，2012）。

（四）精减了政府机构

在市管县之前，省县之间准层次机构——地区行署（也称专署、专区、地区），基本上对应着每一个省级部门，除了人民代表大会常务委员会和政治协商会议委员会等机构外，大量机构与所驻市重复，人员闲置现象严重。1953年，江苏省8个专署有行政编制1633人；截至1982年，江苏省所辖7个地区的党政群机关实有编制已达9379人。实行市管县体制后，取消了7个地区，增设4个地级市，地（市）级单位由14个减为11个，县（市）级单位由68个减为64个。除南京外，其他10个市的市级党政机关的工作单位由原来的1032个减为551个，减少幅度达47%。市管县体制的实行，基本上达到了精简机构、减少层次、紧缩编制、提高行政效率之目的（李晓玉，2008）。

二、市管县体制的弊端与问题

随着改革开放和社会主义市场经济的深入发展，特别是县域经济的异军突起，市管县体制逐渐失去当初的功效，甚至成为束缚县域经济发展的体制性因素（胡汉伟等，2014）。

（一）"马"与"车"不匹配

要实现以城带乡，城乡共同发展，一个重要的前提条件就是作为"中心城市"的地级市具备较强实力和比较明显的优势。只有在此基础上，地级市才有可能实现最初的带动功能。一般而言，市的经济实力强、县的经济实力弱且以农业经济为主体，市与县互利互惠程度高，这种情况下的市管县体制运行就比较顺畅（李晓玉，2008）。在市场经济发展的初期阶段，除了直辖市、省会城市和一些较大城市之外，真正能够发挥中心城市辐射影响作用的市是很有限的。而对于相当一部分工业基础薄弱，尤其是对于那些由县（县级市）快速升级为地级市的城市而言，市域经济的不发达使它们无力带动县域和乡村的发展，从而陷入"小马拉大车"的窘境（肖立辉，2016；马斌，2009；庞明礼，2007；张占斌，2009）。与此同时，有些经济发达的省份，如江苏和浙江，县域经济非常发达，与地级市水平相当甚至超越地级市。例如，2001年浙江金华所辖的兰溪、东阳等县（市）人均GDP均高于金华市区，义乌甚至达到金华市区的两倍。从地方财政收入来看，义乌也要远远高于金华市区。经济发达的县，其对周边县市的拉动能力要高于地级市。

（二）行政层次多、行政成本高

市管县体制增加了行政管理层级和管理成本，不符合管理层级扁平化的大趋势（皮建才，2015）。层次少、大幅度的组织结构是现代社会组织管理的主要模式。一个组织的管理层级要保持合理的数量，才有利于各种信息的沟通、工作效率的提高。合理地缩减行政管理层级不仅可以提高管理层次的职责，还能提高下级人员的工作积极性和创造性（樊建飞和周俊俊，2011b）。在市管县体制下，由于多了一个行政层级——地级市，增加了上下级政府之间信息沟通的环节，不仅降低了信息传递的速度和效率，而且也在客观上增加了信息失真、失误的可能性。

凡是县域与省之间需要上情下传或下情上传的问题，无论是政策性的还是业务性的，本来可以直接沟通，但现在却不得不经由市一级中间层次，信息传递增加了一道程序，影响了信息传递速度，降低了行政效率（谭兰英，2013）。此外，根据信息论的观点，每新增加一个信息传递的层级，就会大大增加信息在传递过程中出现扭曲和变形的概率。信息的失真，不仅会严重影响政府的科学决策，而且会导致政策在执行中的走样变形，甚至贻误最佳的执行时机，这对于政府系统的科学运行是非常不利的（王雪丽，2013）。县级的许多事务如需得到审查和批示，要通过地级市向上递交报告和申请，经过层层传达和级级审批，耗费了不少时间和人力。等到达省级领导手里时，不但时效性降低，而且信息的准确性也大打折扣；不但不同程度地降低了行政效率，同时也增加了行政管理的成本（李葳，2013）。

（三）城市盘剥县域的情况比较普遍

在市管县体制下，省级政府下达给县的财力和权力容易被市所截留，市还凭借其行政主管的优势，上收辖县的财力和人力等资源来优先保证市区的发展（周仁标，2012）。在市管县体制下，市县之间是一种典型的上下级行政隶属关系，县作为市的下级行政单位，发展常常会受到市的束缚和限制。一方面，很多原属于县的职能被以"统筹发展"和"强化监督"等名义上收到市一级，县的自主权和独立性都在很大程度上遭到了破坏。另一方面，在市管县体制下，由于市在城乡关系处理和区域资源配置等方面都占据主导性地位，基于市自身的发展利益，多数城市都倾向于采用偏向城市的发展战略，市级政府常常利用对县的领导关系，截留部分上级政府转移给县的各项专项资金，以加快中心城区的发展（王雪丽，2013）。

（四）市管县体制的法律依据存在疑问

《中华人民共和国宪法》第三十条明确规定："省、自治区分为自治州、县、自治县、市；县、自治县分为乡、民族乡、镇。直辖市和较大的市分为区、县。自治州分为县、自治县、市[①]"。从《中华人民共和国宪法》相关规定来看，除了直辖市和较大的市以外，一般的地级市是无权辖县的。相应地，我国绝大多数地区，地方行政层级应该是"省-县-乡"或"省-市-区"三级结构。按照《中华人民共和国地方各级人民代表大会和地方各级人民政府组织法》《中华人民共和国立法法》《中华人民共和国行政许可法》的相关规定，"'较大的市'专指经中华人民共和国国务院批准，拥有与省会（自治区首府）城市相同的地方性法规

---

① 中华人民共和国宪法.http://news.12371.cn/2018/03/22/ARTI1521673331685307.shtml[2018-09-15].

和规章制定权的城市。"然而，现在为数众多的地级市无论是从市区的面积、人口，还是从经济实力上看，均不属于"较大的市"。基于此，一些学者对市管县体制的合法性提出了质疑，认为"从宪法层面来看，'市管县'体制背离了宪法关于地方行政层级的规定"。与此同时，这也成为一些人否定市管县体制，转而支持"省直管县"体制改革的一个重要法律依据（周仁标，2012）。由于混淆了"地级市"与"较大的市"的概念，实行市管县的地级市竟达200多个，结果市管县名义上由市受省委托进行代管，但事实上由市进行真正意义上的管理，也就是说市的权力在不断扩张，从而成为实际上的一级行政区划（胡汉伟等，2014）。

第五节 本 章 小 结

"郡县治，天下安"。自秦开创郡县体制以来，我国历史上的地方政府层级先后经历了"郡-县""州-郡-县""州（府）-县""道-州（府）-县""路、府（州、军、监）-县""省-路（府）-（州）县""省-府（州）-县""省-府-州-县""省-府（直隶州）-（州）县""省-道-县""省-行政督察区-县"等不同的地方行政层级设置。总体而言，二级制和三级制是我国历史上地方行政层级最普遍的设置，四级及以上地方行政层级设置维持的时间均相对较短。中华人民共和国成立后，我国市管县体制的发展大体上经历了三个阶段，即1949~1960年的市管县体制兴起阶段、1961~1982年的市管县体制停滞阶段、1983年至今的市管县体制快速发展阶段。从全球各国地方行政层级设置看，国土面积大小、人口数量和密度、科学技术和社会经济发展、历史文化传统和政治体制等因素，直接影响行政层级数量，实现政府层级的扁平化已是全球范围内的显著趋势。

改革开放以来，基于加快工业化和城市化进程的需要，市管县体制快速发展。市管县体制促进了中心城市的发展、使城乡分割的区域经济趋于统一、克服了当时省直管县带来的管理幅度过大的问题、精简了政府机构，对于促进经济增长、推动城乡一体化进程起到了积极的作用。但随着改革开放的深入推进和市场经济体制的逐步完善，特别是县域经济的异军突起，这一体制也遭遇到越来越多的挑战与质疑。在市管县体制下，"马"与"车"不匹配、行政层次多、行政成本高等问题逐步凸显。在此背景下，改革市管县体制、建立扁平化的省直管县体制，已成为推动经济发展和深化行政体制改革的迫切要求和战略选择。

第二章 省直管县体制改革的兴起及与市管县体制的并立

第一节 省直管县体制改革的兴起

市管县体制弊端的逐步显露，以及理论界对其体制合法性、建构基础等问题的质疑，加速了市管县体制的松动，并进一步动摇了这一体制在中国地方行政管理体制中的主导性地位。随之而来的是理论界和实务界要求改革市管县体制的强烈呼声。在这种背景下，为了解决市管县体制与市场经济体制不协调的问题，以"扩权强县""市县分治"为主要内容的省直管县体制改革应运而生（王雪丽，2013）。特别是"十一五"以来，党和政府先后出台有关政策和文件（表 2-1），表明改革地方政府体制、减少行政层级、提高治理效能已经成为中央与地方的共识，省直管县改革已经成为我国地方政府制度创新和行政管理体制改革方面的重点，为省直管县体制的实施提供了强有力的政策支持。

表 2-1 近年来党和政府关于省直管县改革的相关文件和指导意见

时间	政府文件	相关内容
2005 年 12 月	《中共中央 国务院关于推进社会主义新农村建设的若干意见》	有条件的地方可加快推进"省直管县"财政管理体制和"乡财县管乡用"财政管理方式的改革
2006 年 3 月	《中华人民共和国国民经济和社会发展第十一个五年规划纲要》	理顺省级以下财政管理体制，有条件的地方可实行省级直接对县的管理体制
2007 年 8 月	《东北地区振兴规划》	有条件的地方积极推进省直管县改革
2008 年 10 月	《中共中央关于推进农村改革发展若干重大问题的决定》	有条件的地方可依法探索省直接管理县（市）的体制
2008 年 12 月	《中共中央国务院关于 2009 年促进农业稳定发展农民持续增收的若干意见》	稳步推进扩权强县改革试点，鼓励有条件的省份率先减少行政层次，依法探索省直接管理县（市）的体制
2011 年 3 月	《中华人民共和国国民经济和社会发展第十二个五年规划纲要》	在有条件的地方探索省直接管理县（市）的体制；稳步推进省直管县财政管理制度改革
2012 年 11 月	《胡锦涛在中国共产党第十八次全国代表大会上的报告》	优化行政层级和行政区划设置，有条件的地方可探索省直接管理县（市）改革，深化乡镇行政改革体制
2013 年 11 月	《中共中央关于全面深化改革若干重大问题的决定》	优化行政区划设置，有条件的地方探索推进省直接管理县（市）体制改革

省直管县体制改革的最早实践地区是海南省和浙江省。从海南省建省开始，考虑到省辖区面积和人口数量等因素，海南省的市和县都由省人民政府直接管理，即一直实行的是省直接管理县的体制。1987年9月26日，中共中央、国务院发出的《关于建立海南省及其筹建工作的通知》明确要求，建立省直接领导市县的地方行政体制。海南省直管市县体制体现出"四个直接"明显特点：县一级领导班子由省委直接考核、任命和管理；市县财政与省财政直接发生关系，对市县的财政转移支付、专项支付、专项补贴都由省财政发放；中央、国务院的方针政策由省委、省政府直接指导市县实施落实；所有市委书记、县委书记都是省委委员或候补委员，直接参与省委的重大决策（周天勇，2014）。从1992年开始，浙江省先后进行了五轮扩权改革，陆续把一些原本属于地级市和省级职能部门的经济社会管理权限下放给了县（市、区）政府。1992年，针对萧山、余杭等13个经济发展较快的县（市）进行扩权，扩大基本建设、技术改造、外商投资项目的审批权。1997年又在萧山和余杭试行了部分地级市的经济管理权限，如基本建设、技术改造、外经贸、金融等。2002年，对绍兴、温岭、慈溪等17个县（市）和3个区扩权，下放了包括经贸、计划、建设、国土资源、交通等12大类属于省政府的事项。同时，这种"直管扩权"还从经济职能扩展到了户籍管理、出入境管理等社会管理职能。2006年，对义乌市下放了海关、检疫、外汇、金融服务等权限。2008年浙江省全面推开"扩权强县"的改革，渐进式的"省直管县"体制改革已经悄然进入一个新的阶段（韩春辉，2011）。受"海南模式"与"浙江经验"的启发，全国各省份陆续开展了财政省直管县改革、强县扩权或扩权强县改革等。截至2014年，除4个直辖市和港澳台地区及内蒙古、新疆、西藏3个自治区外，我国已有24个省（自治区）开展了省直管县改革。

省直管县改革的实质，主要在于调整省、市、县之间的权责关系，进而调整三者之间的利益关系。总的来说，省直管县体制改革包括财政制度权限改革、经济管理权限改革、社会管理权限改革和人事权改革。财政制度权限改革是基础，在财政制度权限改革的基础上，逐步下放人事权是循序渐进的做法。从改革进程看，财政制度权限改革的实施最为普遍，经济管理权限和社会管理权限的改革也得到较大进展，而人事权改革的脚步较为缓慢（表2-2）。

表2-2 省直管县各维度改革进程表

改革维度	改革的省（自治区）	个数
财政制度权限	江西、青海、广西、宁夏、辽宁、陕西、四川、甘肃、福建、河北、河南、广东、黑龙江、安徽、湖北、浙江、海南、湖南、吉林、江苏	20
经济管理权限	辽宁、陕西、四川、山西、甘肃、云南、山东、福建、河北、河南、广东、黑龙江、安徽、湖北、浙江、海南、湖南、吉林、江苏	19

续表

改革维度	改革的省（自治区）	个数
社会管理权限	山东、福建、河北、河南、广东、黑龙江、安徽、湖北、浙江、海南、湖南、吉林、江苏	13
人事权	浙江、海南、湖南、吉林、江苏	5

资料来源：李葳，2013。

第二节　省直管县体制改革的成效与问题

一、主要成效

近年来，各省围绕推进县域经济发展进行了积极探索，从财政直管县到强县扩权和扩权强县，取得了成功经验和较好的成效，对解决市管县体制的弊端起到了积极作用。

1. 释放县域发展活力，提升县域经济实力

在传统的市管县的行政体制下，县级政府缺乏自主权和自我发展的实力与能力，很多情况下是等待上级政府下达任务，依赖上级政府的财政支持，县级政府及其部门的积极性和责任感不强。省直管县改革后，县级政府和部门的经济和社会管理权得到扩大，自主权和决策权得到保证。县级政府和部门不再被动地等待上级政府下达工作任务和安排，而是按照县域发展的客观需要和实际财力，积极主动地发展县域经济和社会事业，工作的责任感和积极性有了明显提高。省直管县体制改革对公共行政权力和社会资源进行重新分配，将原来属于地级市的经济和社会管理权限下放给直管县（市），大大地提升县级政府在社会管理和公共服务方面的职能，为其创造了良好的体制环境，促进了县域经济的发展。省直管县体制改革成为县域经济发展的助推器。

2. 减少中间环节，提升行政效率

现代组织管理学理论表明，信息传递链条越长，传递的速度越慢、失真率越高；减少中间环节，信息传递速度越快、失真率越低。省直管县改革使县（市）政府直接与省级政府发生联系，并拥有比市管县体制下更多的经济和社会管理权限，从而减少了政治运行和公共管理的中间环节，避免了会议层层召开、信息传递失真、工作经常被延误等问题，优化了发展环境，节约了行政成本，提高了政府效能。从各省实践看，省直管县体制改革对行政办事效率的积极作用得到一致认可，普遍感到减少一个行政层级就减少一个行政环节，行政效率有很大提高。

省委、省人民政府的各项政策措施和工作部署等可直达县（市），上下沟通更加简便，工作节奏和时效大大提升，行政效能明显提高（胡汉伟等，2014）。新体制运行以来，直接产生了行政审批承诺期限缩短、办理时限缩短、审批等待时间缩短等积极的直接效应。

3. 推动城乡统筹，加快新农村建设

在市管县体制下，地级市统筹市本级与周边区域的发展，往往会导致优质资源向市本级过度集中，而沉重负担却向县域不断转移。实行省直管县体制，由省级政府统筹协调大中城市与县域经济社会发展的关系，县级政府统筹协调中小城镇与乡村经济社会发展的关系，实现了各种公共资源的有效分配，推动了基本公共服务的均等化。省直管县体制增强了县级政府的自主决策、自我协调能力，实现了重要领域和关键环节的提速增效，提高了政府社会管理和公共服务的能力，对整体推进城乡生产力布局、要素合理流动、更好地实现集约、集聚发展，促进基础设施向农村延伸、公共服务向农村覆盖、现代文明向农村传播起到了重要的作用。省级财政直接与县级财政对接，大大增强了省级财政的集中能力，从而提高了省级财政的调控能力，克服了市管县体制下省级政府的统筹能力及政策执行力在层级传递过程中被削弱或是出现偏差的问题。通过对重大基础设施建设、重大产业布局和农业发展等事项展开统筹引导，带动了农村经济繁荣和小城镇建设，促进了农民增收，缩小了城乡差距，实现了城乡一体和协调发展。

4. 缓解县（市）财政压力，增强资源配置能力

省直管县财政体制可以使市级与县级在财政级次上同级，达到减少一级财政的目的。这样的体制减少了作为中间环节的地级市的截留和干预，一定程度上规范了市县财政关系，增强了县级政府对经济社会事务宏观调控的能力，从而使得县乡财政困难的局面得到缓解。财力下移和放权更有效地发挥了省级统筹功能，增强了县级政府在经济和社会发展中的资源配置能力，保证了各项事业发展所需资金投入。

二、面临问题

1. 形成了趋于紧张的市县关系

省直管县的政策初衷是继续壮大县域经济，但随着地级中心城市自我意识的膨胀及省内市县政策的微调，一些地级市担心省直管县以后其发展受到限制，因而可能通过"撤县设区""吃掉"下属经济发达的县来扩张实力。2014年民政部全年29件行政区划变更批复中，就有21件批复属于"撤县设区"。此外，省直

管县体制改革中，县（市）通过扩大经济和社会管理权限，其权力和利益不断提升，而地级市则是既得利益净流出对象。出于自身利益最大化的考虑，地级市政府对原归其管辖的省直管县的支持力度大大减弱，在一些需要配套的政策资金方面常常以"省直管县"为由，拒绝进行资金配套，在招商引资等涉及经济发展的问题上与县争利，甚至出现不良竞争的情况。

2. 部分权限放权不彻底

各部门改革力度不一，造成配套措施之间衔接短路，不能充分发挥扩权的潜力。垂直部门的管理具有强化趋势，县级政府权责不对称问题越来越严重。垂直部门往往以行政规章为由拒绝放权，即使放权也是"放小不放大，放虚不放实"。

3. 省直管县（市）短期内难以适应管理需要

随着各类经济和社会管理权限的下放，省直管县（市）政府及其部门的职责和任务迅速增长，但由于受到机构和人员编制的限制，"事多人少"的矛盾变得突出，出现了部分省直管县（市）难以适应管理需要的情况。新体制运行后，由于县级机构设置较少，1个部门可能要对应省里2~3个部门，1个科室一般需对应省里10多个处室。此外，省直管县（市）政府的人员结构和自身素质与执行扩权政策所需要的能力之间还存在一定的差距。省直管县（市）机关干部结构不尽合理，普遍存在人员老化、知识老化、技术力量不足等问题。履行新增职能还存在装备欠缺、资质不够等一系列问题，无法正常顺利履行，导致一些本来下放的权限再回收到省里或地级市。

4. 省直管县干部交流普遍困难

省直管县干部是影响省直管县发展的重要内生动力，职务晋升是激发干部内生动力的最重要因素。在市管县体制下，县级干部的选拔、调整、后备干部的培养使用等都由地级市负责进行。省直管县体制下，省直管县干部原有的交流晋升渠道严重堵塞，新的渠道难以形成。地级市对省直管县干部的调配就不会像以前那么主动，这会逐渐加重省里的负担。此外，由于工作性质的差异和省直厅（局）任命干部的内敛性，省直管县与省直厅（局）之间的交流也存在障碍。

第三节　省直管县与市管县体制的差异与并立

一、省直管县与市管县的差异

当前学术界对省直管县的界定，主要基于三个方面的考量：①广义上的省直管县,即认为省直管县是省级政府在政治、经济、社会、文化等领域直接对县实行全方位管理活动的总和(周湘智,2009);②行政省直管县,认为省直管县是由省级政府在人事权、财政权、审批权、经济社会管理权等方面直接对县进行管理的活动总和;③财政省直管县,即在财政预算编制、收入划分等方面由省级财政直接对口县级财政,同时省级政府把财政转移支付、资金调度、专项资金补助、债务管理等经济管理权限统一下放到县(王雪丽,2013)。本书中的省直管县指由"省-市-县"转变为"省-县"的行政管理模式。在这种行政管理模式下,县脱离了市政府的领导和管辖,直接接受省级政府的领导,市和直管县之间不再具有纵向的行政隶属关系,而是逐渐成为平等发展的伙伴关系(图2-1)。与市管县体制相比,省直管县体制在目标、管理模式、途径和对区域(市区、县域、农村)的影响方面有着较大差异(表2-3)。

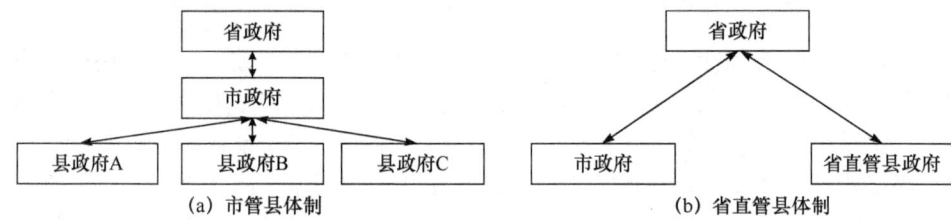

图2-1 市管县与省直管县两种行政体制的对比

表2-3 市管县与省直管县两种行政体制在目标、管理模式、途径和对区域的影响方面比较

类别		市管县	省直管县
目标		公共服务市区集中化	公共服务区域均等化
管理模式		垂直化	扁平化
途径		城乡一体	强县扩权
对区域的影响	市区	资源过度向市区集中	削弱了市级管理权限
	县域	市县之间的离心力加大	加大县域经济自主权
	农村	阻碍了城乡资源的优化配置	基本服务均等化

资料来源:吴云清等,2012。

韩艺(2015)将省直管县体制改革进程划分为市管县体制期、改革试水期、改革完成期三个阶段。省直管县体制改革进程三个阶段中,市县关系总体上将历经从改革前的纵向隶属关系,改革试水期的纵横向竞合关系,再到改革完成后的横向分治关系之嬗变。此过程中,受分别对应于自主性、互动性、规范性、协调性四个维度的体制、认知、制度、管理四大因子影响,市县关系形成了不同时期的特定关系类型;同时,从各因子的变化情况看,大体呈现出体制因子逐

步消解，认知因子亟待转变，制度因子有待加强和管理因子有待改进的趋势（表2-4）。

表2-4 省直管县体制改革进程中的市县关系嬗变及其影响因子

阶段	自主性维度-体制因子	互动性维度-认知因子	规范性维度-制度因子	协调性维度-管理因子	市县关系表现
市管县体制期	完全隶属	纵向互动服从性认知	模糊制度不足	等级链协调	命令服从帮扶带动潜在矛盾
改革试水期	隶属+直管	纵横向互动服从性认知机会主义认知	模糊并缺失制度缺失	等级链协调府际协调滞后	命令服从暗中争利矛盾冲突
改革完成期	分治+直管	横向互动机会主义认知协作性认知	明确并配套制度完善	即时性协调	分立、竞争、对抗、协调、合作、协作
嬗变趋势	逐步消解	亟待转变	有待加强	有待改进	从纵向隶属到纵横向竞合再到横向分治

资料来源：韩艺，2005。

二、构建省直管县与市管县并立的管理体制

总体而言，市管县和省直管县两种体制各有优势与不足。市管县体制促进了中心城市的发展，以及城乡分割的区域经济趋于统一，克服了省直管县带来的管理幅度过大问题，精简了政府机构；但也存在"马"与"车"不匹配、行政层次多、城市盘剥县域的情况普遍等弊端。省直管县体制在一定程度上解决了市管县体制的问题，释放了县域发展活力，提升了县域经济实力；减少了中间环节，提升了行政效率；推动了城乡统筹，加快了新农村建设；缓解了县（市）财政压力，增强了资源配置能力。但在改革进程中暴露出市县关系趋于紧张，部分权限放权不彻底，省直管县短期内难以适应管理需要，省直管县干部对外交流普遍困难等问题。

无论是市管县体制还是省直管县体制，都是实现有效治理的路径选择，具有各自的优势、适合的区域和适用的条件。我国地域辽阔，地理环境、资源禀赋差异大，经济社会发展水平存在严重的不平衡，并不是所有地区都适合省直管县体制，也并不是所有地区都具备推行省直管县体制的客观基础和条件。市管县体制和省直管县体制并不是一种相互替代、非此即彼的关系，单纯地采取其中的任何一种体制而绝对地排斥另一种体制，既不利于省、市两级政府管理效能的

充分发挥，也不利于促进中心城市和县域经济的共同与协调发展。可以预见的是，市管县体制不会退出历史舞台，市管县与省直管县两种体制在我国一定时期内将会并存。

对于省直管县改革，要适当评估其价值与意义，不能期望一蹴而就，要根据各地具体情况灵活推进。新型城镇化背景下，加快推进省直管县体制改革，需要构建市管县与省直管县"市县并立"的管理体制（图2-2）。在一定的空间范围内，若存在经济较为发达的中心城市，应充分发挥其效率优势，不断增强辐射带动作用，继续实施市管县体制，并为其新型城镇化和工业化预留发展空间。若缺乏经济较为发达的中心城市，或者中心城市（地级市）的经济实力和辐射带动能力较弱时，宜实行省直管县体制，对距离中心城市较远的外围县和区位优势不明显的县给予必要的支持，致力于培育新的经济增长极。实施市管县与省直管县"市县并立"的体制，使省和市的管理幅度与区域面积、人口等相匹配；经济实力、辐射带动能力与管理能力相结合，能够有效地消除单一体制的弊端，实现不同体制间的优势互补，在提高各级政府的积极性和管理效能的基础上，促进区域社会经济的快速发展。

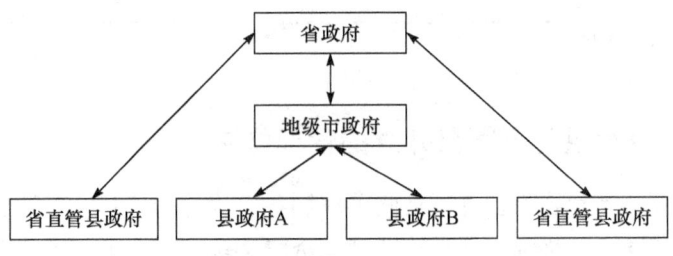

图2-2 市管县与省直管县"市县并立"的管理体制

第四节 本章小结

近年来，改革地方政府体制、减少行政层级、提高治理效能已经成为中央与地方的共识，省直管县体制改革已经成为我国地方政府制度创新和行政管理体制改革的重点，为省直管县体制的实施提供了强有力的政策支持。近年来，以浙江省为代表的一些省份陆续推行以"强县扩权""扩权强县""县财省管"等为主要内容的省直管县体制改革试点工作，取得了成功经验和较好的成效，对解决市管县体制的弊端起到了积极作用。例如，释放了县域发展活力，提升了县域经济实力；减少了中间环节，提升了行政效率；推动了城乡统筹，加快了新农村建设；缓解了县（市）财政压力，增强资源配置能力。虽然省直管县体制改革在很大程度上促进了县域经济的增长，但同时也面临着一些困难和问题，如形成了趋于紧张的市县关系、部分权限放权不彻底、省直管县短期内难以适应管理需要、省直管县干部对外交流普遍困难等。

无论是市管县体制还是省直管县体制，都是实现有效治理的路径选择，具有各自的优势、适合的区域和适用的条件。单纯地采取一种体制而排斥另一种体制，既不利于省、市两级政府管理效能的充分发挥，也不利于促进中心城市和县域经济的协调发展。新型城镇化背景下，加快推进省直管县体制改革，需要构建市管县与省直管县"市县并立"的管理体制。在一定的空间范围内，若存在经济较为发达的中心城市（地级市），应不断提升其综合实力和竞争力，构建以中心城市为核心的都市区，对其邻近县继续采用市管县体制。若缺乏经济较为发达的中心城市，或者中心城市的经济实力和辐射带动能力较弱，宜实行省直管县体制，对距离中心城市较远的外围县和区位优势不明显的县给予必要的支持，致力于培育新的经济增长极。

第三章 省直管县体制改革的河南实践

第一节 河南省直管县体制改革历程

河南省直管县体制改革经历了全面推行市管县体制、向扩权县体制转型、推行省直管县体制三个阶段。

一、全面推行市管县体制阶段（1983~2003年）

中共中央1982年第51号文作出改革地区体制、实行市领导县体制的决定，首先在江苏省试点，随后在全国试行①。1983年，实行地、市合并成为地方政府改革的一项重要内容。至此，市管县体制开始在全国范围内推行，并且在国家的行政区划序列里，正式将市分为地级市和县级市。伴随着《国务院关于同意河南省地市合并实行市管县体制给河南省人民政府的批复》②及《国务院关于同意河南省调整扩大市管县领导体制给河南省人民政府的批复》③等文件的贯彻实施，经过多年的发展，截至2000年，河南省形成了17个地级市、110个县（市）的建构。

二、向扩权县体制转型阶段（2004~2010年）

20世纪90年代中期以来，各地在省直管县体制改革方面的实践探索，已经得到了中央高层的充分肯定和积极支持。2004年，河南省开始推进扩权县改革，明确提出"扩大县（市）经济社会管理权限"的政策主张。此后，河南省人民政府先后出台了《河南省人民政府关于完善省与市县财政体制的通知》豫政〔2009〕32号）④、《河南省人民政府办公厅关于进一步落实扩权县（市）政策的通知》（豫

---

① 深化行政改革解读河南省直管县.http://henan.people.com.cn/GB/356898/360911/index.html[2018-09-15].
② 中华人民共和国国务院公报 一九八三年 第二十号.http://www.gov.cn/gongbao/shuju/1983/gwyb198320.pdf[2018-09-15].
③ 中华人民共和国国务院公报 一九八六年 第二号.http://www.gov.cn/gongbao/shuju/1986/gwyb198602.pdf[2018-09-15].
④ 河南省人民政府关于完善省与市县财政体制的通知.https://www.henan.gov.cn/2009/05-21/237413.html[2018-09-15].

政办〔2007〕108号）[1]等与扩权县改革密切相关的一系列政策文件，积极推动和促进相关改革工作的稳步推进（表3-1）。到2009年，河南省共有扩权县（市）47个，财政省直管县（市）21个，既是扩权县（市）又是财政省直管县（市）的有7个（巩义、永城、项城、固始、邓州、中牟、郏县）。

表3-1 河南省扩权县（市）改革的部分文件内容

时间	文件名称	涉及扩权县（市）	具体内容
2004年4月	《中共河南省委河南省人民政府关于发展壮大县域经济的若干意见》（豫发〔2004〕7号）	巩义、永城、项城、固始、邓州、新密、新郑、登封、荥阳、偃师、沁阳、义马、灵宝、长葛、禹州、林州、新安、新乡、渑池、安阳、孟州、伊川、博爱、辉县、舞钢、鹿邑、淅川、汝州、淇县、长垣、临颍、尉氏、濮阳、潢川、西平	赋予巩义、永城、项城、固始、邓州5个县（市）省辖市的经济管理权限和部分社会管理权限；对30个县（市）赋予其省辖市经济管理权限，并在建设用地等指标分配上给予倾斜
2004年5月	《河南省人民政府关于扩大部分县（市）管理权限的意见》（豫政〔2004〕32号）	巩义、项城、永城、固始、邓州、新密、新郑、登封、荥阳、偃师、沁阳、义马、灵宝、长葛、禹州、林州、新安、新乡、渑池、安阳、孟州、伊川、博爱、辉县、舞钢、鹿邑、淅川、汝州、淇县、长垣、临颍、尉氏、濮阳、潢川、西平	赋予巩义、项城、永城、固始、邓州5个县（市）与省辖市相同的经济管理权限和部分社会管理权限，包括计划直接上报、财政直接结算、经费直接划拨、税权部分扩大、项目直接申报、用地直接报批、证照直接发放、统计直接报送、政策直接享有、信息直接获得等。赋予新密等30个县（市）省辖市的部分经济管理权限：在建设项目管理、土地审批、证照发放方面享有与巩义市等5县（市）第（五）、（六）、（七）项规定完全相同的经济管理权限；在税权方面享有与5县（市）第（四）项规定中第（4）、（5）、（6）、（7）小项完全相同的权限
2009年5月	《河南省人民政府关于完善省与市县财政体制的通知》（豫政〔2009〕32号）	兰考、宜阳、郏县、滑县、封丘、温县、范县、鄢陵、卢氏、唐河、夏邑、潢川、郸城、新蔡、正阳	增加兰考等15个县为省直管县，赋予省直管县与省辖市相同的经济管理权限和部分社会管理权限，省财政在体制补助、税收返还、转移支付、财政结算、专项补助、资金调度等方面直接核定并监管到省直管县

三、推行省直管县体制阶段（2011年至今）

在河南省委、省人民政府的共同努力下，前期"扩权强县"改革取得初步成效，中央机构编制委员会将河南正式列为全国范围内首次圈定的8个省直管县体

---

[1] 河南省人民政府办公厅关于进一步落实扩权县（市）政策的通知 https://www.henan.gov.cn/2007/10-18/241758.html[2018-09-15]．

制改革试点省份之一。

2011年，河南省委、省人民政府开始在巩义、兰考、汝州、滑县、长垣、邓州、永城、固始、鹿邑、新蔡10个县（市）全面推行行政省直管县体制改革的试点工作。河南省将按照"18+10"的模式运行，河南省委、省人民政府将10个试点县（市）和18个省辖市同等看待；除了党委、人大、政协、法院、检察院任用干部管理权限暂维持现状外，试点县（市）享受其他所有省辖市级经济社会管理权限。

随后，河南省人民政府办公厅发布了《河南省人民政府办公厅关于印发赋予试点县（市）经济社会管理权限目录的通知》（豫政办〔2011〕66号）[1]，赋予巩义、兰考、汝州、滑县、长垣、邓州、永城、固始、鹿邑、新蔡等10个县（市）经济社会管理权限目录共计603项，涉及发展和改革、教育、科学技术、工业和信息化、民族事务、公安、民政、司法、财政、人力资源和社会保障、国土资源、环境保护、住房和城乡建设、交通运输、水利、农业、林业、商务、文化、卫生、人口和计划生育、审计、外事侨务、地方税务、工商行政管理、质量技术监督、广播电影电视、新闻出版、体育、统计、旅游、粮食、法制、安全生产监督管理、人民防空、金融服务、食品药品监督管理、畜牧、国防科学技术工业、农业机械管理40个方面。

经过两年多的试运行，省直管县（市）展现了蓬勃生机，发展活力和内生动力进一步激发，发展后劲更加充足，发展步伐明显加快。2013年11月，河南省委、省人民政府决定，从2014年1月1日起，对巩义、兰考、汝州、滑县、长垣、邓州、永城、固始、鹿邑、新蔡等10个县（市）全面实行由省直接管理县的体制[2]。

第二节 河南省直管县的特点

根据《河南统计年鉴2011》，2010年，河南10个省直管县（市）GDP总量、常住人口、区域面积分别达到2034.2亿元、1020.8万人、16 639 km^2，占河南的比重分别为8.8%、10.9%、10%。

---

[1] 河南省人民政府办公厅关于印发赋予试点县（市）经济社会管理权限目录的通知.https://www.henan.gov.cn/2011/06-30/244076.html?wscckey=2788af3420fb94b4_1559707061[2018-09-15].

[2]《河南省深化省直管县体制改革实施意见》发布.https://www.henan.gov.cn/2013/11-28/334328.html[2018-09-15].

一、试点县（市）类型多样

2010年，在全国试点县（市）[①]中，除民族地区、边贸县（市）、山区县外，其他类型河南都有涉及。滑县是中原经济区粮食生产核心区、河南第一产粮大县、中国粮食生产先进单位、中国粮食生产先进县，第一产业增加值占 GDP 的比重高达 38.3%。邓州是河南最大的农业县，2010 年第一产业增加值达 68.5 亿元，居全省第一位，第一产业增加值占 GDP 的比重达 29.2%。巩义为河南工业强县，第二产业增加值占 GDP 的比重高达 75.1%，也是郑洛工业走廊核心节点城市，1992 年以来综合经济实力位居河南县域首位，人均 GDP 是郑州市辖区的 1.2 倍。永城是全国六大无烟煤基地之一，河南最大的煤化工基地，也是河南工业十强县之一，第二产业增加值占 GDP 的比重高达 66.7%，第二产业占商丘市的比重达 36.2%。汝州素有"百里煤海"之称，是中部地区重要的能源化工基地，是河南工业强县，第二产业增加值占 GDP 的比重高达 61.3%。10 个省直管县（市）中，除巩义、汝州、滑县外，其他 7 个省直管县（市）位于省际交界。巩义、汝州、长垣、邓州、永城、固始先后入选全国（中部）百强县；兰考、滑县、固始、新蔡为国家级贫困县（2010 年），人均 GDP 分别为 1.74 万元、1.14 万元、1.51 万元、1.10 万元，仅为河南平均水平的 71.3%、46.5%、61.6%、44.9%。10 个省直管县（市）均为平原县，山区县类型缺乏（表 3-2）。

表 3-2　全国部分试点省直管县（市）类型

县（市）	农业大县	工业强县	各级百强县	国家扶贫重点县	百万人口县	平原县	山区县	丘陵县	省际交界县	边境县	民族县
巩义		√	√					√			
兰考				√		√			√		
汝州		√	√								
滑县	√			√	√	√					
长垣		√							√		
邓州	√				√	√			√		
永城		√	√		√	√			√		
固始	√			√	√			√	√		
鹿邑					√						
新蔡				√		√			√		

---

① 2010 年以来，中央机构编制委员会办公室在河北、河南、湖北、宁夏、云南、江苏、黑龙江、安徽的 30 个县（市）开展行政省直管县体制改革试点。由于某些省份的试点工作没有开展，本书中全国试点县（市）指昆山、泰兴、沭阳、广德、宿松、绥芬河、抚远、同心、盐池、宣威、镇雄、腾冲、仙桃、潜江、天门、神农架、定州、辛集以及河南省的 10 个县（市）。

续表

县(市)	农业大县	工业强县	各级百强县	国家扶贫重点县	百万人口县	平原县	山区县	丘陵县	省际交界县	边境县	民族县
昆山		√	√		√	√			√		
泰兴		√			√	√					
沭阳	√										
广德			√				√		√		
宿松	√			√					√		
绥芬河							√			√	
抚远	√			√						√	
同心				√			√				√
盐池				√			√				√
宣威					√		√				
镇雄				√	√		√				
腾冲							√			√	
仙桃	√		√		√	√					
潜江											
天门	√		√		√						
神农架				√			√				
定州					√						
辛集					√						

注:农业大县为《中国县(市)社会经济统计年鉴2011》中的粮食大县或第一产业增加值占GDP比重超过30%的县;工业强县为2010年第二产业增加值排名前五位且第二产业增加值占GDP比重超过50%的县;国家扶贫重点县、平原县、山区县、丘陵县、边境县、民族县名单来自《中国县(市)社会经济统计年鉴2011》。

二、受所在中心城市(地级市)辐射带动作用有限

河南市域经济普遍比较薄弱。2010年市辖区GDP占全省的比重仅为28.5%,在全国8个试点省份中排名最末,比8个试点省份均值低17.3个百分点(图3-1)。除郑州、漯河、鹤壁等工业化程度较高的城市而外,绝大多数地级市自身经济实力较弱。驻马店、许昌、三门峡、周口4个城市市区GDP占全市的比重低于20%,周口只有9%(表3-3)。由此导致河南多数县域受到所在地级市的辐射带动作用有限。与之相对应的是,2010年,河南县域经济占全省的比重达到71.5%,有36个县(市)入围中部百强县(市),河南是中部地区入选数量最多的省份,发达的县域经济已经成为河南经济不断发展壮大的重要支撑点。在市管县体制下,由于河南的市域经济发展水平较低,地市级无法较好带动周边辖县的经济发展,反

而会利用对辖县的行政隶属关系，侵占县域发展资源，在项目安排和资金分配方面向市本级倾斜。

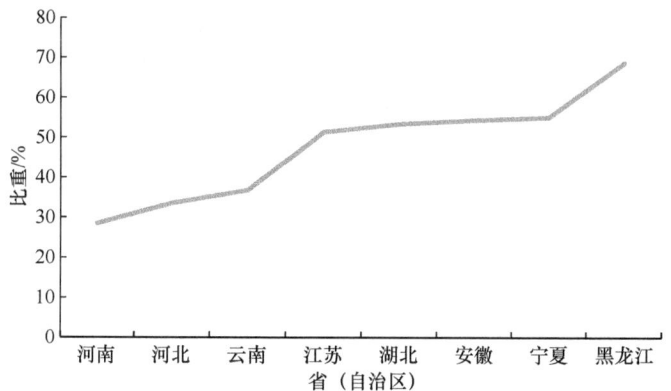

图 3-1　8 个试点省（自治区）市辖区 GDP 占全省（自治区）比重
资料来源：相关省（自治区）2011 年统计年鉴。

表 3-3　河南省地级市市区 GDP 占所在城市比例　（单位：%）

城市	比例	城市	比例
漯河	58.81	开封	23.46
鹤壁	51.79	南阳	23.18
郑州	40.87	商丘	20.78
平顶山	36.72	焦作	20.24
濮阳	32.52	驻马店	17.04
洛阳	31.30	许昌	15.35
新乡	27.87	三门峡	13.02
安阳	27.65	周口	9.00
信阳	25.92		

资料来源：《河南统计年鉴 2011》。

三、经济发展水平相对较高

河南 10 个试点县（市）经济发展水平相对较高，平均 GDP 总量、人均 GDP 分别达到 203.42 亿元和 19 927.51 元，分别是除河南和江苏外其他省直管县体制改革试点县（市）平均值的 1.63 倍和 1.21 倍［江苏省开展省直管县体制改革试点的主要目的是探索发达省份通过省直管县改革促进区域协调发展的路径，其 3 个试点县（市）经济发展水平均相对较高，如昆山经济总量达到 2100 亿元，超过了河南 10 个试点县（市）的总和。江苏的试点县（市）与其他省份试点县（市）不具有可比性]（表 3-4）。

表 3-4　2010 年全国试点县（市）发展概况

省（自治区）	县（市）	GDP 总量/亿元	人均 GDP/元	常住人口/万人	面积/km²
河南 （10 个）	巩义	419.3	51 893.6	80.8	1 041
	兰考	124.8	18 434.3	67.7	1 116
	汝州	258.6	27 866.4	92.8	1 573
	滑县	136.7	10 823.4	126.3	1 814
	长垣	142.1	17 543.2	81.0	1 051
	邓州	234.8	15 983.7	146.9	2 369
	永城	288.7	23 282.3	124.0	2 068
	固始	175.8	17 218.4	102.1	2 916
	鹿邑	155.5	17 125.6	90.8	1 238
	新蔡	97.9	9 031.4	108.4	1 453
江苏 （3 个）	昆山	2 100.3	142 200.4	147.7	928
	泰兴	407.6	36 987.3	110.2	1 172
	沭阳	308.5	20 019.5	154.1	2 298
安徽 （2 个）	广德	99.3	19 356.7	51.3	2 165
	宿松	90.8	10 939.8	83.0	2 394
黑龙江 （2 个）	绥芬河	78.8	67 931.0	11.6	422
	抚远	33.7	28 803.4	11.7	6 263
宁夏 （2 个）	同心	26.4	8 173.4	32.3	4 466
	盐池	27.0	18 367.3	14.7	8 661
云南 （3 个）	宣威	148.2	11 365.0	130.4	6 070
	镇雄	53.3	4 007.5	133.0	3 696
	腾冲	70.4	10 914.7	64.5	5 845
湖北 （4 个）	仙桃	291.0	18 982.4	153.3	2 520
	潜江	290.7	28 472.1	102.1	1 930
	天门	219.5	13 351.6	164.4	2 528
	神农架	12.3	16 184.2	7.6	3 253
河北 （2 个）	定州	180.6	14 864.2	121.5	1 274
	辛集	254.1	40 786.5	62.3	951

四、以打造区域性中心城市为目标

河南省委、省人民政府推进省直管县体制改革是探索县域经济发展的一项重大举措,通过省直管县体制改革最终形成权责一致、分工合理、决策科学、执行顺畅、监督有力的省直管县管理体制,全面优化行政层级和行政区划设置,推动省直管县加快建设成为区域性中心城市,成为体制改革的先行者、统筹城乡的示范区、科学发展的排头兵,打造新的增长极和战略支撑点。《河南省新型城镇化规划(2014—2020年)》指出,推动基础较好的县(市)率先发展成为人口集聚能力强、功能完善的30万以上人口规模城市,促进基础较差的县(市)提升经济实力和综合承载能力。深化省直管县体制改革,壮大县城产业和人口规模,建成50万人左右的地区副中心城市,打造全省区域经济新的战略支点。10个省直管县(市)中,长垣(豫鲁)、兰考(豫鲁)、永城(豫皖苏鲁)、鹿邑(豫皖)、新蔡(豫皖)、固始(豫皖)、邓州(豫鄂)积极打造省际边界区域副中心城市。此外,巩义、滑县、汝州则分别提出规划建设郑洛之间区域副中心城市和郑洛工业走廊核心节点、豫北区域副中心城市、豫西南区域副中心城市的目标。

第三节 河南省直管县体制改革的实践操作

河南省直管县体制改革最大的特点是着力破解直管县发展的体制机制障碍,建立具有河南特色的省直接管理县体制机制。河南省委在全面总结试点经验的基础上,决定从2014年1月1日起,对10个省直管县(市)全面实行由省直接管理的体制,调整党委体制、人大体制、政协体制、法院检察院体制、群团体制,使试点中暴露出来的多头管理、监督不顺、指挥不畅等过渡体制障碍得以理顺。例如,省直管县(市)党委直接受省委领导,省直管县(市)新任书记不再任原来省辖市市委常委,从根本上使省直管县和原来的省辖市脱离了关系。

一、省委、省人民政府高度重视"顶层设计"

河南省委、省人民政府高度重视省直管县体制改革试点工作,自2004年以来,相继发布了与省直管县相关改革的一系列文件,不仅为改革试点工作指明了前行的方向,而且为改革试点工作的具体推进提供了政策依据。2011年5月,河南省委、省人民政府做出启动巩义等10个县(市)省直管县体制改革试点工作的决定后,各个省直部门纷纷结合部门实际,相继制定并出台了与10个试点县(市)进行业务对接的具体工作计划,为试点县尽快实现与省直部门的业务对接提供了具体的实施方案,大大缩短了改革试点工作的过渡期。

二、重大体制机制改革渐进推进、分步实施

河南省直管县试点工作分为三个阶段进行。第一阶段为调查研究阶段。根据中央机构编制委员会办公室开展省直管县体制改革的相关要求，河南省委、省人民政府开展深入调查研究，做好各项准备工作。2011年4月21日河南省委、省人民政府印发《中共河南省委 河南省人民政府关于印发〈河南省省直管县体制改革试点工作实施意见〉的通知》（豫发〔2011〕7号），对省直管县试点工作进行部署。第二阶段为入轨运行阶段。2011年5月底，省直各部门和各试点县完成配套措施和改革方案的制定和报批工作，自6月1日起按照新的管理体制运行。第三阶段为完善提升阶段。研究解决试点工作中出现的新情况、新问题，不断调整完善管理体制和运行机制。2013年11月26日，河南省委、省人民政府决定，从2014年1月1日起，对巩义、兰考、汝州、滑县、长垣、邓州、永城、固始、鹿邑、新蔡等10个县（市）全面实行由省直接管理县的体制。

三、构建了一整套完善的制度

根据河南省委、省人民政府下发的《中共河南省委 河南省人民政府关于印发〈河南省深化省直管县体制改革实施意见〉的通知》（豫发〔2013〕12号）相关精神，省和省直管县分别成立省直管县体制改革试点工作领导小组，省直管县体制改革试点工作领导小组负责议事指导、组织协调和督促检查；省直管县体制改革试点工作领导小组办公室作为临时性常设办事机构，挂靠在省机构编制委员会办公室，承担日常工作。

为加强对省直管县体制改革试点工作的领导，完善工作机制，保证省直管县体制改革试点工作领导小组工作规范有序运行，相关部门下发了《关于印发〈河南省省直管县体制改革试点工作领导小组工作规则〉的通知》（豫直改〔2014〕1号）[①]。为进一步加强省直部门和省直管县沟通联络，协调研究解决省直管县发展中的要素瓶颈等问题，相关部门下发了《关于印发〈河南省省直管县体制改革试点工作省县联席会议制度〉的通知》（豫直改〔2014〕2号）[②]，决定建立省直管县体制改革试点工作省、县联席会议制度。为切实发挥河南省省直管县体制改革试点工作领导小组成员单位职能作用，加强对省直管县的帮扶指导，促进省直管县经济社会加快发展，相关部门下发了《关于印发〈河南省省直管县体

---

① 关于印发《河南省省直管县体制改革试点工作领导小组工作规则》的通知.http://www.hnsbb.gov.cn/sitesources/hnsbb/page_pc/fzh/zcfg/article7fc7cc93fbf742c08ab4568d765efb21.html[2018-09-15].

② 关于印发《河南省省直管县体制改革试点工作省县联席会议制度》的通知.http://www.hnsbb.gov.cn/sitesources/hnsbb/page_pc/fzh/zcfg/article6bf63588e8c64933b97af6ea2f7e36d3.html[2018-09-15].

制改革试点工作联系点制度〉的通知》(豫直改〔2014〕3号)①,决定建立省直管县体制改革试点工作联系点制度。

四、将省直管县经济社会发展作为省直管县体制改革的关键任务

10个省直管县(市)是河南省委、省人民政府努力培育的战略支撑点和努力打造的经济增长极。《河南省人民政府办公厅关于印发2015年河南省推进新型城镇化工作重点的通知》(豫政办〔2015〕99号)②进一步明确,进一步深化省直管县体制改革,以建成人口50万左右的地区副中心城市为目标。《河南省人民政府办公厅关于推进省直管试点县(市)经济社会加快发展的意见》(豫政办〔2014〕98号)③从鼓励支持改革创新、大力扶持产业发展、着力做优现代农业、加快推进新型城镇化、切实加大财政支持力度、积极创新金融服务、强化发展要素保障、其他支持政策八个方面提出推进省直管县经济社会加快发展的意见。

同时,河南省省直管县体制改革试点工作领导小组下发了《关于印发〈河南省省直管试点县(市)经济社会发展考核评价办法(试行)〉的通知》(豫直改〔2012〕6号),提出通过建立客观公正的考核评价指标体系,全面反映试点县(市)经济社会发展状况,实行定量考核与定性考核相结合,重点考核发展速度,进一步调动试点县(市)加快发展的积极性。2013年,河南省省直管县体制改革试点工作领导小组下发了《省直管县体制改革试点工作领导小组关于印发〈省直管试点县(市)"六城联创"活动方案〉的通知》(豫直改〔2013〕1号),决定省直管试点县(市)开展创建全国文明城市、国家园林城市、国家卫生城市、国家生态县(市)、全国双拥模范城市(县)、全国旅游标准化试点县(市)的"六城联创"活动。2014年,河南省省直管县体制改革试点工作领导小组下发了《关于印发〈河南省省直管试点县(市)经济社会发展考核评价办法〉的通知》(豫直改〔2014〕4号)④,以定量考核与定性考核相结合、以定量为主,总量考核与增速考核相结合、以增速为主的原则,对10个省直管县(市)经济社会发展进行考核,进一步调动省直管县加快发展的积极性,推动省直管县成为体制改革的先行者、统筹城乡的示范区、科学发展的排头兵。

---

① 关于印发《河南省省直管县体制改革试点工作联系点制度》的通知.http://www.hnsbb.gov.cn/sitesources/hnsbb/page_pc/fzh/zcfg/articleb99c7ea42eb84d719600ce7a6a924d58.html[2018-09-15].

② 河南省人民政府办公厅关于印发2015年河南省推进新型城镇化工作重点的通知.https://www.henan.gov.cn/2015/08-24/247223.html[2018-09-15].

③ 河南省人民政府办公厅关于推进省直管试点县(市)经济社会加快发展的意见.http://www.hnsbb.gov.cn/sitesources/hnsbb/page_pc/fzh/zcfg/articleddf3949aa9d844f18e8b17cfdcd919c3.html[2018-09-15].

④ 关于印发《河南省省直管试点县(市)经济社会发展考核评价办法》的通知.http://www.hnsbb.gov.cn/sitesources/hnsbb/page_pc/fzh/zcfg/article3086cfea1e724dd784f4b3fa626e3c4e.html[2018-09-15].

五、改革过程中明确了对试点县（市）的监管机制

在改革试点过程中，由于省、市都向试点县（市）下放了大量的经济社会管理权限，如果缺乏必要的监管机制，就可能出现试点县（市）权力滥用等问题。因此，尽快建立健全专门针对试点县（市）的监管机制是十分必要的。河南省省直管县体制改革试点工作领导小组下发了《关于印发〈河南省省直管县体制改革试点工作督查暂行办法〉的通知》（豫直改〔2012〕7号），对省直管试点县、省直各部门、各相关省辖市落实相关指导文件情况进督查。

第四节 本章小结

河南省直管县体制改革经历了3个主要阶段：①2004~2005年的初步探索阶段，先后赋予巩义等5个县（市）省辖市经济管理权限和部分社会管理权限，赋予新密等30个县（市）省辖市的部分经济管理权限。②2006~2010年的快速推进阶段，赋予中牟与巩义等5个县（市）相同的权限、新增栾川等25个县（市）享受与省辖市相同的经济管理权限和部分社会管理权限。③2011年至今的全面省直管阶段。2010年，中央机构编制委员会办公室确定全国8个省（自治区）的30个县（市）进行省直管县体制改革试点，为进一步推进地方行政体制改革积累经验。河南省作为全国的人口大省和县域经济发展大省，省内的巩义、兰考、汝州、滑县、长垣、邓州、永城、固始、鹿邑、新蔡10个县（市）入选。2013年，明确赋予试点县（市）经济社会管理权限603项。2014年1月1日开始，试点县（市）全面实行由省直接管理县的体制。

河南省的10个省直管县（市）呈现了试点县（市）类型多样、远离地级市中心且受地级市的辐射带动较弱、人口总量大但经济水平"大而不强"、以打造区域副中心城市为目标等特点，在全国30个试点县（市）中具有典型性和代表性。河南省直管县体制改革着力破解直管县发展的体制机制障碍，建立了具有河南特色的省直接管理县体制机制，取得了宝贵的实践经验：省委、省人民政府高度重视"顶层设计"；重大体制机制改革渐进推进，分步实施；构建了一整套完善的制度安排；将经济社会发展作为省直管县体制改革的关键任务；改革过程中明确了对试点县（市）的监管机制。

第四章 省直管县与市管县经济发展状态的多维评价

第一节 评价目的和方法

一、评价对象的划分

为评价省直管县体制改革对县域经济发展的影响,本研究结合河南省直管县政策实施的情况与要求,将全省 108 个县(市)划分为 3 种类型:省直管县、扩权市管县和普通市管县,以下分别简称省直管县、扩权县和市管县。对三种类型县域经济发展状态进行多维评价,可以透过三者之间的差异来观察省直管县体制改革以及市管县体制下的扩权改革对县域经济发展的影响。截至 2014 年,河南全省共有 10 个省直管县(市),40 个扩权县(市),58 个市管县(市)。其具体分布状况如图 4-1 所示。

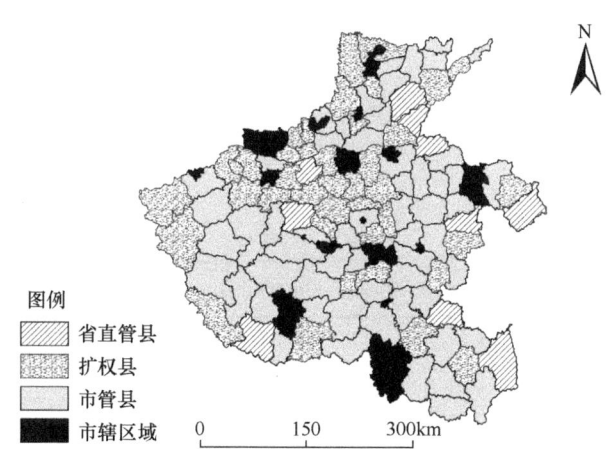

图 4-1 河南县域类型分类图

二、指标选取

依据河南的实际与数据可得性,分别从经济总量、经济速度、经济结构与经济质量 4 个方面选取 18 个指标，构建河南省直管县与非省直管县（扩权县和市管县）经济发展综合评价指标体系（表 4-1）。

表 4-1 河南省直管县与非省直管县经济发展综合评价指标体系

目标层	准则层	指标层	单位	权重
经济发展综合评价	经济总量	GDP 总量	万元	0.0790
		全社会固定资产投资总额	万元	0.0286
		社会消费品零售总额	万元	0.0250
		公共财政预算收入	万元	0.0790
		规模以上工业增加值	万元	0.0386
	经济速度	GDP 增长率	%	0.0668
		全社会固定资产投资额增长率	%	0.0767
		社会消费品零售额增长率	%	0.0430
		公共财政预算收入增长率	%	0.0308
		规模以上工业增加值增长率	%	0.0326
	经济结构	第二产业产值占 GDP 的比重	%	0.1033
		第三产业产值占 GDP 的比重	%	0.0731
		从业人口比重	%	0.0269
		规模以上工业增加值占 GDP 的比重	%	0.0467
	经济质量	人均 GDP	元	0.0863
		城镇居民人均可支配收入	元	0.0610
		农民人均纯收入	元	0.0513
		财政收入占 GDP 比重	%	0.0513

三、权重确定

指标权重是指经济指标在整个综合评价体系中重要性所占的比重。指标能够反映评价对象的经济状况，由于每个指标的重要性程度不同，确定指标的权重成为构建科学合理的经济发展评价指标体系的重要组成部分。常用的指标权重确定方法包括德尔菲法、层次分析法（analytic hierarchy process，AHP）、主成分分析法、熵权法等。层次分析法是将与决策相关的元素分解成目标、准则、方案等层次,在此基础上进行定性与定量的决策分析,利用层次分析法可以准确地确定具体的评价指标体系及各级指标的权重,降低传统工作中确定权重过程中的随意性和主观性的成分,确保评价结果的客观性和公正性。该方法对变量赋权系统灵活,且具有实用的优点(汪应洛,2003),在各种经济评价研究的指标赋权时应用广泛。

层次分析法,20世纪70年代由美国匹兹堡大学教授T.Saaty正式提出,其基本思想就是首先对元素进行"两两比较",其次对这些元素的整体权重进行排序判断,最后确定各元素的权重。基本的步骤包括:一是建立递阶指标的层次结构模型,即对经济综合评价指标体系进行分层,形成一个有递阶层次的结构模型;二是构造各层次中的所有判断矩阵,即对指标体系中每一个层次的各个指标的相对重要性用数值给出判断,形成矩阵;三是层次单排序和一致性检验;四是层次总排序及一致性检验。层次总排序是计算同一层次所有因素相对于总目标(最高层)的重要性排序权重,从而进行方案选择,对层次总排序作一致性检验(邓雪等,2012)。按照上述方法进行测算,最终得到河南省直管县与非省直管县经济综合评价指标的各权重值,结果见表4-1。

四、评价方法

(一) 数据处理

采用极大化方法进行数据标准化处理,该方法考虑到指标值的差异性,对数据处理之后各值的分布仍与相应原 x 值分布相同,适用于呈正态分布或非正态分布指标值的无量纲化,具体公式如下:

$$e_i = \frac{x_{ij}}{\max(x_{ij})} (i=1,2,\cdots,n; j=1,2,\cdots,m) \quad (4-1)$$

式中,e_i 的范围为 0~1,x_{ij} 为指标值。

(二) 综合指数法

依据上述分析,本研究采用综合指数评价法对河南省直管县与非省直管县经济发展状况进行综合评价,具体公式如下:

$$E = E_t W_t + E_j W_j + E_z W_z \quad (4-2)$$

$$E_t W_t = e_{t1} w_{t1} + e_{t2} w_{t2} + \cdots + e_{t5} w_{t5} \quad (4-3)$$

$$E_s W_s = e_{s1} w_{s1} + e_{s2} w_{s2} + \cdots + e_{s5} w_{s5} \quad (4-4)$$

$$E_j W_j = e_{j1} w_{j1} + e_{j2} w_{j2} + \cdots + e_{j5} w_{j5} \quad (4-5)$$

$$E_zW_z = e_{z1}w_{z1} + e_{z2}w_{z2} + \cdots + e_{z5}w_{z5} \qquad (4\text{-}6)$$

式中，E、E_t、E_s、E_j、E_z 分别为经济综合值、经济总量、经济速度、经济结构与经济质量的值，W_t、W_s、W_j 与 W_z 分别为经济总量、经济速度、经济结构与经济质量的权重值，e_{ti}、e_{si}、e_{ji}、e_{zi} 为指标的标准化值，w_{ti}、w_{si}、w_{ji} 与 w_{zi} 为指标的权重值，考虑到经济发展速度的不稳定性，本研究从经济总量、经济结构与经济质量3个方面计算经济综合值。

第二节　经济总量的时序变化

运用测算经济总量的公式对河南108个县（市）2007～2014年的GDP总量、全社会固定资产投资总额、社会消费品零售总额、公共财政预算收入以及规模以上工业增加值进行经济总量指数测算，得出108个县（市）的经济总量排名变化（表4-2）。

表4-2　2007～2014年河南省直管县、扩权县与市管县的经济总量排名变化

类型	县（市）	2007年	2008年	2009年	2010年	2011年	2012年	2013年	2014年
省直管县	巩义	1	1	1	1	1	1	2	2
	永城	8	8	8	9	8	8	8	8
	汝州	19	18	18	17	18	17	17	15
	邓州	20	20	20	21	22	20	20	20
	长垣	38	37	36	38	35	31	28	28
	固始	32	32	31	29	32	30	29	27
	鹿邑	40	41	41	41	45	41	36	32
	兰考	83	80	71	61	52	49	48	41
	滑县	50	50	52	52	57	55	54	52
	新蔡	101	97	95	95	93	91	92	92
扩权县	新郑	3	2	3	2	3	2	1	1
	新密	2	3	2	3	2	3	3	4
	中牟	15	14	11	10	7	4	4	3
	荥阳	4	4	4	6	6	7	5	5
	禹州	7	7	5	5	5	6	6	6
	登封	5	5	6	4	4	5	7	7
	灵宝	11	11	13	7	9	9	9	10
	长葛	12	16	15	16	15	12	10	9

续表

类型	县（市）	2007年	2008年	2009年	2010年	2011年	2012年	2013年	2014年
扩权县	林州	13	10	9	11	10	10	11	11
	偃师	6	6	7	8	11	11	12	14
	新安	10	15	12	13	13	14	13	12
	辉县	18	19	16	14	12	13	14	13
	安阳	14	12	10	12	14	15	15	17
	沁阳	17	17	17	18	17	16	16	18
	伊川	9	13	14	15	16	18	18	16
	濮阳	27	25	23	22	25	22	19	19
	渑池	25	21	21	20	20	19	21	22
	尉氏	33	34	33	33	29	27	23	23
	孟州	22	24	22	23	23	23	24	25
	淅川	41	46	49	31	28	26	26	46
	临颍	39	31	28	27	34	29	30	36
	唐河	28	29	30	32	30	32	33	30
	项城	31	33	32	34	42	40	37	34
	鄢陵	43	44	48	49	43	39	38	35
	义马	44	42	38	37	33	35	40	47
	宜阳	46	45	44	43	40	42	42	39
	温县	36	39	40	45	46	48	44	44
	博爱	24	26	25	36	37	43	45	48
	新乡	29	28	27	26	27	45	46	56
	郸城	61	55	51	50	51	50	51	51
	淇县	56	58	54	58	63	60	55	58
	潢川	53	56	58	57	61	62	60	60
	郏县	75	69	61	59	58	63	63	65
	舞钢	21	22	35	44	49	54	68	76
	西平	60	63	75	79	71	69	69	68
	夏邑	81	77	76	75	69	68	70	64
	范县	95	99	99	97	96	93	80	78
	正阳	103	103	100	101	100	99	99	102
	封丘	96	98	103	103	103	103	103	103
	卢氏	107	107	107	105	104	104	104	106

续表

类型	县（市）	2007年	2008年	2009年	2010年	2011年	2012年	2013年	2014年
市管县	襄城	34	27	26	24	21	21	22	26
	武陟	23	23	24	25	24	28	25	24
	宝丰	42	40	37	30	26	24	27	29
	孟津	45	47	46	46	41	36	31	31
	许昌	30	35	34	35	36	33	32	21
	栾川	16	9	19	19	19	25	34	43
	西峡	35	36	29	28	31	34	35	33
	杞县	52	51	50	51	50	44	39	37
	新野	37	38	42	40	38	38	41	40
	镇平	26	30	39	39	39	37	43	38
	叶县	48	48	47	48	47	46	47	50
	沈丘	57	57	56	53	53	51	49	42
	陕县	51	43	43	42	44	47	50	45
	太康	65	64	66	64	60	52	52	49
	开封	68	67	64	63	64	57	53	54
	虞城	58	61	60	60	62	59	56	53
	清丰	78	78	72	67	67	65	57	57
	方城	54	53	53	54	55	56	58	55
	淮阳	67	60	55	55	56	58	59	59
	嵩县	59	49	45	47	48	53	61	82
	通许	91	85	81	81	81	66	62	61
	商水	85	82	82	84	84	67	64	63
	西华	74	68	69	72	82	71	65	62
	洛宁	76	72	59	56	54	61	66	74
	桐柏	49	52	62	69	59	64	67	72
	泌阳	80	76	73	73	74	74	71	69
	舞阳	69	66	70	74	68	70	72	66
	息县	71	74	68	68	70	75	73	71
	民权	77	81	78	76	75	82	74	67
	平舆	87	88	83	78	72	73	75	73

续表

类型	县（市）	2007年	2008年	2009年	2010年	2011年	2012年	2013年	2014年
市管县	上蔡	73	71	77	80	77	79	76	77
	内乡	55	62	65	66	66	72	77	70
	汤阴	63	79	80	71	80	77	78	80
	光山	72	70	67	70	78	80	79	75
	修武	47	54	57	62	65	76	81	87
	遂平	89	87	86	85	86	85	82	81
	扶沟	92	91	90	90	90	87	83	84
	柘城	94	93	89	89	88	86	84	79
	浚县	79	89	88	88	87	90	85	85
	鲁山	64	65	63	65	76	78	86	88
	汝阳	66	59	87	86	83	84	87	86
	罗山	86	83	84	82	85	88	88	83
	内黄	84	86	91	91	89	89	89	89
	汝南	97	96	96	96	95	92	90	90
	卫辉	70	75	79	77	79	83	91	96
	睢县	88	90	92	94	94	94	93	91
	南召	62	73	74	83	73	81	94	95
	南乐	99	100	101	100	98	96	95	94
	商城	93	92	94	93	97	95	96	93
	确山	102	102	97	98	99	97	97	98
	社旗	98	95	98	99	101	98	98	97
	延津	90	94	93	92	92	100	100	101
	淮滨	100	101	102	102	102	102	101	100
	原阳	82	84	85	87	91	101	102	99
	新县	105	105	104	104	106	106	105	104
	获嘉	104	104	105	107	105	105	106	105
	宁陵	106	106	106	106	107	107	107	107
	台前	108	108	108	108	108	108	108	108

资料来源：2008～2015年《河南统计年鉴》。

一、省直管县经济总量排名变化

10个省直管县（市）中，巩义的经济总量排名由2007年的全省第1位下降到2014年的第2位，被新郑在2013年超过，但其2007~2014年的经济总量排名在所有省直管县中仍是最高的；兰考的经济总量排名由2007年的第83位上升到2014年的第41位，上升了42位，经济总量显著增加；汝州的经济总量排名由2007年的第19位上升到2014年的第15位，上升了4位；滑县的经济总量排名由2007年的第50位下降到2014年的第52位，下降了2位；长垣的经济总量排名由2007年的第38位上升到2014年的第28位，上升了10位；邓州的经济总量排名2007年和2014年均为第20位；永城的经济总量排名2007年和2014年均为第8位；固始的经济总量排名由2007年的第32位上升到2014年的第27位，上升了5位；鹿邑的经济总量排名由2007年的第40位上升到2014年的第32位，上升了8位；新蔡的经济总量排名由2007年的第101位上升到2014年的第92位，上升了9位。2007~2014年10个省直管县（市）中，经济总量排名下降的有2个，占省直管县的比例为20%；排名不变的有2个，占省直管县的比例为20%；排名上升的有6个，占省直管县的比例为60%（图4-2）。

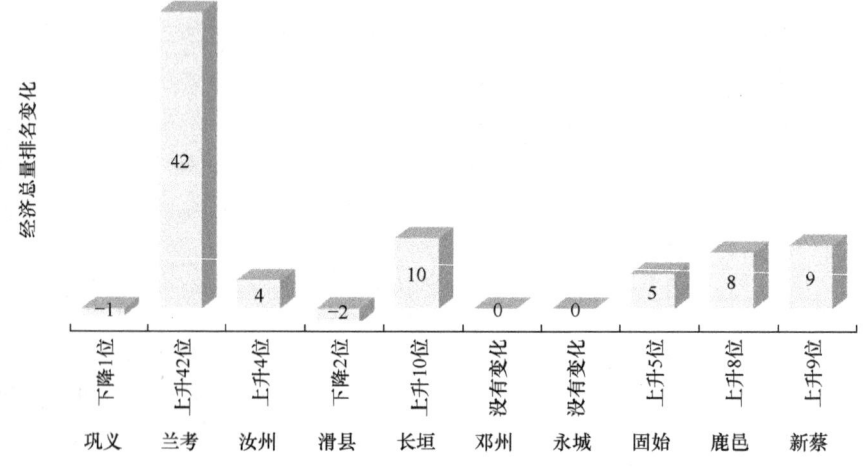

图4-2　2007~2014年10个省直管县（市）经济总量排名变化趋势
资料来源：2008~2015年《河南统计年鉴》。

二、扩权县经济总量排名变化

由表4-2可知，40个扩权县（市）中，新郑、新密、荥阳、禹州与登封排名比较靠前，基本上保持在全省的县域单元的前10名。排名出现上升的扩权县包括中牟、禹州、灵宝、长葛、林州、辉县、临颍等共19个，占扩权县的比例为47.5%；排名出现下降的扩权县包括偃师、新安、安阳、封丘等共21个，占扩权县的比例为 52.5%。

三、市管县经济总量排名变化

由表 4-2 可知，58 个市管县（市）中，襄城、宝丰、杞县、太康、清丰、通许等 30 个县经济总量的排名呈上升趋势，占全省市管县的比例为 51.72%，息县、商城、淮滨、台前的经济总量排名没有发生变化，占全省市管县的比例为 6.90%；武陟、镇平、方城、桐柏等 24 个县（市）的经济总量排名出现了下降，占全省市管县的比例为 41.38%。

四、省直管县、扩权县与市管县经济总量对比

由图 4-3 可知，10 个省直管县（市）经济总量指数呈先上升后下降的趋势，从 2007 年的 0.95 上升到 2012 年的 1.07，2014 年下降为 0.93；40 个扩权县（市）经济总量指数同样呈先上升后下降的趋势，从 2007 年的 3.9 上升到 2012 年的 4.38，2014 年下降为 3.63；市管县的经济总量指数呈先上升后略微下降的趋势，由 2007 年的 2.84 上升到 2014 年的 2.91。

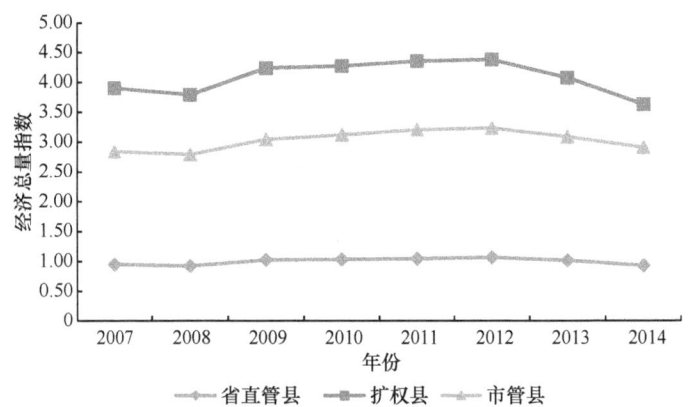

图 4-3　2007~2014 年河南省直管县、扩权县、市管县经济总量指数变化趋势
资料来源：2008~2015 年《河南统计年鉴》。

（一）GDP 总量变化

2007~2014 年省直管县的 GDP 总量由 2007 年的 1334.81 亿元增加到 2014 年的 2810.79 亿元，GDP 总量占全省的比例在 2010 年之前呈先上升后下降的趋势，由 2007 年的 12.76%下降到 2010 年的 12.64%，2010 年实施省直管政策之后，呈先上升再下降的趋势，由 2011 年的 12.36%上升到 2013 年的 12.60%，2014 年下降到 11.59%。扩权县的 GDP 总量由 2007 年的 5074.97 亿元增加到 2014 年的 11 855.87 亿元，GDP 总量占全省的比例呈先上升后下降的趋势，由 2007 年的

48.53%上升到 2011 年的 49.46%，2014 年下降为 48.88%。市管县的 GDP 总量由 2007 年的 4049.13 亿元增加到 2014 年的 9588.91 亿元，GDP 总量占全省的比例由 2007 年的 38.71%上升到 2014 年的 39.53%（表 4-3）。

表 4-3　2007～2014 年 GDP 总量占全省的比例　　（单位：%）

类别	2007 年	2008 年	2009 年	2010 年	2011 年	2012 年	2013 年	2014 年
省直管县	12.76	12.82	12.76	12.64	12.36	12.46	12.60	11.59
扩权县	48.53	48.77	48.95	48.99	49.46	49.26	48.77	48.88
市管县	38.71	38.41	38.29	38.37	38.18	38.28	38.63	39.53

资料来源：2008～2015 年《河南统计年鉴》。

（二）全社会固定资产投资总额变化

2007～2014 年省直管县的全社会固定资产投资总额由 2007 年的 613.41 亿元增加到 2014 年的 2102 亿元，全社会固定资产投资总额占全省的比例呈先下降后上升的趋势，由 2007 年的 10.61%下降到 2010 年的 9.99%，省直管之后由 2011 年的 9.75%上升到 2014 年的 10.17%。扩权县的全社会固定资产投资总额由 2007 年的 2723.26 亿元增加到 2014 年的 9695 亿元，占全省的比例呈波动中下降的趋势，由 2007 年的 47.10%下降到 2014 年的 46.92%。市管县的全社会固定资产投资总额由 2007 年的 2445.07 亿元增加到 2014 年的 8867 亿元，占全省的比例呈先下降后上升的趋势，由 2007 年的 42.29%下降到 2009 年的 41.89%，到 2014 年上升到 42.91%（表 4-4）。

表 4-4　2007～2014 年全社会固定资产投资总额占全省的比例　　（单位：%）

类别	2007 年	2008 年	2009 年	2010 年	2011 年	2012 年	2013 年	2014 年
省直管县	10.61	10.34	10.20	9.99	9.75	10.07	10.33	10.17
扩权县	47.10	47.66	47.91	47.02	46.50	46.54	45.95	46.92
市管县	42.29	42.00	41.89	42.99	43.75	43.39	43.72	42.91

资料来源：2008～2015 年《河南统计年鉴》。

（三）规模以上工业增加值变化

2007～2014 年省直管县规模以上工业增加值由 2007 年的 415.77 亿元增加到 2014 年的 1417.83 亿元，占全省的比例呈现先下降再上升的趋势，由 2007 年的 11.62%下降到 2011 年的 10.67%，2014 年上升到 10.79%。扩权县规模以上工业增加值由 2007 年的 2114.24 亿元增加到 2014 年的 7134.75 亿元,所占全省的比例呈波动中下降的趋势,由 2007 年的 59.06%下降到 2014 年的 54.32%。市管县规模以上工业增加值由 2007 年的 1049.57 亿元增加到 2014 年的 4582.05 亿元,占全省的比例由 2007 年的 29.32%增加到 2014 的 34.89%,呈波动中上升的趋势（表 4-5）。

表 4-5　2007~2014 年规模以上工业增加值占全省的比例　（单位：%）

类别	2007 年	2008 年	2009 年	2010 年	2011 年	2012 年	2013 年	2014 年
省直管县	11.62	11.84	11.68	11.71	10.67	10.78	10.86	10.79
扩权县	59.06	58.17	58.50	58.30	58.46	58.25	57.58	54.32
市管县	29.32	29.99	29.82	29.99	30.87	30.97	31.56	34.89

资料来源：2008~2015 年《河南统计年鉴》。

（四）社会消费品零售总额变化

2007~2014 年省直管县社会消费品零售总额由 2007 年的 346.53 亿元增加到 2014 年的 996 亿元,占全省的比例呈不断上升的趋势,由 2007 年的 8.09%上升到 2013 年的 13.19%,在 2014 年略微下降。这表明实施直管政策增加了省直管县市场交易的活力。扩权县社会消费品零售总额由 2007 年的 1225.78 亿元增加到 2014 年的 3479 亿元,占全省的比例呈先上升再下降的趋势,由 2007 年的 28.63%上升到 2008 年的 45.15%,2014 年下降到 44.02%。市管县社会消费品零售总额由 2007 年的 2708.96 亿元增加到 2014 年的 3428 亿元,占全省的比例呈波动中下降的趋势,由 2007 年的 63.28%下降到 2014 年的 43.38%（表 4-6）。

表 4-6　2007~2014 年社会消费品零售总额占全省的比例　（单位：%）

类别	2007 年	2008 年	2009 年	2010 年	2011 年	2012 年	2013 年	2014 年
省直管县	8.09	12.80	12.86	13.00	13.16	13.18	13.19	12.60
扩权县	28.63	45.15	44.89	44.46	44.38	44.44	44.38	44.02
市管县	63.28	42.05	42.25	42.54	42.46	42.38	42.43	43.38

资料来源：2008~2015 年《河南统计年鉴》。

（五）公共财政预算收入变化

2007~2014 年省直管县公共财政预算收入由 2007 年的 41.18 亿元增加到 2014 年的 143.06 亿元,占全省的比例呈现波动中上升的趋势,由 2007 年的 12.58%

增加到 2014 年的 13.42%。扩权县公共财政预算收入由 2007 年的 177.09 亿元增加到 2014 年的 535.94 亿元，占全省的比例呈现波动中下降的趋势，由 2007 年的 54.10%下降到 2014 年的 50.27%。市管县公共财政预算收入由 2007 年的 109.04 亿元增加到 2014 年的 387.08 亿元，占全省的比例呈现波动中上升的趋势，由 2007 年的 33.32%增加到 2014 年的 36.31%（表 4-7）。

表 4-7 2007～2014 年公共财政预算收入所占全省比例　（单位：%）

类别	2007 年	2008 年	2009 年	2010 年	2011 年	2012 年	2013 年	2014 年
省直管县	12.58	12.40	12.79	12.74	13.39	13.59	13.86	13.42
扩权县	54.10	53.25	54.03	53.58	52.60	52.25	51.27	50.27
市管县	33.32	34.35	33.18	33.68	34.01	34.16	34.87	36.31

资料来源：2008～2015 年《河南统计年鉴》。

第三节　经济结构的时序变化

运用测算经济结构的公式对河南 108 个县（市）2007～2014 年的第二产业占 GDP 的比重、第三产业占 GDP 的比重、从业人口比重以及规模以上工业增加值占 GDP 的比重进行经济结构指数测算，得出 108 个县（市）的排名变化，结果见表 4-8。

表 4-8 2007～2014 年河南省直管县、扩权县与市管县的经济结构排名变化

类别	县（市）	2007 年	2008 年	2009 年	2010 年	2011 年	2012 年	2013 年	2014 年
省直管县	巩义	4	4	4	3	4	4	35	15
	永城	44	38	36	35	33	34	15	20
	汝州	26	23	25	22	22	24	16	29
	邓州	78	66	74	83	93	92	93	103
	长垣	51	46	46	45	49	46	36	32
	固始	91	93	95	91	95	97	6	60
	鹿邑	59	63	67	61	66	63	23	33
	兰考	53	56	44	48	46	47	4	19
	滑县	95	104	101	102	103	106	100	106
	新蔡	93	94	93	100	98	100	62	83

续表

类别	县（市）	2007年	2008年	2009年	2010年	2011年	2012年	2013年	2014年
扩权县	新郑	5	6	5	8	9	9	60	25
	新密	2	3	3	4	2	6	20	10
	中牟	45	40	39	42	36	30	107	89
	荥阳	6	7	6	6	7	10	5	6
	禹州	15	16	12	13	12	12	27	12
	登封	3	2	2	2	3	2	7	2
	灵宝	20	19	22	19	19	22	77	41
	长葛	11	11	10	12	10	11	31	11
	林州	12	10	8	5	5	3	2	3
	偃师	16	14	11	15	8	7	1	1
	新安	10	15	15	9	11	8	24	4
	辉县	43	42	35	38	43	41	99	65
	安阳	22	22	18	16	14	15	14	17
	沁阳	8	5	7	7	6	5	17	13
	伊川	24	24	27	25	25	25	58	24
	濮阳	33	36	33	32	47	42	91	52
	渑池	17	20	20	21	21	23	84	45
	尉氏	50	51	47	56	51	51	53	40
	孟州	14	13	13	18	16	14	29	9
	淅川	54	62	62	64	62	58	97	97
	临颍	31	35	31	33	31	28	101	62
	唐河	89	88	92	98	96	94	106	107
	项城	40	44	45	43	50	50	54	38
	鄢陵	72	82	84	80	73	70	87	73
	义马	1	1	1	1	1	1	22	5
	宜阳	58	54	53	51	42	43	34	39
	温县	21	21	19	20	20	20	45	21
	博爱	19	18	21	24	27	18	90	53
	新乡	13	9	9	14	15	16	37	8
	郸城	77	78	81	73	72	67	63	61

续表

类别	县(市)	2007年	2008年	2009年	2010年	2011年	2012年	2013年	2014年
扩权县	淇县	25	26	23	30	34	35	95	34
	潢川	67	70	76	82	86	90	71	100
	郏县	42	43	40	40	48	48	85	59
	舞钢	9	8	14	11	18	21	9	18
	西平	74	74	78	79	83	77	19	44
	夏邑	96	96	96	92	91	86	43	82
	范县	36	34	30	23	32	32	57	30
	正阳	108	108	103	104	106	107	86	104
	封丘	106	105	107	107	108	108	108	108
	卢氏	70	84	82	68	68	69	72	101
市管县	襄城	30	28	32	27	23	17	52	26
	武陟	27	27	29	34	40	38	79	51
	宝丰	18	17	17	10	13	13	38	23
	孟津	48	49	49	46	35	31	30	14
	许昌	35	37	43	49	53	53	82	55
	栾川	7	12	16	17	17	19	59	22
	西峡	39	32	24	29	24	29	8	7
	杞县	102	98	99	103	105	101	80	92
	新野	47	50	55	50	41	44	25	37
	镇平	29	33	41	41	39	40	46	43
	叶县	57	61	60	53	61	60	94	90
	沈丘	71	77	83	74	64	61	26	50
	陕县	37	25	28	28	29	37	56	58
	太康	101	102	104	101	97	95	64	75
	开封	84	76	77	87	87	79	48	56
	虞城	99	95	91	88	78	68	42	67
	清丰	79	71	63	65	80	75	96	76
	方城	83	81	79	76	71	65	41	47
	淮阳	107	106	105	105	102	103	74	91
	嵩县	60	55	56	55	54	57	33	46

续表

类别	县（市）	2007年	2008年	2009年	2010年	2011年	2012年	2013年	2014年
市管县	通许	87	69	73	81	77	73	61	71
	商水	105	107	108	108	104	104	67	80
	西华	104	103	106	106	107	105	104	102
	洛宁	64	59	54	52	60	59	18	28
	桐柏	41	41	48	47	38	39	76	57
	泌阳	88	90	90	90	92	96	49	66
	舞阳	46	48	52	54	57	52	105	69
	息县	81	85	80	85	85	93	81	98
	民权	90	91	85	89	89	83	69	93
	平舆	80	68	65	66	63	64	10	35
	上蔡	61	60	61	58	56	56	3	42
	内乡	75	80	86	86	82	78	89	99
	汤阴	38	39	38	39	44	45	65	49
	光山	73	75	75	75	79	89	50	87
	修武	23	29	34	37	37	33	70	36
	遂平	55	52	50	60	52	55	12	31
	扶沟	100	97	97	95	90	82	83	88
	柘城	97	101	100	94	94	88	40	84
	浚县	68	83	68	72	69	72	98	79
	鲁山	49	47	51	44	45	49	21	64
	汝阳	32	31	37	31	26	26	11	16
	罗山	76	65	71	70	70	85	13	74
	内黄	103	100	98	96	100	102	88	95
	汝南	94	92	89	97	99	98	66	85
	卫辉	62	58	59	59	59	62	75	86
	睢县	98	99	102	99	101	99	55	77
	南召	34	45	42	36	30	36	44	48
	南乐	63	67	70	67	65	74	92	72
	商城	86	86	88	84	84	91	47	81
	确山	69	72	64	62	76	76	51	63

续表

类别	县（市）	2007年	2008年	2009年	2010年	2011年	2012年	2013年	2014年
市管县	社旗	92	89	94	93	88	84	73	78
	延津	65	73	66	69	67	80	102	96
	淮滨	66	64	69	71	75	81	39	70
	原阳	82	79	72	78	81	87	103	105
	新县	56	57	58	57	55	66	32	68
	获嘉	52	53	57	63	58	54	78	54
	宁陵	85	87	87	77	74	71	68	94
	台前	28	30	26	26	28	27	28	27

资料来源：2008~2015年《河南统计年鉴》。

一、省直管县经济结构排名变化

由表4-8、图4-4可知，巩义的经济结构排名变化较大，由2007年的第4位下降到2014年的第15位；汝州的经济结构排名由2007年的第26位上升到2013年的第16位，2014年下降为第29位；永城由2007年的第44位上升到2013年的第15位，2014年下降为第20位；兰考由2007年的第53位上升到2013年的第4位，2014年下降为第19位；长垣由2007年的第51位上升到2014年的第32位；鹿邑由2007年的第59位上升到2014年的第33位；邓州由2007年的第78位下降到2014年的第103位；新蔡由2007年的第93位上升到2014年的第83位；固始由2007年的第91位上升到2014年的第60位；滑县由2007年的第

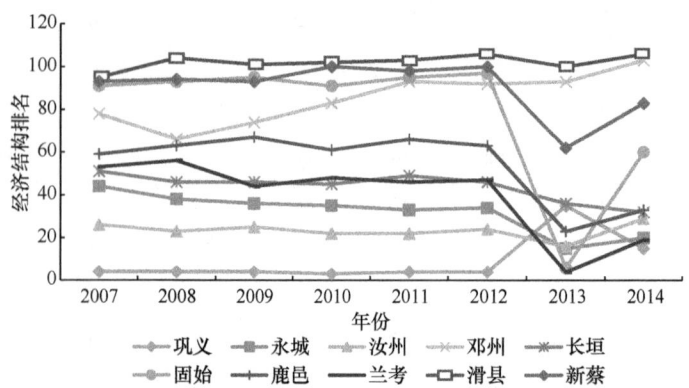

图4-4 2007~2014年10个省直管县（市）经济结构排名变化

资料来源：2008~2015年《河南统计年鉴》。

95位下降到2014年的第106位。2007~2014年10个省直管县（市）中，经济结构排名下降的有4个，占省直管县的比例为40%，排名上升的有6个，占省直管县的比例为60%。

二、扩权县经济结构排名变化

由表4-8可知，40个扩权县（市）中，排名出现上升的扩权县（市）包括林州、偃师、安阳、宜阳、郸城等共16个，占扩权县（市）的比例为40%；排名出现下降的包括新郑、新密、灵宝等共20个，占扩权县（市）的比例为50%；排名不变的有荥阳、长葛、伊川和温县。

三、市管县经济结构排名变化

由表4-8可知，58个市管县（市）中，襄城、孟津、太康、通许等32个县经济结构排名呈上升趋势，占市管县（市）的比例为55.17%，武陟、宝丰、许昌等26个县的经济结构排名出现了下降，占市管县（市）的比例为44.83%。

四、省直管县、扩权县、市管县经济结构对比

由图4-5可知，省直管县经济结构指数由2007年的0.148上升到2014年的0.172，呈逐渐上升的趋势，扩权县经济结构指数由2007年的0.162上升到2014年的0.175，市管县经济结构指数由2007年的0.143上升到2014年的0.167。其中，省直管县的经济结构指数上升幅度最大。

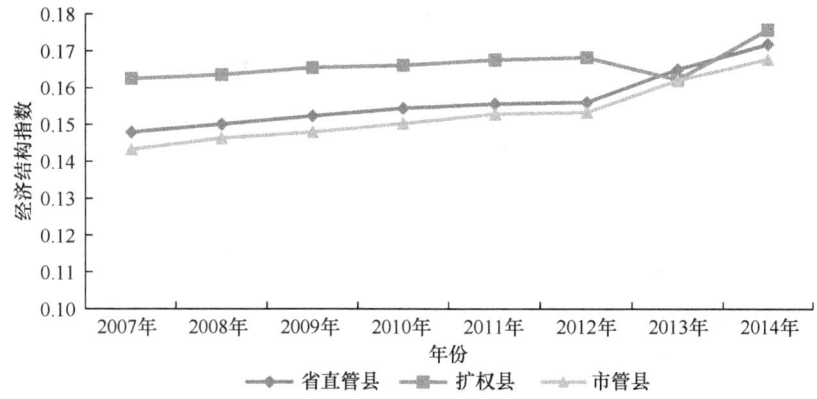

图4-5　2007~2014年省直管县、扩权县与市管县的经济结构指数变化趋势
资料来源：2008~2015年《河南统计年鉴》。

（一）第二产业产值占GDP的比重

由表4-9可知，全省所有县域的第二产业产值占GDP的比重由2007年的

51.45%增加到 2013 年的 54.56%，增加了 3.11 个百分点；省直管县的第二产业产值占 GDP 的比重由 2007 年的 47.39%增加到 2013 年的 49.56%，增加了 2.17 个百分点，低于全省的增加量；扩权县的第二产业产值占 GDP 的比重由 2007 年的 60.10%增加到 2013 年的 62.64%，增加了 2.54 个百分点；市管县的第二产业产值占 GDP 的比重由 2007 年的 46.18%增加到 2013 年的 49.85%，增加了 3.67 个百分点，高于全省的增加量。但受经济发展形势与产业结构调整的影响，2014 年全省、省直管县、扩权县与市管县的第二产业产值占 GDP 的比重较 2013 年均出现了下降趋势。

表 4-9　2007~2014 年第二产业产值占 GDP 的比重　（单位：%）

类别	2007 年	2008 年	2009 年	2010 年	2011 年	2012 年	2013 年	2014 年
全省	51.45	52.99	53.86	54.42	55.13	54.64	54.56	50.97
省直管县	47.39	49.03	50.31	50.48	50.10	49.50	49.56	46.65
扩权县	60.10	61.44	62.64	63.27	63.69	63.03	62.64	57.48
市管县	46.18	47.85	48.41	48.99	50.09	49.73	49.85	47.23

资料来源：2008~2015 年《河南统计年鉴》。

（二）第三产业产值占 GDP 的比重

由表 4-10 可知，全省所有县域的第三产业产值占 GDP 的比重由 2007 年的 25.67%增加到 2014 年的 30.80%，共增加了 5.13 个百分点；省直管县的第三产业产值占 GDP 的比重由 2007 年的 28.31%增加到 2014 年的 33.68%，共增加了 5.37 个百分点，高于全省的增加量；扩权县的第三产业产值占 GDP 的比重由 2007 年的 23.47%增加到 2014 年的 29.21%，共增加了 5.74 个百分点；市管县的第三产业产值占 GDP 的比重由 2007 年的 26.74%增加到 2014 年的 31.41%，共增加了 4.67 个百分点，低于全省的增加量。

表 4-10　2007~2014 年第三产业产值占 GDP 的比重　（单位：%）

类别	2007 年	2008 年	2009 年	2010 年	2011 年	2012 年	2013 年	2014 年
全省	25.67	24.86	24.62	24.14	24.35	25.38	25.99	30.80
省直管县	28.31	27.28	26.73	26.24	27.00	28.38	29.02	33.68
扩权县	23.47	22.58	21.97	21.49	21.60	22.70	23.37	29.21
市管县	26.74	26.01	26.08	25.61	25.80	26.71	27.26	31.41

资料来源：2008~2015 年《河南统计年鉴》。

（三）从业人口比重

由表 4-11 可知，2007~2013 年全省的从业人口比重由 2007 年的 66.22%增加到 2013 年的 73.38%，共增加了 7.16 个百分点，2014 年下降为 62.45%；省直管县的从业人口比重由 2007 年的 66.36%增加到 2013 年的 76.99%，共增加了 10.63 个百分点，高于全省的增加比重值，在 2014 年下降为 60.99%；扩权县的从业人口比重由 2007 年的 65.14%增加到 2013 年的 70.92%，共增加了 5.78 个百分点，2014 年下降为 63.35%；市管县的从业人口比重由 2007 年的 66.94%增加到 2013 年的 74.45%，共增加了 7.51 个百分点，2014 年下降为 62.07%。

表 4-11　2007~2014 年从业人口比重的变化值　　（单位：%）

类别	2007 年	2008 年	2009 年	2010 年	2011 年	2012 年	2013 年	2014 年
全省	66.22	66.28	67.42	70.21	72.19	73.01	73.38	62.45
省直管县	66.36	64.86	67.12	72.37	73.91	73.43	76.99	60.99
扩权县	65.14	65.39	66.82	67.89	70.60	71.08	70.92	63.35
市管县	66.94	67.13	67.89	71.44	72.99	74.27	74.45	62.07

资料来源：2008~2015 年《河南统计年鉴》。

（四）规模以上工业增加值占 GDP 的比重

由表 4-12 可知，2007~2014 年全省规模以上工业增加值占 GDP 的比重由 2007 年的 47.10%增加到 2014 年的 56.75%，共增加了 9.65 个百分点；省直管县规模以上工业增加值占 GDP 的比重由 2007 年的 43.13%增加到 2014 年的 51.79%，共增加了 8.66 个百分点，低于全省的平均增加值；扩权县规模以上工业增加值占 GDP 的比重由 2007 年的 56.15%增加到 2014 年的 65.74%，共增加了 9.59 个百分点，低于全省的平均增加值；市管县规模以上工业增加值占 GDP 的比重由 2007 年的 41.55%增加到 2014 年的 51.41%，共增加了 9.86 个百分点，高于全省的平均增加值。

表 4-12　2007~2014 年规模以上工业增加值占 GDP 的比重（单位：%）

类别	2007 年	2008 年	2009 年	2010 年	2011 年	2012 年	2013 年	2014 年
全省	47.10	48.79	49.23	49.83	50.57	49.89	49.74	56.75
省直管县	43.13	45.02	45.77	45.92	45.61	44.81	44.78	51.79
扩权县	56.15	57.56	58.23	58.90	59.42	58.59	58.18	65.74
市管县	41.55	43.38	43.61	44.25	45.33	44.76	44.78	51.41

资料来源：2008~2015 年《河南统计年鉴》。

第四节 经济质量的时序变化

运用测算经济质量的公式对河南108个县（市）2007~2014年的农民人均纯收入、城镇居民人均可支配收入、财政收入占GDP的比重及人均GDP进行经济质量指数测算，得出108个县（市）的排名变化，结果见表4-13。

表4-13 2007~2014年河南省直管县、扩权县与市管县的经济质量排名变化

类别	县（市）	2007年	2008年	2009年	2010年	2011年	2012年	2013年	2014年
省直管县	巩义	3	5	4	3	5	3	4	4
	永城	34	28	31	31	32	26	27	27
	汝州	35	32	32	33	35	34	34	34
	邓州	44	42	44	48	51	54	53	54
	长垣	39	57	37	38	39	38	37	37
	固始	67	63	64	62	62	63	67	68
	鹿邑	76	72	72	69	69	64	65	64
	兰考	99	93	93	82	82	66	62	58
	滑县	71	68	77	80	96	97	93	94
	新蔡	102	99	102	101	103	103	97	101
扩权县	新郑	1	3	2	2	2	2	2	2
	新密	6	8	5	5	6	5	5	5
	中牟	17	18	15	13	14	9	9	6
	荥阳	4	4	3	4	4	4	3	3
	禹州	22	24	18	16	15	16	17	18
	登封	7	10	6	6	3	6	6	7
	灵宝	19	16	21	18	19	19	19	21
	长葛	18	21	22	23	21	21	18	13
	林州	27	26	20	19	16	20	20	20
	偃师	10	11	9	14	13	8	12	12
	新安	9	7	11	10	7	11	10	11
	辉县	29	30	26	20	17	14	16	17
	安阳	28	31	29	27	24	29	33	35
	沁阳	12	12	8	8	9	10	8	9

续表

类别	县（市）	2007年	2008年	2009年	2010年	2011年	2012年	2013年	2014年
扩权县	伊川	23	23	28	29	29	36	36	38
	濮阳	56	50	58	59	61	81	57	55
	渑池	11	6	7	7	8	7	7	8
	尉氏	47	52	49	57	59	55	47	44
	孟州	13	13	12	11	11	12	11	10
	淅川	54	45	55	36	36	25	28	29
	临颍	49	55	39	42	47	46	42	43
	唐河	50	49	51	53	55	56	64	69
	项城	63	60	68	70	77	74	73	73
	鄢陵	30	33	35	35	34	33	32	33
	义马	2	1	1	1	1	1	1	1
	宜阳	45	46	48	49	48	48	49	48
	温县	20	22	23	26	26	28	26	26
	博爱	15	15	16	21	22	24	23	23
	新乡	14	14	13	12	12	17	15	16
	郸城	93	91	91	83	81	82	84	86
	淇县	21	20	19	25	27	27	22	19
	潢川	57	53	59	58	57	60	63	62
	郏县	62	66	52	51	52	52	58	61
	舞钢	8	9	14	15	20	18	21	22
	西平	66	69	73	74	70	68	70	71
	夏邑	101	80	100	99	91	88	88	88
	范县	94	101	103	107	107	94	104	96
	正阳	98	94	97	95	90	98	100	102
	封丘	96	108	99	105	106	107	108	108
	卢氏	52	43	42	41	42	42	46	47
市管县	襄城	37	34	34	34	33	35	35	36
	武陟	25	27	27	28	28	32	31	31
	宝丰	33	37	30	30	30	30	30	32
	孟津	32	29	33	32	31	31	29	28

续表

类别	县（市）	2007年	2008年	2009年	2010年	2011年	2012年	2013年	2014年
市管县	许昌	31	35	36	37	37	37	38	30
	栾川	5	2	10	9	10	13	13	15
	西峡	24	19	24	24	25	23	25	24
	杞县	89	103	85	81	83	78	76	76
	新野	36	36	38	39	38	40	40	40
	镇平	38	48	53	50	53	53	54	57
	叶县	70	74	67	68	72	70	79	82
	沈丘	95	86	90	87	84	84	83	84
	陕县	26	25	25	22	23	22	24	25
	太康	103	104	107	103	104	93	90	91
	开封	73	87	76	77	78	76	71	70
	虞城	87	73	84	84	85	79	81	81
	清丰	75	78	75	76	75	80	69	65
	方城	64	58	63	63	67	57	61	63
	淮阳	104	98	101	100	98	105	105	105
	嵩县	48	40	46	44	43	45	45	53
	商水	106	97	106	104	102	101	99	52
	西华	81	84	89	91	100	99	101	98
	洛宁	46	41	43	46	45	43	44	97
	桐柏	43	38	56	54	50	47	48	45
	泌阳	79	67	79	78	76	75	75	50
	舞阳	92	100	86	88	88	86	87	75
	息县	84	71	82	85	87	100	102	80
	民权	97	89	98	93	93	89	86	103
	平舆	82	76	78	73	68	71	77	85
	上蔡	90	85	96	98	95	104	103	78
	内乡	42	47	50	52	49	49	50	104
	汤阴	40	44	41	40	41	39	39	49
	修武	16	17	17	17	18	15	14	39
	光山	68	62	65	64	64	69	72	72

续表

类别	县（市）	2007年	2008年	2009年	2010年	2011年	2012年	2013年	2014年
市管县	商城	77	64	74	72	71	72	74	14
	遂平	61	54	57	55	54	51	51	46
	汝阳	41	39	45	47	46	50	52	87
	卫辉	53	65	40	43	40	41	41	92
	延津	51	70	47	45	44	44	43	60
	确山	65	59	61	60	58	58	55	100
	浚县	58	88	60	61	60	62	56	51
	通许	69	82	71	75	74	67	59	67
	新县	55	51	54	56	56	61	60	93
	南召	59	56	70	71	73	73	78	90
	南乐	80	77	80	79	79	77	80	41
	原阳	83	102	83	92	89	87	82	95
	扶沟	91	96	88	86	80	83	85	79
	社旗	86	81	92	97	94	91	89	77
	汝南	88	92	87	90	86	92	91	74
	柘城	107	106	104	102	105	96	92	56
	睢县	85	83	94	94	101	95	94	89
	内黄	78	79	81	89	92	90	95	42
	鲁山	72	75	66	66	65	85	96	99
	淮滨	100	90	95	96	99	102	98	83
	罗山	74	61	69	67	66	65	68	59
	获嘉	60	95	62	65	63	59	66	66
	宁陵	105	105	105	106	97	106	106	107
	台前	108	107	108	108	108	108	107	106

资料来源：2008～2015年《河南统计年鉴》。

一、省直管县经济质量排名变化

由图4-6与表4-13可知,巩义的经济质量排名由2007年的第3位下降到2014年的第4位;永城的经济质量排名由2007年的第34位上升到2014年的第27位,上升了7位;汝州的经济质量排名由2007年第35位上升到2014年的第34位;

长垣的经济质量排名由2007年的第39位上升到2014年的第37位,上升了2位;邓州的经济质量排名由2007年的第44位下降到2014年的第54位;兰考的经济质量排名由2007年的第99位上升到2014年的第58位,上升了41位;鹿邑的经济质量排名由2007年的第76位上升到2014年的第64位,上升了12位;固始的经济质量排名由2007年的第67位下降到2014年的第68位;滑县的经济质量排名由2007年的第71位下降到2014年的第94位,下降了23位;新蔡的经济质量排名由2007年的第102位上升到2014年的第101位。综上所述,10个省直管县(市)中,经济质量排名上升的有6个,占省直管县的比例为60%;排名下降的有4个,占省直管县的比例为40%。

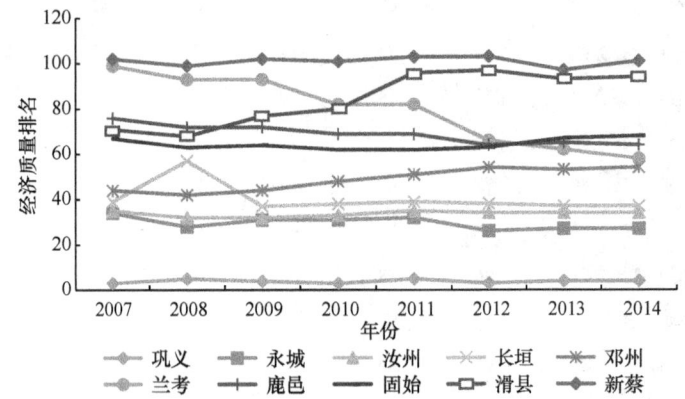

图4-6　2007～2014年10个省直管县(市)经济质量排名变化趋势
资料来源:2008～2015年《河南统计年鉴》。

二、扩权县经济质量的排名变化

由表4-13可知,40个扩权县(市)中,义马、新郑、荥阳、新密等县排名比较靠前,排名出现上升的扩权县(市)包括荥阳、沁阳、中牟、孟州等共20个,占扩权县(市)的比例为50%;排名出现下降的扩权县(市)包括舞钢、新乡、博爱等共19个,占扩权县(市)的比例为47.5%;排名不变的扩权县(市)有登封1个,占扩权县(市)的比例为2.5%。

三、市管县经济质量的排名变化

由表4-13可知,58个市管县(市)中,排名出现上升的市管县(市)包括陕县、孟津、宝丰等共30个,占市管县(市)的比例为51.7%;排名出现下降的市管县(市)包括栾川、武陟、新野等共27个,占市管县(市)的比例为46.6%;排名不变的只有西峡1个,占市管县(市)的比例为1.7%。

四、省直管县、扩权县与市管县经济质量对比

由图 4-7 可知，10 个省直管县（市）的经济质量指数从 2007 年的 0.120 上升到 2014 年的 0.132，增长了 0.012；扩权县的经济质量指数由 2007 年的 0.144 上升到 2014 年的 0.151，增长了 0.007；市管县的经济质量指数由 2007 年的 0.109 上升到 2014 年的 0.119，增长了 0.01。由此可见，省直管县的经济质量指数增长是最快的。

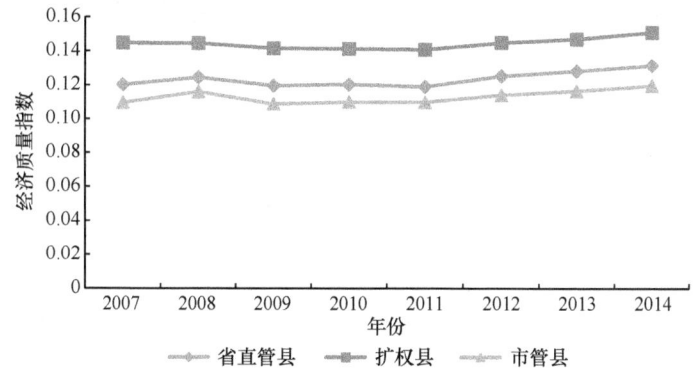

图 4-7　2007～2014 年省直管县、扩权县与市管县经济质量指数变化趋势
资料来源：2008～2015 年《河南统计年鉴》。

（一）农民人均纯收入

由表 4-14 可知，全省、省直管县、扩权县与市管县的农民人均纯收入呈不断增加的趋势，其中，全省的农民人均纯收入由 2007 年的 4044 元增加到 2014 年的 9754 元，年均增加 815.71 元；省直管县的农民人均纯收入由 2007 年的 4199 元增加到 2014 年的 9977 元，年均增加 825.43 元，高于全省的年均增加值；扩权县的农民人均纯收入由 2007 年的 4600 元增加到 2014 年的 11 014 元，年均增加 916.29 元，高于全省的年均增加值；市管县的农民人均纯收入由 2007 年的 3634 元增加到 2014 年的 8847 元，年均增加 744.71 元，低于全省的年均增加值。

表 4-14　2007～2014 年农民人均纯收入变化　　（单位：元）

类别	2007 年	2008 年	2009 年	2010 年	2011 年	2012 年	2013 年	2014 年
全省	4044	4649	5010	5716	6845	7812	8786	9754
省直管县	4199	4843	5208	5924	7003	7994	8965	9977
扩权县	4600	5280	5699	6482	7794	8870	9938	11014
市管县	3634	4181	4502	5152	6164	7051	7961	8847

资料来源：2008～2015 年《河南统计年鉴》。

（二）城镇居民人均可支配收入

由表 4-15 可知，2007~2014 年全省、省直管县、扩权县与市管县的城镇居民人均可支配收入呈不断上升的趋势，其中，全省的城镇居民人均可支配收入由 2007 年的 9141 元增加到 2014 年的 20 613 元，年均增加 1638.86；省直管县的城镇居民人均可支配收入由 2007 年的 9213 元增加到 2014 年的 20 865 元，年均增加 1664.57 元，高于全省的年均增加值；扩权县的城镇居民人均可支配收入由 2007 年的 9664 元增加到 2014 年的 21 810 元，年均增加 1735.14 元，高于全省的年均增加值；市管县的城镇居民人均可支配收入由 2007 年的 8768 元增加到 2014 年的 19 744 元，年均增加 1568 元，低于全省的年均增加值。

表 4-15　2007~2014 年城镇居民人均可支配收入变化　（单位：元）

类别	2007 年	2008 年	2009 年	2010 年	2011 年	2012 年	2013 年	2014 年
全省	9 141	10 664	11 786	13 138	15 096	17 015	18 806	20 613
省直管县	9 213	10 815	11 951	13 264	15 124	17 036	18 908	20 865
扩权县	9 664	11 318	12 542	13 966	16 028	18 061	19 934	21 810
市管县	8 768	10 186	11 236	12 546	14 448	16 290	18 010	19 744

资料来源：2008~2015 年《河南统计年鉴》。

（三）财政收入占 GDP 的比重

由表 4-16 可知，2007~2014 年全省、省直管县、扩权县与市管县的财政收入占 GDP 的比重呈不断上升的趋势，其中，全省的财政收入占 GDP 的比重由 2007 年的 2.96%增加到 2014 年的 4.34%，年均增加 0.20 个百分点；省直管县的财政收入占 GDP 的比重由 2007 年的 2.74%增加到 2014 年的 4.78%，年均增加 0.29 个百分点，高于全省的年均增加值；扩权县的财政收入占 GDP 的比重由 2007 年的 3.44%增加到 2014 年的 4.51%，年均增加 0.15 个百分点，低于全省的年均增加值；市管县的财政收入占 GDP 的比重由 2007 年的 2.67%增加到 2014 年的 4.15%，年均增加 0.21 个百分点，高于全省的年均增加值。

表 4-16　2007~2014 年财政收入占 GDP 的比重　（单位：%）

类别	2007 年	2008 年	2009 年	2010 年	2011 年	2012 年	2013 年	2014 年
全省	2.96	2.88	3.01	3.07	3.07	3.65	4.07	4.34
省直管县	2.74	2.67	2.86	2.94	2.94	3.80	4.28	4.78
扩权县	3.44	3.25	3.42	3.48	3.48	4.00	4.36	4.51
市管县	2.67	2.66	2.75	2.82	2.82	3.39	3.83	4.15

资料来源：2008~2015 年《河南统计年鉴》。

（四）人均 GDP

由表 4-17 可知，2007～2014 年全省、省直管县、扩权县与市管县的人均 GDP 呈不断上升的趋势，其中，全省的人均 GDP 由 2007 年的 14 675 元增加到 2014 年的 36 208 元，年均增加 3076.14 元；省直管县的人均 GDP 由 2007 年的 12 755 元增加到 2014 年的 32 225 元，年均增加 2781.43 元，低于全省的年均增加值；扩权县的人均 GDP 由 2007 年的 20 618 元增加到 2014 年的 48 579 元，年均增加 3994.43 元，高于全省的年均增加值；市管县的人均 GDP 由 2007 年的 10 908 元增加到 2014 年的 28 364 元，年均增加 2493.71 元，低于全省的年均增加值。

表 4～17　2007～2014 年人均 GDP 的变化　（单位：元）

类别	2007 年	2008 年	2009 年	2010 年	2011 年	2012 年	2013 年	2014 年
全省	14 675	19 264	20 397	23 816	28 283	30 729	33 422	36 208
省直管县	12 755	16 749	17 625	20 729	24 358	27 014	30 072	32 225
扩权县	20 618	26 887	28 575	33 067	39 239	42 333	45 473	48 579
市管县	10 908	14 440	15 236	17 969	21 404	23 368	25 688	28 364

资料来源：2008～2015 年《河南统计年鉴》。

第五节　经济综合指数的时序分析

运用测算经济综合指数的公式对河南省 108 个县（市）2007～2014 年的经济总量、经济结构以及经济质量进行综合加权测算，得出 108 个县（市）经济综合指数的排名变化，结果见表 4-18。

表 4-18　2007～2014 年经济综合指数的排名变化

类别	县（市）	2007 年	2008 年	2009 年	2010 年	2011 年	2012 年	2013 年	2014 年
省直管县	巩义	1	1	1	1	2	1	2	2
	永城	19	14	15	15	13	12	10	12
	汝州	26	24	24	23	23	21	20	19
	邓州	38	36	37	40	43	44	39	43
	长垣	43	43	38	37	36	35	30	31
	固始	54	52	54	52	54	57	43	46
	鹿邑	52	55	53	51	56	52	46	44
	兰考	75	73	65	60	58	49	45	42
	滑县	72	83	82	89	94	94	86	94
	新蔡	102	103	101	105	102	105	96	102

续表

类别	县（市）	2007年	2008年	2009年	2010年	2011年	2012年	2013年	2014年
扩权县	新郑	2	2	2	2	3	2	1	1
	新密	3	4	3	3	1	3	3	4
	中牟	20	19	11	11	7	5	6	5
	荥阳	4	3	4	5	5	6	4	3
	禹州	7	8	7	6	6	7	7	7
	登封	5	5	5	4	4	4	5	6
	灵宝	13	10	12	10	10	9	11	13
	长葛	12	15	16	17	15	13	12	8
	林州	18	12	9	9	11	10	9	9
	偃师	6	6	6	7	9	8	8	11
	新安	8	9	8	8	8	11	13	10
	辉县	27	25	22	18	17	16	16	18
	安阳	23	20	14	14	16	17	18	20
	沁阳	10	11	10	12	12	14	14	15
	伊川	11	17	18	20	21	22	21	21
	濮阳	36	33	35	33	38	41	36	38
	渑池	17	16	19	19	19	18	17	17
	尉氏	42	42	40	43	42	39	34	36
	孟州	16	21	20	21	20	19	19	16
	淅川	49	49	50	39	34	29	29	41
	临颍	39	39	34	34	37	36	44	47
	唐河	48	50	47	54	52	56	53	61
	项城	40	41	43	44	49	48	49	49
	鄢陵	44	47	46	47	45	42	38	39
	义马	15	13	13	13	14	15	15	14
	宜阳	50	46	44	45	41	45	47	45
	温县	25	27	28	31	30	31	31	30
	博爱	21	23	23	26	28	28	35	33
	新乡	22	22	21	22	22	25	23	23
	郸城	78	71	71	64	67	63	62	66

续表

类别	县（市）	2007年	2008年	2009年	2010年	2011年	2012年	2013年	2014年
扩权县	淇县	32	35	32	35	40	37	41	32
	潢川	59	58	61	61	66	72	63	74
	郏县	56	56	49	49	50	54	68	62
	舞钢	14	18	25	24	29	30	33	34
	西平	64	64	77	79	76	74	66	64
	夏邑	99	92	94	92	89	86	78	84
	范县	69	72	72	76	80	67	92	71
	正阳	108	108	106	106	107	107	104	106
	封丘	105	107	108	108	108	108	108	108
	卢氏	82	79	84	74	71	77	89	98
市管县	襄城	34	29	29	28	25	24	25	29
	武陟	24	26	26	25	26	27	27	28
	宝丰	33	32	30	29	24	23	26	27
	孟津	41	40	39	38	32	33	28	26
	许昌	30	34	36	36	39	38	40	25
	栾川	9	7	17	16	18	20	22	24
	西峡	29	28	27	27	27	26	24	22
	杞县	90	94	85	84	83	70	54	57
	新野	37	38	41	41	35	40	42	40
	镇平	31	37	42	42	44	43	48	48
	叶县	55	57	55	53	55	55	64	70
	沈丘	74	70	79	70	63	61	55	55
	陕县	35	30	31	30	31	32	32	37
	修武	28	31	33	32	33	34	37	35
	太康	100	102	102	97	90	82	69	69
	开封	77	75	70	77	74	69	58	58
	虞城	91	82	87	82	78	71	67	67
	清丰	76	74	66	67	75	76	74	63
	方城	63	62	62	63	62	59	56	54
	遂平	62	61	59	62	61	62	57	53

续表

类别	县（市）	2007年	2008年	2009年	2010年	2011年	2012年	2013年	2014年
市管县	淮阳	106	100	96	96	91	93	88	91
	嵩县	53	48	45	46	46	50	50	60
	洛宁	61	53	51	50	53	51	51	51
	汤阴	46	51	48	48	51	46	52	50
	汝阳	47	44	52	55	48	53	59	52
	通许	84	80	78	81	79	73	60	56
	桐柏	45	45	56	57	47	47	61	59
	卫辉	60	63	57	56	57	58	65	68
	平舆	87	78	75	68	68	66	70	65
	罗山	79	66	76	72	73	84	71	78
	内乡	57	59	63	66	65	64	72	73
	泌阳	86	84	89	85	85	85	73	72
	上蔡	73	68	80	80	77	79	75	82
	光山	71	65	69	69	72	83	76	80
	确山	80	76	74	73	82	81	77	75
	商城	88	85	90	86	88	91	79	87
	浚县	67	87	68	75	69	78	80	77
	南召	51	54	60	59	59	60	81	79
	民权	93	91	91	91	92	90	82	88
	商水	107	104	107	107	103	99	83	85
	延津	65	81	64	65	64	75	84	81
	鲁山	58	60	58	58	60	65	85	90
	柘城	104	106	104	102	98	95	87	93
	新县	70	69	73	78	81	88	90	86
	扶沟	101	101	98	95	93	89	91	92
	汝南	98	98	95	100	100	100	93	96
	息县	81	77	83	83	87	92	94	101
	睢县	96	99	103	103	105	104	95	97
	舞阳	66	67	67	71	70	68	97	76
	南乐	83	86	88	87	86	87	98	83

续表

类别	县（市）	2007年	2008年	2009年	2010年	2011年	2012年	2013年	2014年
市管县	西华	94	96	99	101	106	103	99	95
	社旗	97	95	100	99	99	96	101	99
	内黄	95	97	97	98	101	102	100	103
	淮滨	92	88	93	93	97	101	102	100
	原阳	85	93	86	90	95	98	105	105
	获嘉	68	89	81	88	84	80	103	89
	宁陵	103	105	105	104	104	106	107	107
	台前	89	90	92	94	96	97	106	108

资料来源：2008~2015年《河南统计年鉴》。

一、省直管县经济综合指数的排名变化

由图4-8、表4-18可知，巩义的经济综合指数由2007年的第1位下降到2014年的第2位；永城的经济综合指数由2007年的第19位上升到2014年的第12位；汝州由2007年的第26位上升到2014年的第19位；长垣由2007年的第43位上升到2014年的第31位；邓州由2007年的第38位下降到2014年的第43位；固始由2007年的第54位上升到2014年的第46位；兰考由2007年的第75位上升到2014年的第42位；鹿邑由2007年的第52位上升到2014年的第44位；滑县由2007年的第72位下降到2014年的第94位；新蔡由2007年的第102位上升到2013年的第96位，2014年又下降到第102位。综上所述，10个省直管县（市）中，经济综合指数排名上升的有6个，占10个省直管县（市）的60%，经济综合指数排名下降的有3个，占10个省直管县（市）的30%，经济综合指数排名不变的有1个，占10个省直管县（市）的10%。从经济综合指数的变化看，实施省直管县的政策促进了省直管县经济的综合发展。

二、扩权县经济综合指数的排名变化

由表4-18可知，40个扩权县（市）中，新郑、新密、荥阳等经济综合指数排名比较靠前，处于108个县（市）的前10名；扩权县中经济综合指数排名上升的有15个，占扩权县的比例为37.5%，包括新郑、中牟、林州等；经济综合指数排名不变的有6个，占扩权县的比例为15%；扩权县中经济综合指数排名下降的有19个，占扩权县的比例为47.5%，包括沁阳、伊川和博爱等。

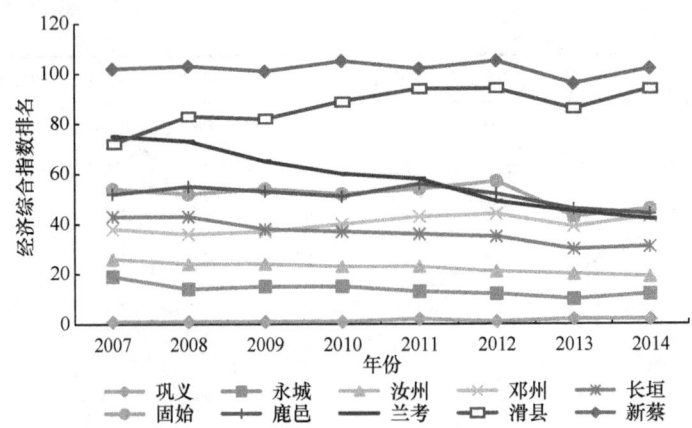

图 4-8　2007~2014 年 10 个省直管县经济综合指数排名变化
资料来源：2008~2015 年《河南统计年鉴》。

三、市管县经济综合指数的排名变化

由表 4-18 可知，58 个市管县（市）中，经济综合指数排名上升的县域单元包括襄城、宝丰、孟津等 26 个，占市管县的比例为 44.83%；排名下降的县域单元包括栾川、镇平与鲁山等 31 个，占市管县的比例为 53.45%；排名不变的是南乐，2007 年和 2014 年都处于第 83 位。

四、经济综合指数的聚类分析

依据河南 108 个县（市）的经济综合指数值，将所得的经济综合指数值分为高值区、中值区与低值区三类，运用 SPSS 进行 K-均值聚类并结合平均值均衡分析，结果如表 4-19、图 4-9 所示。高值区有 36 个，约占全省的 33.33%，主要有巩义、永城、汝州、长垣 4 个省直管县（市），新郑、新密、荥阳等 25 个扩权县（市），襄城、武陟等 7 个市管县（市）；中值区有 36 个，约占全省的 33.33%，有邓州、固始、兰考和鹿邑 4 个省直管县（市），鄢陵、临颍、项城等 10 个扩权县（市），新野、镇平等 22 个市管县（市）；低值区有 36 个，约占全省的 33.33%，主要有滑县与新蔡 2 个省直管县，以及夏邑、卢氏、封丘等 5 个扩权县（市），新县、睢县、内黄等 29 个市管县（市）。

表 4-19　河南省 108 个县（市）2014 年聚类分析结果

类型	县（市）
高值区	新郑、禹州、灵宝、永城、西峡、宝丰、淇县、巩义、长葛、义马、辉县、新乡、武陟、博爱、荥阳、林州、沁阳、汝州、栾川、襄城、舞钢、新密、新安、孟州、安阳、许昌、温县、修武、中牟、偃师、渑池、伊川、孟津、长垣、尉氏、登封

续表

类型	县域名称
中值区	陕县、邓州、镇平、遂平、开封、清丰、卫辉、濮阳、鹿邑、项城、方城、桐柏、西平、太康、鄢陵、宜阳、汤阴、沈丘、嵩县、平舆、叶县、新野、固始、洛宁、通许、唐河、郸城、范县、淅川、临颍、汝阳、杞县、郏县、虞城、泌阳、兰考
低值区	内乡、南召、夏邑、获嘉、滑县、社旗、台前、潢川、光山、商水、鲁山、西华、淮滨、原阳、确山、延津、新县、淮阳、汝南、息县、正阳、舞阳、上蔡、商城、扶沟、睢县、新蔡、宁陵、浚县、南乐、民权、柘城、卢氏、内黄、封丘、罗山

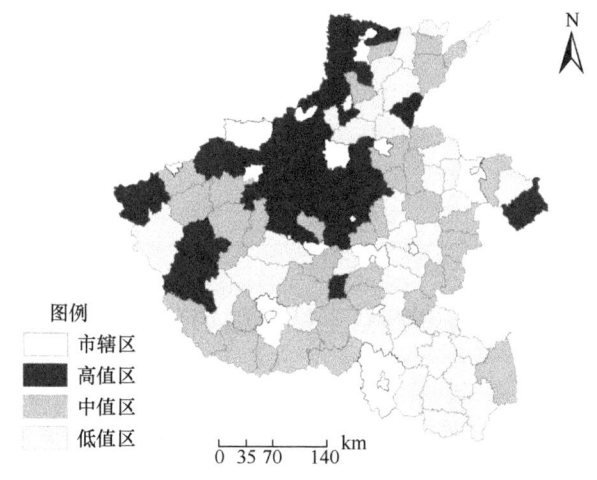

图 4-9 河南 2014 年 108 个县（市）的聚类空间结构分布

第六节 经济速度的时序变化

运用测算经济速度的公式对河南 108 个县（市）2007~2014 年的 GDP 总量增长率、全社会固定资产投资总额增长率、社会消费品零售总额增长率、公共财政预算收入增长率及规模以上工业增加值增长率进行经济速度指数测算，分别得出 108 个县（市）的各类指数排名变化。

一、省直管县、扩权县与市管县 GDP 总量增长率对比

由表 4-20 可知，2007~2014 年全省、省直管县、扩权县与市管县的 GDP 总量增长率呈先下降—上升—下降—稳定—下降—上升—下降的波动趋势，全省 GDP 总量增长率由 2007~2008 年的 24.37%下降到 2008~2009 年的 7.37%，再

上升到 2013~2014 年的 9.31%；省直管县的 GDP 总量增长率由 2007~2008 年的 24.67%下降到 2008~2009 年的 7.62%，再上升到 2013~2014 年的 9.19%，低于全省的 GDP 总量增长率；扩权县的 GDP 总量增长率由 2007~2008 年的 25.25%下降到 2008~2009 年的 7.52%，再上升到 2013~2014 年的 9.21%，低于全省的 GDP 总量增长率；市管县的 GDP 总量增长率由 2007~2008 年的 23.71%下降到 2008~2009 年的 7.23%，再上升到 2013~2014 年的 9.39%，高于全省的 GDP 总量增长率。

表 4-20　2007~2014 年 GDP 总量增长率　　　　（单位：%）

类别	2007~2008 年	2008~2009 年	2009~2010 年	2010~2011 年	2011~2012 年	2012~2013 年	2013~2014 年
全省	24.37	7.37	16.60	16.98	9.04	9.78	9.31
省直管县	24.67	7.62	15.92	15.34	9.68	11.14	9.19
扩权县	25.25	7.52	16.63	17.65	8.30	8.83	9.21
市管县	23.71	7.23	16.69	16.79	9.45	10.20	9.39

资料来源：2008~2015 年《河南统计年鉴》。

二、省直管县、扩权县与市管县全社会固定资产投资总额增长率对比

由表 4-21 可知，2007~2014 年全省、省直管县、扩权县与市管县的全社会固定资产投资总额增长率呈先下降再上升的趋势，其中，全省的全社会固定资产投资总额增长率由 2007~2008 年的 34.54%下降到 2010~2011 年的 7.85%，再上升到 2013~2014 年的 17.56%；省直管县的全社会固定资产投资总额增长率由 2007~2008 年的 34.63%下降到 2010~2011 年的 3.89%，2013~2014 年上升为 19.56%，高于全省的平均增长率；扩权县的全社会固定资产投资总额增长率由 2007~2008 年的 34.05%下降到 2010~2011 年的 7.85%，2013~2014 年上升为 16.79%，低于全省的平均增长率；市管县的全社会固定资产投资总额增长率由 2007~2008 年的 34.87%下降到 2010~2011 年的 8.54%，2013~2014 年上升为 17.74%，高于全省的平均增长率。

表 4-21　2007~2014 年全社会固定资产投资总额增长率　（单位：%）

类别	2007~2008 年	2008~2009 年	2009~2010 年	2010~2011 年	2011~2012 年	2012~2013 年	2013~2014 年
全省	34.54	34.78	18.67	7.85	20.35	20.30	17.56
省直管县	34.63	34.31	16.84	3.89	23.77	22.91	19.56
扩权县	34.05	35.92	16.44	7.85	20.03	19.11	16.79
市管县	34.87	34.08	20.52	8.54	19.99	20.66	17.74

资料来源：2008~2015 年《河南统计年鉴》。

三、省直管县、扩权县与市管县规模以上工业增加值增长率对比

由表 4-22 可知，2007~2010 年全省、省直管县、扩权县与市管县规模以上工业增加值增长率呈先下降再上升的波动趋势，全省的规模以上工业增加值增长率由 2007~2008 年的 45.43%下降到 2011~2012 年的 10.01%，再上升到 2013~2014 年的 13.03%；省直管县的规模以上工业增加值增长率由 2007~2008 年的 50.45%下降到 2011~2012 年的 10.35%，再上升到 2013~2014 年的 11.97%；扩权县的规模以上工业增加值增长率由 2007~2008 年的 38.74%下降到 2011~2012 年的 8.90%，再上升到 2013~2014 年的 12.71%；市管县的规模以上工业增加值增长率由 2007~2008 年的 49.18%下降到 2011~2012 年的 10.72%，再上升到 2013~2014 年的 13.44%。

表 4-22 2007~2014 年规模以上工业增加值增长率　　（单位：%）

类别	2007~2008 年	2008~2009 年	2009~2010 年	2010~2011 年	2011~2012 年	2012~2013 年	2013~2014 年
全省	45.43	17.29	24.18	28.39	10.01	14.98	13.03
省直管县	50.45	19.95	25.76	18.39	10.35	17.26	11.97
扩权县	38.74	15.22	23.47	25.79	8.90	12.20	12.71
市管县	49.18	18.27	24.40	31.91	10.72	16.50	13.44

资料来源：2008~2015 年《河南统计年鉴》。

四、省直管县、扩权县与市管县社会消费品零售总额增长率对比

由表 4-23 可知，全省、省直管县、扩权县与市管县社会消费品零售总额增长率呈波动下降的趋势，其中，全省的社会消费品零售总额增长率由 2007~2008 年的 23.12%下降到 2013~2014 年的 12.15%；省直管县的社会消费品零售总额增长率由 2007~2008 年的 23.31%下降到 2013~2014 年的 13.51%，高于全省的平均增长率；扩权县的社会消费品零售总额增长率由 2007~2008 年的 22.79%下降到 2013~2014 年的 10.51%，低于全省的平均增长率；市管县的社会消费品零售总额增长率由 2007~2008 年的 23.31%下降到 2013~2014 年的 13.04%，低于全省的平均增长率。

表 4-23 2007~2014年社会消费品零售总额增长率　　（单位：%）

类别	2007~2008年	2008~2009年	2009~2010年	2010~2011年	2011~2012年	2012~2013年	2013~2014年
全省	23.12	19.14	17.25	17.24	15.62	13.87	12.15
省直管县	23.31	19.86	18.69	18.90	15.93	14.08	13.51
扩权县	22.79	18.28	16.15	17.25	15.85	13.65	10.51
市管县	23.31	19.62	17.75	16.96	15.41	13.99	13.04

资料来源：2008~2015年《河南统计年鉴》。

五、省直管县、扩权县与市管县公共财政预算收入增长率对比

由表4-24可知，全省、省直管县、扩权县与市管县公共财政预算收入增长率呈先下降再上升的趋势，其中，全省的公共财政预算收入增长率由2007~2008年的17.03%下降到2008~2009年的11.61%，再上升到2013~2014年的17.62%；省直管县的公共财政预算收入增长率由2007~2008年的19.46%下降到2008~2009年的14.39%，再上升到2013~2014年的21.04%，高于全省的增长率；扩权县的公共财政预算收入增长率由2007~2008年的19.25%下降到2008~2009年的12.51%，再上升到2013~2014年的13.52%，低于全省的增长率；市管县的公共财政预算收入增长率由2007~2008年的24.94%下降到2008~2009年的7.14%，再上升到2013~2014年的19.85%，高于全省的增长率。

表 4-24 2007~2014年公共财政预算收入增长率　　（单位：%）

类别	2007~2008年	2008~2009年	2009~2010年	2010~2011年	2011~2012年	2012~2013年	2013~2014年
全省	17.03	11.61	22.67	24.65	18.50	18.39	17.62
省直管县	19.46	14.39	17.61	31.71	21.50	22.56	21.04
扩权县	19.25	12.51	17.09	23.05	18.98	17.87	13.52
市管县	24.94	7.14	19.84	26.55	20.33	22.55	19.85

资料来源：2008~2015年《河南统计年鉴》。

第七节 本章小结

本章通过省直管县、扩权县和市管县3种类型县域经济发展状况的多维评价，可以得出以下结论。

省直管县经济总量上升趋势明显。2007~2014年，省直管县在全省108个县经济总量的排名中总体上处于上升趋势。省直管县的经济总量指数呈先上升后下降的趋势，由2007年的0.95增加到2012年的1.07，增加了0.12，受经济发展形势影响，到2014年下降为0.93；扩权县经济总量指数同样呈先上升后下降的趋势，从2007年的3.9上升到2012年的4.38，2014年下降为3.63；市管县的经济总量指数呈不断上升的趋势，由2007年的2.84上升到2014年的2.91。但省直管县的经济总量指数增幅大于非省直管县，且占全省的经济总量比重呈不断上升趋势。

省直管县经济质量提升速度高于非省直管县。2007年省直管县的经济质量指数为0.120，2014年上升为0.132，增长了0.012；扩权县的经济质量指数由2007年的0.144上升到2014年的0.151，增长了0.007；市管县的经济质量指数由2007年的0.109上升到2014年的0.119，增长了0.01。由此可见，省直管后，省直管县的经济质量一直在快速地提升。

省直管县经济增速总体上高于非省直管县。从单个指标看，除GDP增长率和规模以上工业增加值增长率低于扩权县与市管县外，全社会固定资产投资总额增长率、社会消费品零售总额增长率、公共财政预算收入增长率等直管之后均高于扩权县与市管县的增速。

省直管县经济结构的调整作用还未显现。2007~2014年10个省直管县（市）的经济结构指数均呈上升的趋势，省直管县的经济结构指数由2007年的0.148上升到2014年的0.172，增加了0.024。但与此同时，扩权县经济结构指数由2007年的0.162上升到2014年的0.175，市管县经济结构指数由2007年的0.143上升到2014年的0.167。从单个指标来看，省直管县的第二产业产值占GDP的比重、规模以上工业增加值比重均低于全省平均水平，表明省直管政策实施以后，对省直管县的经济结构尤其是第二产业的影响并不显著。

第五章 省直管县与市管县经济发展效率评价

第一节 评价目的和方法

一、评价目的

县作为我国历史上不可或缺的地方政府层级,在维护国家政治统治、社会经济发展等方面发挥着重要的基础性作用。1982年开始实施的市管县体制,对于增强中心城市综合实力和辐射带动作用、推动城乡一体化和城市化进程起到积极作用(Wu,2000)。随着我国行政体制改革的不断深入,市管县体制的弊端逐渐显现,部分地区形成了财政漏斗、权利漏斗和效率漏斗三大"漏斗效应"(李明强和庞明礼,2007;才国伟等,2011)。在此背景下,建立与市管县并立的省直管县体制成为推动县域经济发展和深化行政体制改革的迫切要求。2010年,中央机构编制委员会办公室在全国选取了8个省(自治区)的30个县(市)作为行政"省直管县"体制改革试点,河南的巩义、兰考、汝州、滑县、长垣、邓州、永城、固始、鹿邑、新蔡10个县(市)入选。经过多年的试点实践,亟须开展省直管县改革对县域经济发展影响的定量评价。省直管县体制改革能否促进县域经济增长?省直管县相对于非省直管县的发展效率如何?这些问题的回答也将在一定程度上影响省直管县体制改革的后续进展。

近年来,学术界开始关注省直管县体制改革对县域经济增长的影响(李金珊和叶托,2010;Athey and Roberts,2001)。崔凤军和陈晓(2012)的研究认为,省直管县体制的推行有效提升了区际统筹发展能力和财政利用针对性,客观上激发了县域经济发展活力。邓悦和周宇航(2013)将省直管县邓州与未扩权的唐河进行比较,结果表明省直管县体制改革无论是对县域总体宏观经济增长,还是对微观企业绩效提高均起到积极促进作用。郑新业等(2011)估算了省直管县体制改革对县域经济增长的影响,认为省直管县政策提高了省直管县经济增长率1.3个百分点。叶子荣和郑浩生(2013)实证分析了省直管县改革对试点和未试点县县域经济的影响,结果表明省直管县改革显著促进了试点县的经济增长。但是,贾俊雪等(2013)的研究表明,虽然省直管县财政体制改革有助于增强县级财政自给能力,但也显著抑制了县域经济增长。王婧等(2016)对省直管县财政体制改革的经济影响进行多维测度,认为省直管县显著改善了试点县的财政收支状况，但对经济增长的直接促进作用不明显。总体而言，学术界已经关注到财政管理权限下放、经济社会管理权限下放对经济增长的影响，但对全面省直管的经济效应研究较为缺乏；此外，已有研究大多从总体上得到省直管县体制改革促进或抑制县域经济增长的结论，但未区分对经济发展效率和产业结构变化的影响。

基于前文对地区经济发展速度、结构和质量等分析，河南县域经济活动在时间和空间上存在较大的差异。其原因除了受限于各地区资源禀赋、地区环境、消费潜力和人力资本等宏观经济条件以外，还受到各地区对资金投入、劳动力资源的配置效率差异的影响，也与地方政府及企业对于自身管理经验、效率和技术创新的提升能力有重要的关联。尤其当前处于经济发展的结构调整阵痛阶段，各县在发展经济过程中如何保持增速，推动工业化、城镇化，推动地区就业和生活水平提升等方面面临巨大挑战。长期经济研究证明，经济持续增长不仅依靠资本、劳动力、技术等物质数量的扩张，更多地来源于全要素生产率的提升。所以本章基于投入和产出的数据包络分析（data envelopment analysis，DEA）模型从静态和动态双重角度对省直管县、扩权县和市管县的效率展开评价和对比。在理论上丰富学术界对于全面直管的县域经济效率研究；在实践上为河南乃至全国进一步深入推动省直管县改革提供支撑。

二、评价方法

关于经济相对效率和增长率的评价方法主要包括参数（通常为经济计量方法）和非参数（以 DEA 模型为代表）两种。前者主要使用索罗余值法、拓展的索罗余值法和随机前沿方法来研究技术效率及经济全要素生产率和投入的关联，能够清晰地识别随机因素的影响，但需一定样本容量避免投入要素度量的计算误差和变量的不完整；另外，估计参数面临生产函数具体形式和参数评估方法选择。非参数方法主要有指数法和 DEA 法，其中随着计算机技术的应用，DEA 因为其在操作上的简单性成为众多学者测度效率的工具。DEA 具有三大优点，一是不需要任何具体函数形式，对任何形式的投入产出都能使用，不需要考虑数据的量纲和价格信息；二是不需要行为假设，减少了条件限制，研究更具有实用性；三是多输入和多输出间不必确定其关系的显性表达。DEA 也逐步地通过研究得到充实与完善，形成 C^2R、BC^2、ST、FG 等众多模型形式，在实际应用中更具有针对性；Malmquist 指数法将 DEA 扩展到面板数据领域，并将时间动态变化纳入其中，其对全要素生产率的进一步分解弥补了传统 DEA 模型的不足，成为生产效率分析中的重要方法。本部分在测度县域经济发展效率时考虑到区域经济发展效率为可变规模报酬的范畴，选择 BC^2 模型更为适合。因此，这里选择将 DEA 中 BC^2 模型和 Malmquist 指数结合来分析河南 10 个省直管县（市）、40 个扩权县（市）和 58 个市管县（市）的经济发展效率。

DEA 法由美国运筹学家 A. Chames 和 W.W. Cooper 等于 1978 年提出。该方法通过保持决策单元（decision making units，DMU）的输入或者输入不变，借助于数学规划和统计数据确定相对有效的生产前沿面，将各个决策单元投影到 DEA 的生产前沿面上，并通过比较决策单元偏离 DEA 前沿面的程度来评价它们的相对有效性。

DEA 的 BC^2 评价模型

$$\min[\theta - \varepsilon(\hat{e}^T s^- + e^T s^+)] = VD$$

$$s.t. \begin{cases} \sum_{j=1}^{n} X_j \lambda_j + s^- = \theta X_0 \\ \sum_{j=1}^{n} Y_j \lambda_j - s^+ = Y_0 \\ \lambda \geq 0; j = 1,2,\cdots,n; s^+ \geq 0, s^- \leq 0 \end{cases}$$

其中，$\hat{e}^T = (1, 1, \cdots, 1) \in E_m$，$\hat{e}^T = (1, 1, \cdots, 1) \in E_s$；$\varepsilon$ 为非阿基米德无穷小量，在计算时，一般取 $\varepsilon = 10^{-4}$；s^-、s^+ 为松弛变量。

决策单元 DMU_{j0} 处于 DEA 有效的充要条件是上述约束问题的最优解为 VD=1，且其最优解 $\lambda_0 = (\lambda_{01}, \lambda_{02}, \cdots, \lambda_{0n})^T$、$s_0^-$、$s_0^+$、$\theta_0$ 均满足 $VD = \theta_0 = 1$，$s_0^- = 0$，$s_0^+ = 0$。若 $VD \neq 1$，DMU_{j0} 为非 DEA 有效。若 $\sum \lambda_{0j} / \theta_0 < 1$，则 DMU_{j0} 规模收益递增。若 $\sum \lambda_{0j} / \theta_0 > 1$，则 DMU_{j0} 规模收益递减。各个评价指标按照 $X_j = \theta_0 X_j - s_0^-, Y_j = Y_j + s_0^+$ 的方向改进。

Malmquist 指数是由瑞典经济学家和统计学家 Sten Malmquist 于 1953 年提出的，当时该指数被用来分析不同时期的消费变化。直到 1982 年，Christensen、Caves 和 Diewert 首次将 Malmquist 指数用来分析生产率的增长，极大地丰富了生产率增长的测算方法，之后 Fare 等对该指数进行了进一步的发展。Malmquist 指数从投入及产出距离两个角度界定函数，其区别差异较小，本部分基于产出距离来界定。

将 t 时期技术 T_t 作为标准，Malmquist 指数可表示为 $M_0^t(x^{t+1}, y^{t+1}, x^t, y^t) = d_0^t(x^{t+1}, y^{t+1}) / d_0^t(x^t, y^t)$。

将 $t+1$ 时期技术 T_{t+1} 为标准，Malmquist 指数可表示为 $M_0^{t+1}(x^{t+1}, y^{t+1}, x^t, y^t) = d_0^{t+1}(x^{t+1}, y^{t+1}) / d_0^{t+1}(x^t, y^t)$。

其中，(x^t, y^t) 和 (x^{t+1}, y^{t+1}) 为 t 和 $t+1$ 期的投入产出向量，d_0^t 和 d_0^{t+1} 为 t 和 $t+1$ 期的产出距离函数。

为减少时期选择的随意性造成的偏差，Caves 等学者在 Fisher 理想指数构造方法的基础上，通过取上述两公式的几何均值来构造 t 至 $t+1$ 期生产率变化的 Malmquist 指数：

$$M_{v,c}^{t,t+1}(x^{t+1}, y^{t+1}, x^t, y^t) = \frac{d_v^{t+1}(x^{t+1}, y^{t+1})}{d_v^t(x^t, y^t)} \left[\frac{d_v^t(x^t, y^t)}{d_v^{t+1}(x^{t+1}, y^{t+1})} \times \frac{d_c^{t+1}(x^{t+1}, y^{t+1})}{d_c^t(x^t, y^t)} \right]^{\frac{1}{2}}$$

在 CRS（规模收益不变）假设条件下，Malmquist 指数可分解为技术效率变化（effch）和技术进步变化指数（techch）：

$$M_c^{t,t+1}(x^{t+1}, y^{t+1}, x^t, y^t) = \frac{d_c^{t+1}(x^{t+1}, y^{t+1})}{d_c^t(x^t, y^t)} \left[\frac{d_c^t(x^t, y^t)}{d_c^{t+1}(x^{t+1}, y^{t+1})} \times \frac{d_c^{t+1}(x^{t+1}, y^{t+1})}{d_c^t(x^t, y^t)} \right]^{\frac{1}{2}}$$

在 VRS（规模收益可变）假设条件下，以 V 代表可变规模收益，以 C 代表不变规模收益，Malmquist 指数可进一步分解为

$$M_{v,c}^{t,t+1}(x^{t+1}, y^{t+1}, x^t, y^t) = pech \times sech \times techch = effch \times techch$$

其中，$pech = \dfrac{d_v^{t+1}(x^{t+1}, y^{t+1})}{d_v^t(x^t, y^t)}$，$sech = \dfrac{d_v^t(x^t, y^t)}{d_v^{t+1}(x^{t+1}, y^{t+1})} \times \dfrac{d_c^{t+1}(x^{t+1}, y^{t+1})}{d_c^t(x^t, y^t)}$。因此，Malmquist 指数可分解为

$$TFP = M_{v,c}^{t,t+1}(x^{t+1}, y^{t+1}, x^t, y^t) = pech \times sech \times techch = effch \times techch$$

其中，TFP 表示该投入产出系统从 t 到 $t+1$ 时期全要素生产率的变化程度。TFP=1，全要素生产率保持不变；TFP>1，全要素生产率呈上升趋势，反之下降。effch 为技术效率变化，可衡量实际生产点到可能性边界的距离，距离越远，技术效率越低。pech 为纯技术效率变化，将规模因素抽离，分析短期内不含规模因素情况下组织的效率情况；pech>1，该组织为纯技术有效率；pech<1，该组织为纯技术无效率。sech 为规模效率变化，可衡量规模报酬不变与规模报酬变化这两者之间的生产可能性边界之间的距离；sech<1，该组织不具备规模效率；sech>1，该组织具备规模效率。

三、投入和产出变量选择

区域经济发展效率评价是一个多投入、多产出的复杂问题，准确地测算区域经济发展效率的重点是选择有效的投入产出指标。指标的选择应遵循科学性、可比性以及系统性等原则。考虑数据的可得性，选取的投入指标为城镇单元年末从

业人员、公共财政预算支出、全社会固定资产投入;选取的产出指标为地区生产总值、规模以上工业增加值、公共财政预算收入(表5-1)。与经济发展效率相关的指标涉及人力、财力、资本等投入,以及经济产出等方面。其中,年末从业人员属于人力范畴;财政收入、财政支出属于财力范畴;全社会固定资产投入属于资本范畴;地区生产总值和规模以上工业增加值属于经济产出范畴。这里要注意的是,在进行DEA评价时,其决策单元的数量应该是评价指标个数($m+r$)的两倍以上,虽有108个决策单元,但结合上述的经济发展水平分类进行分析,指标选取比较适宜。

表5-1 河南县域经济发展效率DEA评价体系

类别	指标
投入指标	城镇单元年末从业人员/人
	公共财政预算支出/万元
	全社会固定资产投入/亿元
产出指标	地区生产总值/万元
	规模以上工业增加值/亿元
	公共财政预算收入/万元

第二节 基于 BC^2 模型的县域经济发展效率评价

BC^2模型是当生产活动为可变规模报酬时,DEA的静态评价模型,其函数构造为决策单元的投入产出位置与最优生产前沿面的距离函数。而事实上潜在的最大产出和最小投入仅仅是观念上的,在研究中采用绩效最好的经济体的产出点的连线来定义生产前沿面,因此界定的效率为相对效率值。模型中主要的综合效率由技术效率和规模效率两部分组成。其中综合效率表示对经济投入要素资源配置能力,即县域经济发展效率值,而技术效率和规模效率则是对综合效率的分解,技术效率是企业受管理和技术等因素影响的生产效率,规模效率则是受企业规模因素影响的生产效率。

一、省直管县、扩权县与市管县经济发展效率

(一)总体发展效率

通过对表5-2中2007年、2010年和2014年经济发展效率值的分析,可以得出如下结论。

省直管县和扩权县相比于市管县具有较高的经济发展效率，扩权县经济发展效率一直处于全省领先水平，省直管县、扩权县与市管县发展效率差距不断增大。从三个年份的省直管县、扩权县和市管县的均值可以看出，省直管县、扩权县与市管县有着明显差距，108个决策单元中，2007年仅有8个单元达到DEA最优，扩权县占5个（表5-2），扩权县具有较强的经济发展基础，2010年DEA有效单元总共14个，其中省直管县中巩义、汝州两县达到DEA有效，扩权县达到DEA有效单元为9个，占DEA有效单元的64%，占扩权县的22.5%，而其余58个市管县达到DEA有效的仅为3个。2014年DEA有效单元仅有7个，说明整体上全省经济发展绩效并不高，省直管县中无DEA有效单元，新蔡投资规模过大，但产出较小；省直管县中均存在规模效率和技术效率DEA无效的情况。扩权县有7个DEA有效单元，相比减少了两个DEA有效单元，而市管县没有达到DEA有效单元，结合三个时间段之间的效率差距可以体现出省直管县、扩权县和市管县差距有所增大。

表5-2　2007年、2010年和2014年河南县域经济发展效率值

类别	县（市）	2007年				2010年				2014年			
		综合效率	技术效率	规模效率	规模收益	综合效率	技术效率	规模效率	规模收益	综合效率	技术效率	规模效率	规模收益
省直管县	长垣	0.559	0.717	0.78	irs	0.5	0.68	0.735	irs	0.472	0.49	0.963	irs
	永城	0.776	0.78	0.995	irs	0.967	1	0.967	drs	0.819	0.836	0.98	irs
	新蔡	0.767	0.772	0.994	irs	0.688	0.695	0.989	irs	0.539	0.686	0.786	irs
	汝州	0.797	0.856	0.931	irs	1	1	1	—	0.693	0.736	0.942	irs
	鹿邑	0.495	0.625	0.792	irs	0.792	0.8	0.99	irs	0.652	0.745	0.875	irs
	兰考	0.941	0.949	0.991	irs	0.878	0.88	0.998	irs	0.748	0.87	0.859	irs
	滑县	0.626	0.659	0.95	irs	0.697	0.704	0.99	drs	0.6	0.714	0.841	irs
	固始	0.437	0.521	0.839	irs	0.596	0.599	0.996	drs	0.437	0.451	0.968	irs
	巩义	1	1	1	—	1	1	1	—	0.961	0.977	0.984	drs
	邓州	0.771	0.794	0.972	irs	0.77	0.814	0.945	irs	0.501	0.508	0.986	irs
扩权县	中牟	0.729	0.789	0.924	irs	0.719	0.728	0.988	irs	1	1	1	—
	正阳	0.703	0.725	0.969	irs	0.686	0.692	0.991	irs	0.533	0.707	0.754	irs
	长葛	0.993	1	0.993	irs	0.89	0.892	0.998	irs	0.893	0.909	0.983	drs
	禹州	0.854	0.86	0.993	irs	0.85	0.956	0.889	drs	0.911	0.978	0.932	drs
	荥阳	0.988	0.999	0.989	irs	1	1	1	—	1	1	1	—
	义马	1	1	1	—	1	1	1	—	0.947	1	0.947	irs

续表

类别	县（市）	2007年				2010年				2014年			
		综合效率	技术效率	规模效率	规模收益	综合效率	技术效率	规模效率	规模收益	综合效率	技术效率	规模效率	规模收益
扩权县	宜阳	0.5	0.741	0.674	irs	0.49	0.732	0.669	irs	0.595	0.652	0.912	irs
	伊川	1	1	1	—	0.837	0.902	0.928	irs	0.956	1	0.956	irs
	偃师	1	1	1	—	1	1	1	—	1	1	1	—
	鄢陵	0.774	0.911	0.85	irs	0.729	0.779	0.936	irs	0.619	0.641	0.966	irs
	新郑	0.907	0.912	0.995	irs	1	1	1	—	1	1	1	—
	新乡	0.87	0.964	0.903	irs	0.868	0.939	0.925	irs	1	1	1	—
	新密	1	1	1	—	1	1	1	—	0.902	0.925	0.975	drs
	新安	0.928	0.954	0.974	irs	0.909	0.922	0.986	irs	0.816	0.841	0.97	irs
	项城	0.784	0.831	0.943	irs	0.933	1	0.933	drs	0.717	0.841	0.853	irs
	夏邑	0.703	0.712	0.987	irs	0.606	0.611	0.992	irs	0.408	0.449	0.909	irs
	淅川	0.473	0.6	0.789	irs	0.545	0.553	0.985	irs	0.36	0.365	0.985	irs
	西平	0.633	0.682	0.928	irs	0.673	0.678	0.993	irs	0.597	0.75	0.795	irs
	舞钢	0.954	0.959	0.995	irs	0.859	0.988	0.869	irs	0.686	0.874	0.786	irs
	温县	0.778	0.991	0.785	irs	0.942	1	0.942	irs	0.882	0.952	0.927	irs
	尉氏	0.728	0.829	0.878	irs	0.837	0.866	0.966	drs	0.601	0.641	0.937	irs
	唐河	0.644	0.706	0.912	irs	0.785	0.787	0.999	irs	0.486	0.504	0.964	irs
	沁阳	0.971	1	0.971	irs	1	1	1	—	1	1	1	—
	淇县	0.949	1	0.949	irs	0.79	0.99	0.798	irs	0.938	1	0.938	irs
	濮阳	0.672	0.711	0.946	irs	0.765	0.765	1	—	0.622	0.635	0.98	drs
	渑池	0.853	0.942	0.905	irs	0.993	1	0.993	irs	1	1	1	—
	孟州	0.813	0.95	0.856	irs	0.941	1	0.941	irs	0.939	0.941	0.997	drs
	卢氏	0.406	0.931	0.436	irs	0.483	0.818	0.59	irs	0.636	1	0.636	irs
	灵宝	1	1	1	—	1	1	1	—	0.966	1	0.966	drs
	临颍	0.992	1	0.992	irs	1	1	1	—	0.737	0.775	0.95	irs
	林州	0.826	0.863	0.957	irs	0.85	0.865	0.983	drs	0.766	0.775	0.989	drs
	郏县	0.546	0.884	0.617	irs	0.724	0.834	0.869	irs	0.501	0.599	0.838	irs
	辉县	0.627	0.718	0.874	irs	0.723	0.729	0.991	irs	0.808	0.841	0.961	irs
	潢川	0.492	0.667	0.737	irs	0.52	0.624	0.833	irs	0.499	0.515	0.968	irs

续表

类别	县（市）	2007年				2010年				2014年			
		综合效率	技术效率	规模效率	规模收益	综合效率	技术效率	规模效率	规模收益	综合效率	技术效率	规模效率	规模收益
扩权县	封丘	0.345	0.692	0.498	irs	0.356	0.624	0.57	irs	0.316	0.386	0.819	irs
	范县	0.508	0.809	0.629	irs	0.623	0.808	0.771	irs	0.498	0.63	0.79	irs
	登封	0.932	0.932	1	—	0.97	1	0.97	drs	0.876	0.88	0.995	drs
	郸城	0.597	0.645	0.926	irs	0.696	0.699	0.996	drs	0.552	0.641	0.861	irs
	博爱	0.876	1	0.876	irs	1	1	1	—	0.977	1	0.977	irs
	安阳	0.809	0.841	0.962	irs	0.833	0.85	0.981	irs	0.743	0.756	0.983	irs
市管县	镇平	0.916	0.987	0.928	irs	0.595	0.687	0.866	irs	0.473	0.485	0.976	irs
	柘城	0.499	0.634	0.786	irs	0.622	0.627	0.991	irs	0.408	0.462	0.883	irs
	原阳	0.39	0.697	0.559	irs	0.308	0.64	0.481	irs	0.408	0.575	0.71	irs
	虞城	0.555	0.652	0.852	irs	0.631	0.634	0.994	irs	0.477	0.528	0.903	irs
	叶县	0.516	0.735	0.701	irs	0.563	0.683	0.824	irs	0.546	0.551	0.991	irs
	延津	0.449	0.875	0.513	irs	0.486	0.759	0.639	irs	0.591	0.93	0.635	irs
	许昌	0.816	0.919	0.888	irs	0.634	0.74	0.857	irs	0.87	0.896	0.971	irs
	修武	0.835	1	0.835	irs	0.769	1	0.769	irs	0.715	1	0.715	irs
	新野	0.831	0.955	0.87	irs	0.703	0.792	0.887	irs	0.602	0.628	0.959	irs
	新县	0.321	0.758	0.424	irs	0.378	0.815	0.463	irs	0.39	0.558	0.699	irs
	襄城	0.864	0.966	0.895	irs	1	1	1	—	0.743	0.751	0.99	irs
	息县	0.363	0.559	0.649	irs	0.448	0.514	0.87	irs	0.392	0.43	0.912	irs
	西峡	0.611	0.747	0.818	irs	0.591	0.727	0.813	irs	0.508	0.536	0.947	irs
	西华	0.59	0.679	0.868	irs	0.597	0.618	0.967	irs	0.523	0.613	0.853	irs
	舞阳	0.488	0.811	0.602	irs	0.528	0.754	0.7	irs	0.465	0.578	0.804	irs
	武陟	0.784	0.865	0.906	irs	0.857	0.866	0.99	irs	0.705	0.725	0.971	irs
	卫辉	0.455	0.749	0.607	irs	0.521	0.744	0.7	irs	0.59	0.899	0.657	irs
	桐柏	0.566	0.829	0.682	irs	0.58	0.812	0.714	irs	0.472	0.62	0.761	irs
	通许	0.77	1	0.77	irs	0.938	0.955	0.982	irs	0.67	0.811	0.826	irs
	汤阴	0.775	1	0.775	irs	1	1	1	—	0.799	1	0.799	irs
	太康	0.546	0.58	0.941	irs	0.711	0.713	0.997	irs	0.625	0.752	0.831	irs
	台前	1	1	1	—	0.992	1	0.992	irs	0.525	1	0.525	irs

续表

类别	县（市）	2007年				2010年				2014年			
		综合效率	技术效率	规模效率	规模收益	综合效率	技术效率	规模效率	规模收益	综合效率	技术效率	规模效率	规模收益
市管县	遂平	0.475	0.763	0.622	irs	0.589	0.72	0.818	irs	0.494	0.632	0.783	irs
	睢县	0.49	0.683	0.718	irs	0.507	0.575	0.881	irs	0.348	0.396	0.879	irs
	嵩县	0.48	0.86	0.558	irs	0.543	0.864	0.628	irs	0.484	0.695	0.696	irs
	沈丘	0.472	0.593	0.796	irs	0.616	0.628	0.982	irs	0.559	0.606	0.921	irs
	社旗	0.631	0.79	0.799	irs	0.67	0.698	0.961	irs	0.404	0.511	0.789	irs
	上蔡	0.783	0.786	0.996	irs	0.833	0.841	0.99	drs	0.629	0.807	0.78	irs
	商水	0.54	0.625	0.864	irs	0.602	0.608	0.991	irs	0.574	0.673	0.852	irs
	商城	0.361	0.588	0.614	irs	0.439	0.563	0.78	irs	0.413	0.485	0.85	irs
	陕县	0.685	0.862	0.795	irs	0.77	0.98	0.786	irs	0.931	1	0.931	irs
	汝阳	0.504	0.901	0.56	irs	0.552	0.92	0.6	irs	0.507	0.754	0.673	irs
	汝南	0.645	0.724	0.892	irs	0.618	0.655	0.944	irs	0.549	0.698	0.787	irs
	确山	0.518	0.82	0.631	irs	0.618	0.833	0.742	irs	0.494	0.675	0.732	irs
	清丰	0.498	0.812	0.613	irs	0.549	0.763	0.719	irs	0.554	0.564	0.983	irs
	杞县	0.828	0.83	0.997	irs	0.885	0.885	1	—	0.588	0.654	0.898	irs
	平舆	0.499	0.666	0.75	irs	0.668	0.687	0.973	irs	0.547	0.672	0.813	irs
	宁陵	0.538	0.707	0.761	irs	0.481	0.629	0.765	irs	0.509	0.875	0.582	irs
	内乡	0.544	0.751	0.724	irs	0.49	0.696	0.704	irs	0.359	0.405	0.886	irs
	内黄	0.555	0.814	0.683	irs	0.794	0.8	0.993	irs	0.662	0.893	0.741	irs
	南召	0.558	0.81	0.689	irs	0.669	0.725	0.922	irs	0.35	0.475	0.737	irs
	南乐	0.576	0.952	0.606	irs	0.659	0.919	0.717	irs	0.555	0.778	0.713	irs
	民权	0.449	0.646	0.695	irs	0.509	0.569	0.896	irs	0.412	0.47	0.878	irs
	泌阳	0.637	0.641	0.994	irs	0.706	0.714	0.989	irs	0.588	0.727	0.808	irs
	孟津	0.658	0.85	0.774	irs	0.629	0.892	0.705	irs	0.669	0.724	0.924	irs
	洛宁	0.432	0.847	0.51	irs	0.478	0.827	0.578	irs	0.43	0.504	0.853	irs
	罗山	0.352	0.585	0.601	irs	0.383	0.583	0.656	irs	0.391	0.431	0.905	irs
	栾川	1	1	1	—	1	1	1	—	0.917	1	0.917	irs
	鲁山	0.416	0.629	0.662	irs	0.415	0.643	0.645	irs	0.426	0.535	0.796	irs
	开封	0.589	0.85	0.693	irs	0.732	0.774	0.946	irs	0.584	0.633	0.923	irs

续表

类别	县（市）	2007年				2010年				2014年			
		综合效率	技术效率	规模效率	规模收益	综合效率	技术效率	规模效率	规模收益	综合效率	技术效率	规模效率	规模收益
市管县	浚县	0.708	0.896	0.79	irs	0.726	0.739	0.983	irs	0.581	0.74	0.785	irs
	获嘉	0.461	1	0.461	irs	0.481	0.954	0.504	irs	0.46	1	0.46	irs
	淮阳	0.614	0.616	0.996		0.67	0.673	0.996		0.521	0.606	0.86	irs
	淮滨	0.398	0.641	0.621		0.492	0.642	0.767		0.441	0.546	0.807	
	光山	0.368	0.585	0.628		0.404	0.589	0.687		0.373	0.413	0.903	irs
	扶沟	0.37	0.603	0.613		0.469	0.607	0.774		0.426	0.522	0.817	
	方城	0.485	0.632	0.767	irs	0.533	0.577	0.922		0.417	0.453	0.921	
	宝丰	0.67	0.879	0.762	irs	0.729	0.89	0.82	irs	0.821	0.896	0.916	irs
省直管县均值		0.717	0.767	0.924		0.789	0.817	0.961		0.642	0.701	0.918	
扩权县均值		0.779	0.869	0.890		0.811	0.866	0.932		0.757	0.810	0.930	
市管县均值		0.582	0.780	0.743		0.627	0.754	0.832		0.542	0.669	0.824	

注：规模收益中 irs 为规模收益递增，drs 为规模收益递减。

省直管县相比扩权县效率较低，有待提高。省直管县改革试行以后，省直管县获得优惠的政策和财政支持，但经济投入要素的组合及配置不合理，经济发展效率处于较为滞后的发展水平；其中长垣、固始、新蔡和邓州综合效率值均低于0.60，明显拉低了省直管县总体水平，其中长垣、滑县、鹿邑技术效率值不高是主要原因，应该充分利用科技知识以及加强科技创新来提高自身技术效率，进而提升经济发展效率。巩义技术效率和规模效率均为非 DEA 有效单元，处于规模递减状态，说明规模过大抑制经济良性发展，应当适当压缩资本投入规模，以使规模收益回归有效水平。

省直管改革前后省直管县经济发展效率的驱动机制不同。依据对模型分解，2007~2010年综合效率的提升主要是由技术效率值不高造成的，经济发展着眼于对技术管理经验的学习；2010~2014年综合效率和规模效率值普遍下降，且多数决策单元规模收益递增，说明规模效率不高是影响省直管县经济发展效率的主因，应提高投入和产出规模。

技术效率差异是影响综合效率的关键点。从表 5-2 中看出，河南县域经济发展效率同样受制于技术效率不高，但是，相比西部地区部分省市过度依赖规模效率的带动，河南县域在技术利用和技术创新上重视程度日益提高，而这已成为河南经济发展效率进一步发展的重要方式，同时也是经济发展到一定程度，规模结构日趋完善后继续推动经济发展效率提升的关键因素，因此针对技术效率相对较低县市应着重提升于技术引进和创造、提升设备的更新利用，逐步提升产业结构的优化升级，摆脱旧有劳动密集型和高污染行业的束缚，以实现与 DEA 有效单元的发展趋同。

河南整体县域效率值不高，提升空间较大。通过对县域经济发展水平效率测度，虽然一些县市达到 DEA 最优，但是，2010 年省直管县和扩权县效率值在 0.8 左右，2014 年效率降低到 0.6~0.8，说明河南县域经济效率与东部发达省份发展效率仍有较大的差距。同时，也说明河南县域经济效率提升还有较大空间。通过完善投入产出结构，合力配置资源，经济发展水平也将会提升到新阶段。

DEA 有效单元呈现"俱乐部趋同"现象。经济发展效率较高地区的地域，如巩义、永城等均是经济发展较好、工业基础雄厚、经济结构完善的县级城市，尤其是近年来随着郑开一体化，城镇化发展，中牟和新郑等邻近郑州的县级单元从辐射效应中受益，投资规模与经济绩效上升迅速。表明 DEA 效率较高的地区往往是政策与资金的倾斜地带，也是投资回报率较高的区域。而经济发展中较低效率的 DEA 有效单元，大多为传统农业区，工业薄弱，经济结构并不健全，仍处于工业化发展的初期阶段，如台前等县。

规模收益递增呈共性特征，存在规模过小情况。中牟、偃师等地 DEA 综合效率值为 1，且处于规模效率不变状态，说明这些地区已经达到了投入要素的最佳组合，因此只需保持不变即为最优配置，投入-产出比实现了帕累托最优配置。表 5-2 中三个年份中大多数决策单元均呈规模递增状态，说明需要调控投入水平，增大投入水平，以期达到规模收益不变和推动综合效率提升。与此同时，登封、林州等处于规模收益递减的状态，即相对于投入的增加而言边际产出减少，表明这些地区存在规模过大的情况，应限制其盲目投资，优化经济发展所需的资金，重点调节投入要素的质量，合理分配、利用投入资源，并从优化发展社会环境、提升产业结构、发展地区特色产业等方面实现合理规模配置。

（二）不同经济发展水平的县域经济效率

通过以上对 108 个县（市）整体分析，代入 DEA 的 BC^2 模型计算，得出河南县域综合发展效率值，但 DEA 的运算思想是构建决策单元实际投入和产出与最优投入产出（投入最小产出最大）之间的距离函数，对于整体决策单元的评估固然能反映出全省总体的发展效率，然而对于不同经济发展水平县域评估可能会存在一定过低现象，因为经济发展水平较低的县与经济发展水平较高的县之间进行距离函数运算会拉低经济发展水平较低县的效率值水平。合适的经济发展效率适应一定的发展水平,应该肯定不同发展水平内部所达到 DEA 有效的决策单元,因此为了防止样本过大导致的误差,以 2014 年经济综合指数的聚类的高、中、低类作为分类依据对 2010 年和 2014 年效率进行分析,以此判断省直管县和扩权县发展效率,并对 2014 未达到相对 DEA 有效的县域利用投影分析,以判断各非 DEA 单元最优投入产出结构。

1. 经济发展水平高值县域效率分析

由表 5-3 可知,经济发展水平较高的地区与总体效率值相一致,说明经济发展水平较高的县域具有比较稳定的发展效率,且 2014 年经济发展水平高值区的效应相比 2010 年符合总体效率的降低的特征。

表 5-3 经济发展水平高值县域发展效率值

县（市）	2010 年				2014 年			
	综合效率	技术效率	规模效率	规模收益	综合效率	技术效率	规模效率	规模收益
巩义	1	1	1	—	0.961	0.977	0.984	drs
汝州	1	1	1	—	0.693	0.736	0.942	irs
永城	1	1	1	—	0.819	0.87	0.942	irs
长垣	0.5	0.5	0.999	irs	0.472	0.501	0.943	irs
安阳	0.833	0.833	1	—	0.743	0.756	0.983	irs
博爱	1	1	1	—	0.977	1	0.977	irs
登封	0.97	1	0.97	drs	0.876	0.88	0.995	drs
辉县	0.723	0.775	0.933	drs	0.808	0.841	0.961	irs
林州	0.85	0.875	0.971	drs	0.766	0.775	0.989	drs
灵宝	1	1	1	—	0.966	1	0.966	drs
孟州	0.941	1	0.941	irs	0.939	0.941	0.997	drs
渑池	0.993	1	0.993	irs	1	1	1	—
淇县	0.82	1	0.82	irs	0.938	1	0.938	irs
沁阳	1	1	1	—	1	1	1	—
尉氏	0.922	0.976	0.945	irs	0.601	0.648	0.927	irs
温县	0.983	1	0.983	irs	0.882	0.952	0.927	irs
舞钢	0.86	1	0.86	irs	0.686	0.874	0.786	irs
新安	0.909	0.91	0.999	drs	0.816	0.841	0.97	irs
新密	1	1	1	—	0.902	0.925	0.975	drs

续表

县（市）	2010年				2014年			
	综合效率	技术效率	规模效率	规模收益	综合效率	技术效率	规模效率	规模收益
新乡	0.868	0.925	0.939	irs	1	1	1	—
新郑	1	1	1	—	1	1	1	—
偃师	1	1	1	—	1	1	1	—
伊川	0.837	0.867	0.965	irs	0.956	1	0.956	irs
义马	1	1	1	—	0.947	1	0.947	irs
荥阳	1	1	1	—	1	1	1	—
禹州	0.851	0.979	0.87	drs	0.911	0.978	0.932	drs
长葛	0.895	0.897	0.999	drs	0.893	0.909	0.983	drs
中牟	0.719	0.745	0.965	drs	1	1	1	—
宝丰	0.73	0.805	0.907	irs	0.821	0.903	0.909	irs
栾川	1	1	1	—	0.917	1	0.917	irs
孟津	0.629	0.757	0.83	irs	0.669	0.724	0.924	irs
武陟	0.875	0.878	0.997	drs	0.705	0.725	0.971	irs
西峡	0.592	0.592	1	—	0.508	0.536	0.947	irs
襄城	1	1	1	—	0.743	0.751	0.99	irs
修武	0.775	1	0.775	irs	0.715	1	0.715	irs
许昌	0.647	0.661	0.979	irs	0.87	0.896	0.971	irs

综合效率角度上，经济发展水平高值县域达到 DEA 有效的单元较多，2010年有 13 个决策单元为 DEA 最优，其中巩义、汝州和永城 3 个省直管县为 DEA 有效单元；扩权县 DEA 有效单元有 8 个；8 个市管县中襄城和栾川为 DEA 有效。2014 年，经济发展高值区共有 7 个 DEA 有效单元，4 个省直管县均未达到 DEA 有效，除巩义外均属于规模收益递增阶段，汝州、永城规模效率有所下降，长垣技术效率较低。扩权县有 7 个 DEA 有效单元，具有极好的发展效率，中牟、渑池和新乡三县进入 DEA 有效单元，新密、博爱、灵宝和义马则退出 DEA 有效单元；市管县无 DEA 有效单元。

规模效率上，2010 年和 2014 年，规模效率为 1 的单元分别为 15 个和 7 个，投入产出水平达到最优组合和配置。其中，高值区中省直管县（4 个）、扩权县（10 个）和市管县（11 个）的规模效率值有所下降，但是，高值区的规模效率普遍大于 0.9，接近最佳规模。

技术效率角度上，2010 年和 2014 年分别有 20 个和 14 个决策单元为 1，表明这些县对技术利用和技术创造的程度较高，分别占高值区县域总数的 55%和

39%，高值区域具有较高的技术管理水平。2014 年，4 个省直管县技术效率均小于 1，长垣表现最差。扩权县有 12 个决策单元达到最优，而博爱、淇县和伊川的技术效率效率值为 1，规模效率则需进一步提升。

规模收益上，经济发展水平高值区整体呈现规模递增，表明高值区的县域存在对最佳规模效益的追赶，应合理提升使用投入要素的配置能力，从而以最小投入实现产出的扩大。高水平发展县域资源技术配置能力处于领先地位，而省直管县的巩义，扩权县的长葛、禹州等地规模收益表现为递减状态，应限制盲目投资，优化发展资金，重点提升产业结构的升级和改造，实现资源的合理配置。

2. 经济发展水平中值区效率分析

表 5-4 为经济发展水平中值县域发展效率值。第一，从综合效率值看，经济发展水平中值区中省直管县和扩权县两年的综合效率值均高于市管辖的发展效率均值。鹿邑、兰考等 5 个省直管县在 2010 年和 2014 年均为 DEA 有效单元，其余省直管县相比中值区域的扩权县单元和市管单元并无优势，尤其固始和鹿邑的综合效率值有所下降。9 个扩权县（市）中两年分别有 4 个和 5 个 DEA 有效单元，表现出良好的资源配置水平。其中，郏县退出 DEA 有效单元，而项城和宜阳则进入 DEA 有效单元。市管辖效率提升比较明显，综合效率为 1 的县有 4 个提高到 5 个。第二，从技术效率来看，2014 年，省直管县中邓州、兰考和鹿邑省达到最优，而固始县处于较低水平。11 个扩权县中有 6 个达到技术最优，说明中值区中省直管县和扩权县具有较好的技术配置能力。中值区中 DEA 有效单元的技术效率相比规模效率较低，说明这些非 DEA 有效单元应提高自身的技术利用和创造水平，推动发展效率提高。第三，从规模效率和规模收益看，邓州和固始的规模效率较低，尤其是固始，仅为 0.773，且均属规模收益递减，边际效益不高。扩权县中有 5 个县达到最佳规模，宜阳和范县的规模效率提升明显，如范县规模效率值由 0.763 提升到 0.996。21 个市管县中，杞县和虞城规模效率下降，且处于规模收益递减状态；清丰和新野县规模效率达到 DEA 有效；而其他规模效率小于 1 的市管县以规模收益递减为主要类型，对于这些市管县来说，需把握好区域发展投资方向与结构，并避免资本沉没。

表 5-4 经济发展水平中值县域发展效率值

县（市）	2010 年				2014 年			
	综合效率	技术效率	规模效率	规模收益	综合效率	技术效率	规模效率	规模收益
郸城	0.752	0.821	0.916	drs	0.803	0.847	0.948	drs
邓州	0.862	1.000	0.862	drs	0.866	1.000	0.866	drs
范县	0.763	1.000	0.763	irs	0.996	1.000	0.996	irs

续表

县（市）	2010年				2014年			
	综合效率	技术效率	规模效率	规模收益	综合效率	技术效率	规模效率	规模收益
方城	0.682	0.711	0.959	drs	0.675	0.703	0.960	drs
固始	0.703	0.823	0.854	drs	0.686	0.887	0.773	drs
郏县	1.000	1.000	1.000	—	0.848	0.867	0.978	irs
开封	0.868	0.868	0.999	irs	0.916	0.931	0.984	drs
兰考	0.970	0.970	1.000	—	1.000	1.000	1.000	—
临颍	1.000	1.000	1.000	—	1.000	1.000	1.000	—
鹿邑	1.000	1.000	1.000	—	0.975	1.000	0.975	drs
洛宁	0.897	0.947	0.948	irs	0.723	0.736	0.982	drs
泌阳	0.785	0.795	0.988	drs	0.829	0.850	0.974	irs
平舆	0.787	0.799	0.986	drs	0.818	0.827	0.989	irs
濮阳	1.000	1.000	1.000	—	1.000	1.000	1.000	—
杞县	0.998	0.998	1.000		0.945	1.000	0.945	drs
清丰	0.905	1.000	0.905	irs	1.000	1.000	1.000	—
汝阳	0.849	1.000	0.849	irs	0.889	1.000	0.889	irs
陕县	1.000	1.000	1.000	—	1.000	1.000	1.000	—
沈丘	0.743	0.785	0.946	drs	0.762	0.907	0.841	drs
嵩县	1.000	1.000	1.000	—	0.920	1.000	0.920	irs
遂平	0.698	0.701	0.995	irs	0.795	0.797	0.998	drs
太康	0.768	0.771	0.996	drs	0.902	0.905	0.997	drs
汤阴	1.000	1.000	1.000	—	1.000	1.000	1.000	—
唐河	0.987	1.000	0.987	drs	0.762	0.861	0.886	drs
通许	1.000	1.000	1.000	—	1.000	1.000	1.000	—
桐柏	0.814	0.847	0.961	irs	0.878	0.980	0.896	irs
卫辉	0.782	0.789	0.991	drs	0.903	1.000	0.903	irs
西平	0.732	0.739	0.990	drs	0.870	0.892	0.975	irs
淅川	0.937	1.000	0.937	drs	0.614	0.679	0.905	drs
项城	0.959	1.000	0.959	drs	1.000	1.000	1.000	—
新野	0.854	0.867	0.986	drs	1.000	1.000	1.000	—
鄢陵	1.000	1.000	1.000	—	1.000	1.000	1.000	—

续表

县（市）	2010年				2014年			
	综合效率	技术效率	规模效率	规模收益	综合效率	技术效率	规模效率	规模收益
叶县	0.844	0.854	0.989	drs	0.955	0.971	0.984	irs
宜阳	0.925	0.945	0.978	drs	1.000	1.000	1.000	—
虞城	0.794	0.794	1.000	—	0.717	0.77	0.931	drs
镇平	0.770	0.834	0.923	drs	0.738	0.791	0.933	drs

3. 经济发展水平低值区效率分析

表 5-5 为经济发展水平低值区县域经济发展效率值，其中包括省直管县的新蔡和滑县，以及 5 个扩权县。从综合效率值看出，2010 年和 2014 年为 DEA 有效单元分别为 11 个和 8 个。2014 年省直管县中，滑县效率相对有所提升，达到有效单元，而新蔡综合效率有所下降。扩权县中卢氏达到 DEA 有效，原阳技术效率提升最大（由 0.788 上升到 0.951）。可见，在低值区中，除两个省直管县发展优势明显，扩权县并无效率优势。低值区中技术效率的值普遍较低，受制于交通区位、区域联系程度和产业规模等内外因素。对于低值区中的县来说，应当提升技术标准，丰富管理经验，克服区域锁定。在低值区域中，规模效率表现较好，可能原因是，一方面，与同水平的县相比，经济规模差异较小；另一方面，大部分低值县处于规模收益递减状态，且效率水平较低，所以，投入和产业规模不合理是其共同的特点，造成在低值区单独分析结果出现低值区规模较好的结果。

表 5-5　经济发展水平低值区县域发展效率值

县（市）	2010年				2014年			
	综合效率	技术效率	规模效率	规模收益	综合效率	技术效率	规模效率	规模收益
滑县	0.981	1.000	0.981	drs	1.000	1.000	1.000	—
新蔡	0.924	0.982	0.941	drs	0.876	0.904	0.969	drs
封丘	0.684	0.719	0.951	drs	0.613	0.655	0.936	drs
潢川	0.968	1.000	0.968	drs	0.940	1.000	0.940	drs
卢氏	1.000	1.000	1.000	—	1.000	1.000	1.000	—
夏邑	0.812	1.000	0.812	drs	0.672	0.921	0.730	drs
正阳	0.829	0.876	0.946	drs	0.805	0.815	0.988	drs
扶沟	0.751	0.826	0.909	drs	0.863	0.961	0.898	drs
光山	0.786	0.879	0.895	drs	0.708	0.840	0.843	drs

续表

县（市）	2010年				2014年			
	综合效率	技术效率	规模效率	规模收益	综合效率	技术效率	规模效率	规模收益
淮滨	0.764	0.780	0.980	drs	0.666	0.737	0.904	drs
淮阳	0.877	1.000	0.877	drs	0.797	1.000	0.797	drs
获嘉	0.891	1.000	0.891	irs	0.962	1.000	0.962	irs
浚县	1.000	1.000	1.000	—	1.000	1.000	1.000	—
鲁山	1.000	1.000	1.000	—	0.898	1.000	0.898	drs
罗山	0.730	0.820	0.889	drs	0.753	0.848	0.888	drs
民权	0.768	0.954	0.805	drs	0.801	0.969	0.827	drs
南乐	1.000	1.000	1.000	—	1.000	1.000	1.000	—
南召	1.000	1.000	1.000	—	0.737	0.774	0.953	drs
内黄	1.000	1.000	1.000	—	1.000	1.000	1.000	—
内乡	1.000	1.000	1.000	—	0.756	0.884	0.855	drs
宁陵	0.685	0.688	0.996	drs	0.799	0.921	0.868	irs
确山	1.000	1.000	1.000	—	0.871	0.907	0.960	drs
汝南	0.882	0.885	0.997	drs	0.842	0.899	0.937	drs
商城	0.682	0.772	0.884	drs	0.705	0.830	0.850	drs
商水	0.813	0.881	0.922	drs	0.867	1.000	0.867	drs
上蔡	1.000	1.000	1.000	—	0.951	0.986	0.964	drs
社旗	0.908	0.909	1.000	—	0.769	0.809	0.951	drs
睢县	0.722	0.863	0.837	drs	0.681	0.776	0.878	drs
台前	1.000	1.000	1.000	—	1.000	1.000	1.000	—
舞阳	1.000	1.000	1.000	—	1.000	1.000	1.000	—
西华	0.887	0.935	0.950	drs	0.859	1.000	0.859	drs
息县	0.69	0.889	0.776	drs	0.735	0.889	0.827	drs
新县	0.72	0.748	0.963	irs	0.736	0.761	0.968	irs
延津	0.981	1.000	0.981	irs	1.000	1.000	1.000	—
原阳	0.742	0.788	0.942	drs	0.934	0.951	0.983	drs
柘城	0.816	0.948	0.861	drs	0.68	0.869	0.783	drs

(三)经济发展效率的空间分异

为更清晰地研究经济发展效率的空间差异,用 GIS 技术将效率值图形可视化,并利用"自然断裂法"将效率值化为四种类型,1 则表示 DEA 有效单元。

从图 5-1 可以看出,经济发展效率存在着较大的空间差异,县域的高值发展效率较为分散,多分布于扩权县和省直管县内,经济发展效率较低县占有比重仍然较大。经济发展效率的 DEA 有效和高值集中分布在中西部地区,如郑州邻近县域(除北部受黄河的阻断明显)发展效率均为高值区域,说明经济发展效率与

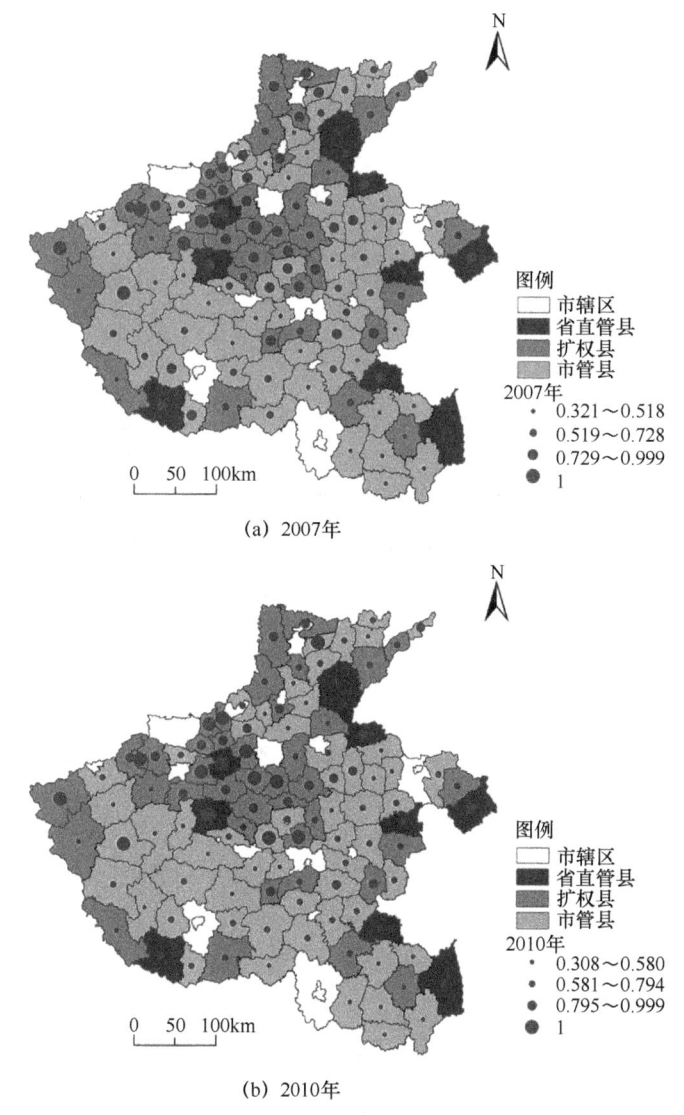

(a) 2007年

(b) 2010年

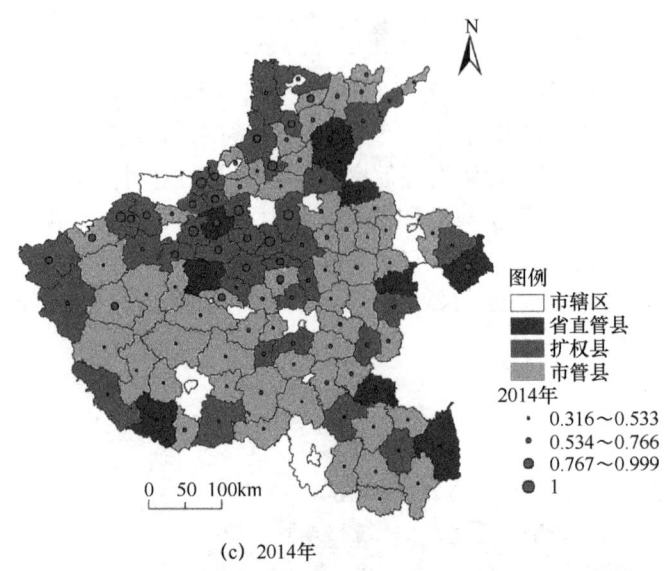

(c) 2014年

图 5-1 2007 年、2010 年和 2014 年河南县域经济发展效率

邻近区域经济交流、技术学习有着重要的关联，应该注重区域联合的重要性，防止"闭门造车"；同时，经济发展较好的区域要承担起带动作用，不能"孤芳自赏"，区域合作才是双赢模式。对比发现，2010 年 DEA 有效单元和高值区域明显比 2007 年增多，低值区域明显减少，在数值上表现为技术效率和规模效率的双重增长，说明县域经济发展投入产出效率得到较大的提升。2014 年与 2010 年相比，整体效率值有所降低，表现为 DEA 有效单元和高效率值区域减少，以及低效率值范围的扩大，依据前面分析，造成下降的原因可能是普遍存在投入不足的情况，与最优规模差距有所增大。这体现了县域经济发展效率的空间差异。

二、BC^2 模型的投影分析

判断决策单元的有效性，本质上是判断它是否位于生产可能集的生产前沿面上。投入导向型 DEA 模型分析的主要目的在于实现既定产出水平下的投入最小化。县域经济发展效率受到经济发展阶段的制约，因此所界定的县域经济发展效率为相对发展效率，而投影分析为相对效率的优化，即对一定经济发展水平中非 DEA 有效的省直管县进行计算，可对原有的投入和产出向量进行调整，使其成为现有经济发展水平下 DEA 有效地区的投入-产出水平，经过调整后的投入和产出向量即为各城市在生产前沿面上的投影（表 5-6）。针对具体城市而言，可从表中分析出各个城市经济发展效率低下的原因，并得出改进方向和程度。本部分仅分析 2014 年投入产出优化结构。

表 5-6 河南非 DEA 有效单元投影分析　　　　　　（单位：%）

类型	县（市）	地区生产总值	规模以上工业增加值	公共财政预算收入	年末从业人员	公共财政预算支出	固定资产投入
		产出不足			投入冗余		
经济发展水平高值区	安阳	32.33	37.71	90.03	6.44	0.00	23.42
	宝丰	10.78	26.43	10.78	0.00	0.00	7.37
	博爱	0.00	0.00	0.00	0.00	0.00	0.00
	登封	23.36	13.64	13.64	16.60	0.00	0.00
	巩义	11.25	2.38	2.38	3.10	0.00	17.52
	辉县	32.83	18.97	18.97	0.00	0.00	0.00
	林州	29.07	48.31	90.16	41.53	0.00	11.94
	灵宝	0.00	0.00	0.00	0.00	0.00	0.00
	栾川	0.00	0.00	0.00	0.00	0.00	0.00
	孟津	38.06	61.78	38.06	0.00	0.00	0.00
	孟州	9.54	6.23	12.75	0.00	0.00	27.07
	淇县	0.00	0.00	0.00	0.00	0.00	0.00
	汝州	35.85	139.21	35.85	0.00	0.00	0.00
	尉氏	54.30	79.53	54.30	0.00	1.72	0.00
	温县	5.08	15.34	45.25	3.52	0.00	0.00
	武陟	37.84	47.85	66.97	0.00	0.00	0.00
	舞钢	38.16	102.15	14.45	0.00	0.00	0.00
	西峡	86.51	117.88	86.51	0.00	0.00	0.00
	襄城	33.23	33.23	40.53	0.00	0.00	0.00
	新安	21.94	18.84	18.84	0.00	0.00	14.89
	新密	8.16	8.65	8.16	20.22	0.00	8.29
	修武	0.00	0.00	0.00	0.00	0.00	0.00
	许昌	11.67	118.12	62.41	0.00	0.00	0.00
	伊川	0.00	0.00	0.00	0.00	0.00	0.00
	义马	0.00	0.00	0.00	0.00	0.00	0.00
	永城	26.58	24.05	15.00	0.00	27.44	0.00
	禹州	28.49	23.15	2.27	0.00	0.00	35.50
	长葛	10.05	10.04	23.23	40.02	0.00	0.00
	长垣	99.72	168.51	99.72	47.65	4.98	0.00

续表

类型	县（市）	地区生产总值	规模以上工业增加值	公共财政预算收入	年末从业人员	公共财政预算支出	固定资产投入
		产出不足			投入冗余		
经济发展水平中值区	郸城	18.13	18.13	18.13	30.76	14.32	0.00
	邓州	0.00	0.00	0.00	0.00	0.00	0.00
	范县	0.00	0.00	0.00	0.00	0.00	0.00
	方城	42.24	67.10	42.24	0.00	0.00	0.00
	固始	12.71	56.09	12.71	23.76	11.33	0.00
	郏县	15.32	15.32	15.32	0.00	0.71	0.00
	开封	7.46	14.10	7.46	0.00	0.00	0.00
	鹿邑	0.00	0.00	0.00	0.00	0.00	0.00
	洛宁	35.82	55.93	35.82	0.84	0.00	0.00
	泌阳	17.60	66.75	35.59	28.70	15.84	0.00
	平舆	20.91	58.97	62.48	0.00	0.00	0.00
	杞县	0.00	0.00	0.00	0.00	0.00	0.00
	汝阳	0.00	0.00	0.00	0.00	0.00	0.00
	沈丘	10.30	10.30	10.30	37.89	7.55	0.00
	嵩县	0.00	0.00	0.00	0.00	0.00	0.00
	遂平	25.46	25.46	25.46	2.47	0.00	0.00
	太康	10.49	40.29	10.49	11.18	29.91	0.00
	唐河	16.19	94.58	18.55	9.39	0.00	0.00
	桐柏	10.84	2.01	2.01	0.00	0.00	0.00
	卫辉	0.00	0.00	0.00	0.00	0.00	0.00
	西平	12.09	94.77	50.98	0.00	3.92	0.00
	淅川	47.34	54.66	47.34	3.76	0.00	0.00
	叶县	3.03	3.03	3.03	0.00	0.00	4.49
	虞城	29.86	61.91	29.86	8.18	0.00	0.00
	镇平	26.45	54.87	26.45	16.25	0.00	0.00
经济发展水平低值区	封丘	52.70	112.62	52.70	0.00	0.00	7.93
	扶沟	4.06	4.06	4.06	0.00	17.06	12.70
	光山	18.98	35.44	18.98	0.00	0.00	19.14

续表

类型	县（市）	地区生产总值	规模以上工业增加值	公共财政预算收入	年末从业人员	公共财政预算支出	固定资产投入
		产出不足			投入冗余		
经济发展水平低值区	淮滨	35.67	47.56	59.82	19.24	0.00	0.00
	淮阳	0.00	0.00	0.00	0.00	0.00	0.00
	潢川	0.00	0.00	0.00	0.00	0.00	0.00
	获嘉	0.00	0.00	0.00	0.00	0.00	0.00
	鲁山	0.00	0.00	0.00	0.00	0.00	0.00
	罗山	17.93	70.01	17.93	0.00	0.00	28.35
	民权	3.25	33.80	3.25	0.00	0.00	7.89
	南召	29.27	30.67	29.27	0.00	0.00	0.00
	内乡	13.09	71.45	13.09	6.87	0.00	22.92
	宁陵	8.55	59.44	8.55	34.49	16.67	0.00
	确山	10.29	30.76	10.29	27.41	0.00	0.00
	汝南	11.25	29.20	11.25	0.00	0.00	2.24
	商城	20.53	56.22	32.44	0.00	0.00	10.44
	商水	0.00	0.00	0.00	0.00	0.00	0.00
	上蔡	1.43	17.98	20.37	24.32	25.91	0.00
	社旗	23.61	58.96	23.61	13.99	0.00	0.00
	睢县	28.92	65.72	28.92	30.84	0.00	0.19
	西华	0.00	0.00	0.00	0.00	0.00	0.00
	息县	12.53	12.53	44.01	0.00	0.00	22.61
	夏邑	8.54	19.59	8.54	0.00	0.00	13.59
	新蔡	10.60	43.49	10.60	0.00	36.48	0.00
	新县	31.39	119.97	42.37	0.00	0.00	0.00
	原阳	5.20	30.37	5.20	0.00	0.00	6.62
	柘城	15.09	48.89	15.09	0.00	0.00	21.55
	正阳	22.72	91.09	35.27	9.31	21.72	0.00

注：投入冗余率=（实际投入-目标投入）/实际投入×100%，产出不足率=（目标产出-实际产出）/实际产出×100%。

从产出指标看，产出不足主要集中在规模以上工业增加值，这是县域经济发展效率的拖累之处，如汝州、固始、罗山等工业方面投入产出效率不高，产出与投入相差比较明显，应当压缩工业投入水平，提升资金资源的配置能力。地区财政收入不足则说明其产业发展的附加值较低，企业盈利能力较差，应注重主导产业的培育以及高新技术的引进吸收，逐步形成区域性的产业集聚式发展。从投入角度看，非 DEA 有效的城市在三个指标上均呈现冗余，从业人员冗余说明经济发展模式仍然是依靠以劳动力为主的粗放式发展，转移过剩劳动力和推动产业结构的升级成为当地政府的当务之急。公共财政预算支出的冗余和固定资产的投入冗余说明，资金的使用效率较低，没有完全被社会经济吸收和反映。要素的投入冗余率其实就是与 DEA 有效城市相比该要素的使用效率，要素的投入冗余率越大，则目前的使用效率越低。从资源配置的角度分析，优先提升冗余率较大的要素使用效率，对经济发展的促进作用更显著。

第三节　基于 Malmquist 指数的县域经济发展效率评价

利用 DEA 模型的 Malmqusit 指数对县域经济发展效率进行动态分析，全要素生产率（TFP）是指除各要素（如资本和劳动等）投入之外能对经济增长产生贡献的因素。TFP 提高有利于在相同数量的资源投入下获得更多的产出。如果 TFP 减少或不变，即要素积累终将在边际报酬递减的作用下趋于停滞，再多资源也无法促进经济的增长。全要素生产率的增长率可以很好地度量要素效率的提高以及技术进步的程度，因为全要素生产率的增长率可以分解为两个部分：综合技术效率（effch）、技术进步（techch）。综合技术效率又可分解为纯技术效率（pech）与规模效率（sech）。其中，综合技术效率是对决策单元的资源配置能力、资源使用效率等多方面能力的综合衡量与评价，技术效率反映在生产技术不变、市场价格不变的条件下，按照既定的要素投入比例，生产一定量产品所需的最小成本占实际生产成本的百分比（投入角度）；纯技术效率是企业受管理和技术等因素影响的生产效率；规模效率是企业受规模因素影响的生产效率，反映企业生产规模是处于规模效益递增、递减还是不变阶段；技术进步是指科学发现、发明、革新、改进，以及技术的传播、扩散等。

techch 代表 t 至 $t+1$ 时期的技术变化指数。若 techch>1，表明技术进步，反之退化。effch 代表 t 至 $t+1$ 期的相对技术效率变动指数。若 effch>1，表明 DMU 与生产前沿面的距离相对较短，因而效率提升，反之降低。pech 代表管理的提升使效率发生的变化，若 pech>1，表明效率提升，反之降低。sech 代表 DMU 向最佳规模靠近，若 sech>1，表明 DMU 向最佳规模靠近，反之偏离。

表 5-7 2007~2014 年河南县域经济发展效率分年 TFP 指数及分解

类型	时段	effch	techch	pech	sech	TFP
所有县	2007~2008 年	1.012	0.986	0.989	1.024	0.998
	2008~2009 年	1.044	0.815	1.022	1.021	0.851
	2009~2010 年	1.016	1.014	0.995	1.021	1.029
	2010~2011 年	0.931	1.298	0.971	0.959	1.209
	2011~2012 年	1.005	0.817	1.006	0.999	0.821
	2012~2013 年	1.037	0.935	1.074	0.965	0.97
	2013~2014 年	0.907	1.077	0.933	0.972	0.977
省直管县	2007~2008 年	1.035 679	0.945 363	1.066 989	0.970 484	0.978 892
	2008~2009 年	1.047 719	0.796 671	1.021 331	1.025 772	0.834 491
	2009~2010 年	1.023 409	0.989 199	1.021 46	1.001 844	1.012 257
	2010~2011 年	0.932 84	1.380 135	0.929 406	1.003 874	1.287 427
	2011~2012 年	1.020 318	0.769 196	1.042 295	0.978 987	0.784 747
	2012~2013 年	0.988 712	0.941 721	1.009 203	0.979 565	0.930 805
	2013~2014 年	0.859 609	1.077 163	0.880 759	0.976 044	0.925 996
扩权县	2007~2008 年	1.008 621	1.023 37	0.990 939	1.017 799	1.032 255
	2008~2009 年	1.029 002	0.839 762	1.024 888	1.004 056	0.864 139
	2009~2010 年	1.009 804	1.054 729	0.997 786	1.011 931	1.065 108
	2010~2011 年	0.956 799	1.211 786	0.992 411	0.964 004	1.159 310
	2011~2012 年	1.002 527	0.866 948	0.993 646	1.008 861	0.869 110
	2012~2013 年	1.037 976	0.964 055	1.042 983	0.995 250	1.000 694
	2013~2014 年	0.922 231	1.060 053	0.929 961	0.991 646	0.977 609
市管县	2007~2008 年	1.010 617	0.967 337	0.974 41	1.037 147	0.977 577
	2008~2009 年	1.052 863	0.801 607	1.020 935	1.031 346	0.844 044
	2009~2010 年	1.018 541	0.990 148	0.988 462	1.030 487	1.008 520
	2010~2011 年	0.914 029	1.346 252	0.964 057	0.948 104	1.230 518
	2011~2012 年	1.003 992	0.792 433	1.007 516	0.996 548	0.795 627
	2012~2013 年	1.044 373	0.915 067	1.107 599	0.942 975	0.955 675
	2013~2014 年	0.905 855	1.087 997	0.944 94	0.958 668	0.985 502

由表 5-7 和图 5-2～图 5-5 可知：总体上，2007～2014 年全省的全要素生产率变化虽然存在较大的下降过程，但 2011～2014 年有所回升，表现出经济发展转优的良好态势。省直管县、扩权县和市管县县域全要素生产率并无明显的差距。省直管县、扩权县和市管县全要素生产率驱动机制并不一致，其中省直管县综合技术效率（effech）在 1 上下徘徊，说明各省直管县在资源配置能力、资源使用效率等多方面能力有待提升，是实现全要素稳定的重要变量；规模效率（sech）在 1 上下徘徊，并不是向最优规模靠近，是拖累综合技术效率增长的症结，说明仍需调整规模的投入产出结构。纯技术效率（pech）值从省直管县改革后一直增加，说明综合效率值的增长主要是纯技术效率导致的，政府、企业等社会组织内

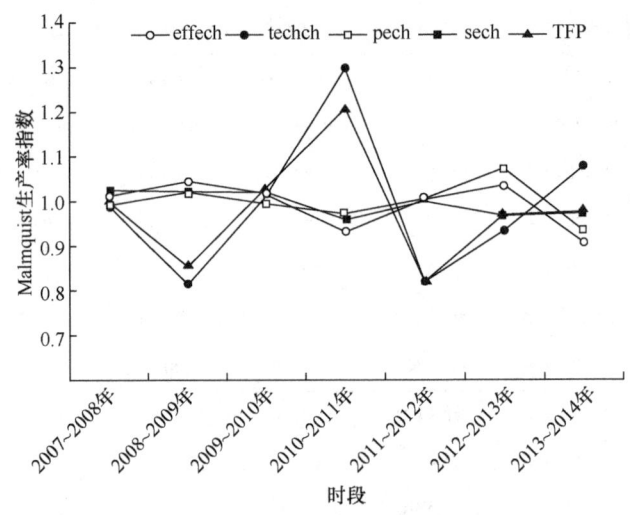

图 5-2　河南 108 个县（市）各年经济发展 Malmquist 生产率及其分解

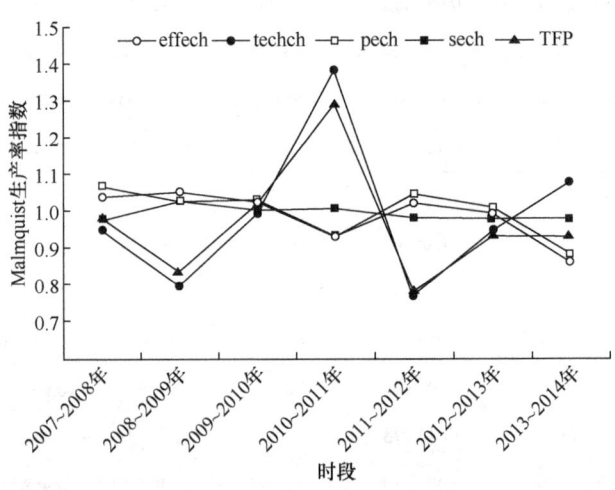

图 5-3　河南省直管县各年经济发展 Malmquist 生产率及其分解

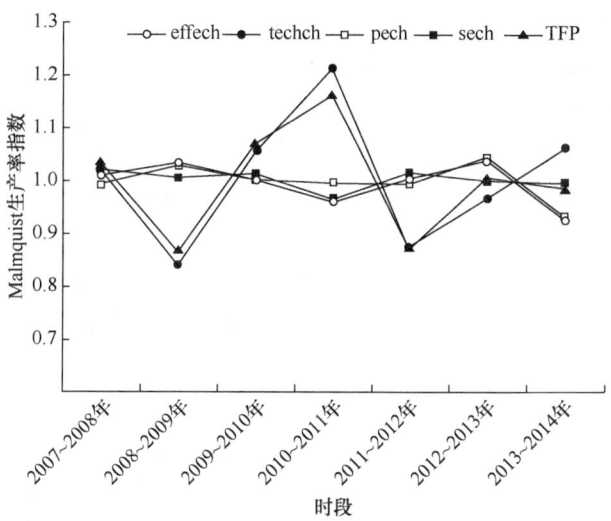

图 5-4 河南扩权县各年经济发展 Malmquist 生产率及其分解

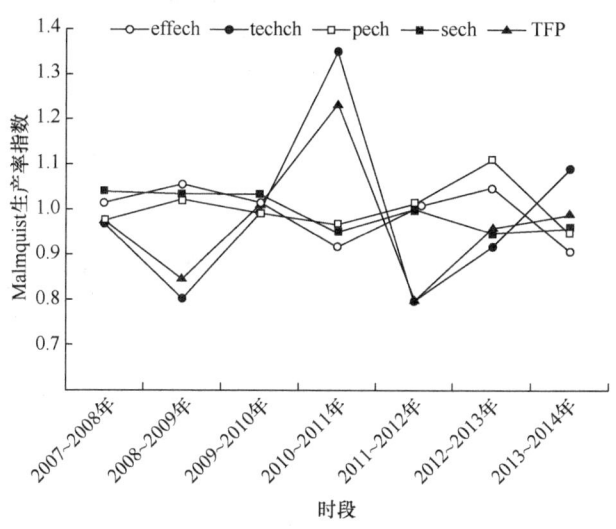

图 5-5 河南市管县各年经济发展 Malmquist 生产率及其分解

部管理一直向好的趋势发展；技术进步是导致全要素生产率不高的关键点，虽然技术的创作引进有着一定的滞后性，但总体趋向表明省直管县技术进步的缓慢性，应该增强与周边发达省份的技术合作与交流，积极引进技术人才，引进和吸收先进的管理和生产经验。技术层面具有很强的流动性和发掘潜力，一旦综合效率的"内功"不断提升，经济发展自然具有较好发展态势。扩权县和市管县全要素生产率变化不仅反映在技术进步变动较大的影响，也表现为综合技术效率的不稳定性，这种不稳定性主要体现在技术效率的不稳定，相比省直管县而言，这将会成为制约这些县域发展的重要环节,所以,提升政府和企业内部管理效率,优化提升资源要素的配置能力至关重要。

全要素生产率的增长中技术进步占有重要地位,也与这几年国家提倡转变经济发展方式,各行业引进先进技术进行行业升级改造有很大程度的关系,也说明技术进步有很大程度的改善;但技术效率改善较小与技术进步相对减少显示出行业内部企业管理以及技术投入对行业产出的作用不大明显,企业管理经验的提升及技术利用效率的提升有待改善。总体来看,全要素生产率的提高,不仅要靠技术进步来带动,也需要在实现规模效率和纯技术有效的环境下更大的综合技术效率的提升,只有这样才能促进县域经济健康有序的发展。

由表 5-8 可知,对 2007~2014 年分县域 TFP 指数进行分析可知,河南省直管县中技术进步是约束全要素增长的重要症结,与前述分析一致。相比而言,扩权县呈良好的提升态势,主要缘由是技术效率和规模效率的双重进步,资源配置和管理水平的不断提升,规模经济不断向最优靠近。省直管县规模效率均值则呈现停滞状态,主要缘由是长垣和固始的规模收益递减,两县发展存在着规模过大的状态,应该合理利用资源资金,从而使规模收益回归正常收益。汝州和邓州表现为纯技术效率的下降,应当提升政府和企业等管理水平,合理使用各种要素。巩义本身具有较好的经济实力,也有独具一格的管理理念,在 10 个省直管县(市)中各项投入产出水平最为均衡,其他县域应当借鉴巩义的要素投入经验,从而提升带动整体自身的经济发展效率。

表 5-8　2007~2014 年河南分县域经济发展效率全要素指数及其分解

类型	县(市)	effch	techch	pech	sech	TFP
省直管县	巩义	0.997	1.006	1.000	0.997	1.003
	兰考	0.969	0.952	0.993	0.976	0.922
	汝州	0.994	0.943	0.994	0.999	0.937
	滑县	1.026	0.937	1.046	0.981	0.961
	长垣	0.998	1.000	0.983	1.016	0.999
	邓州	0.962	0.932	0.969	0.993	0.897
	永城	1.043	0.955	1.042	1.001	0.997
	固始	1.035	0.929	1.024	1.010	0.961
	鹿邑	1.078	0.936	1.059	1.018	1.009
	新蔡	0.977	0.934	1.018	0.960	0.913
扩权县	中牟	1.054	1.011	1.040	1.013	1.065
	荥阳	1.002	1.001	1.000	1.002	1.003
	新密	0.992	1.038	0.993	0.999	1.030

续表

类型	县（市）	effch	techch	pech	sech	TFP
扩权县	新郑	1.016	1.000	1.016	1.001	1.017
	登封	0.984	1.005	0.985	0.999	0.989
	尉氏	0.997	0.941	0.995	1.001	0.938
	新安	0.997	1.032	0.996	1.001	1.028
	宜阳	1.047	1.009	1.003	1.043	1.056
	伊川	1.000	1.063	1.000	1.000	1.063
	偃师	1.000	1.000	1.000	1.000	1.000
	郏县	1.001	0.963	0.982	1.019	0.963
	舞钢	0.949	0.945	0.987	0.962	0.897
	安阳	1.001	1.009	0.996	1.004	1.010
	林州	0.989	0.985	0.985	1.004	0.974
	淇县	0.994	1.004	1.000	0.994	0.998
	新乡	1.014	0.995	1.006	1.007	1.009
	封丘	1.032	0.946	0.998	1.034	0.976
	辉县	1.049	0.980	1.035	1.014	1.028
	博爱	1.022	1.033	1.000	1.022	1.056
	温县	1.017	0.997	0.996	1.020	1.013
	沁阳	1.005	1.069	1.000	1.005	1.074
	孟州	1.035	1.000	1.009	1.026	1.035
	范县	1.077	1.000	1.036	1.040	1.077
	濮阳	0.978	1.025	0.987	0.991	1.003
	鄢陵	0.973	0.963	0.972	1.001	0.938
	禹州	0.996	0.982	0.995	1.000	0.978
	长葛	0.990	0.989	0.99	1.000	0.979
	临颍	0.958	0.983	0.976	0.981	0.942
	渑池	1.027	1.067	1.010	1.017	1.096
	卢氏	1.066	0.946	1.012	1.054	1.008
	义马	1.000	0.999	1.000	1.000	0.999
	灵宝	1.000	1.001	1.000	1.000	1.001
	淅川	1.062	0.953	1.040	1.021	1.011

续表

类型	县（市）	effch	techch	pech	sech	TFP
扩权县	唐河	0.981	0.924	0.988	0.993	0.906
	夏邑	0.942	0.943	0.976	0.965	0.888
	潢川	1.021	0.921	1.009	1.012	0.941
	郸城	1.024	0.938	1.039	0.986	0.961
	项城	1.012	0.937	1.023	0.989	0.948
	西平	1.014	0.928	1.038	0.977	0.941
	正阳	0.985	0.938	1.028	0.958	0.924
均值	省直管县	1.007	0.952	1.012	0.995	0.959
	扩权县	1.007	0.986	1.003	1.004	0.993

第四节 本章小结

结合 2010 年和 2014 年经济发展效率分析，河南县域总体经济发展效率有以下几点特征：省直管县和扩权县相比于市管县具有较高的经济发展效率；扩权县经济发展效率一直处于全省领先水平；省直管县、扩权县与市管县发展效率差距不断增大；省直管县相比扩权县效率较低，有待提高。省直管前后省直管县经济发展效率的驱动机制不同，技术效率差异明显是影响综合效率的关键点。河南整体县域效率值不高，提升空间较大。DEA 有效单元呈现"俱乐部趋同"现象。规模收益递增呈共性特征，存在规模过小情况。经济发展效率存在着较大的空间差异，县域的高值发展效率较为分散，多分布于扩权县和省直管县内，经济发展效率较低县所占空间范围仍然较大，经济发展效率的 DEA 有效单元和高值集中分布在中西部地区，经济发展效率与邻近区域经济交流、技术学习有着重要的关联，应该看重区域联合的重要性，防止"闭门造车"，而经济发展较好的区域要承担起带动作用，不能"孤芳自赏"，区域合作才是双赢模式。

对不同发展水平类型的县域分别进行分析，可知在经济发展水平高值和中值区间内，省直管县和扩权县比市管县具有较高的综合效率，而扩权县则相比省直管县具有更好的发展效率，资源配置与要素利用能力较强。在低值空间内，滑县自省直管以来经济效率有着巨大提升，扩权县中的封丘则表现为较低的综合技术效率，技术利用与学习以及对投入的合理利用配置能力有待提升，夏邑则表现为规模效益递减，应加强产业结构的优化与升级。同时比较高、中、低发展水平内技术效率和规模效率，技术效率较低，始终是制约经济效率发展的重要环节。

依据效率投影分析，提出县域经济发展，投入和产出的优化模式，针对工业规模产出不足，要压缩工业投入水平，提升资金资源的配置能力，针对财政收入不足要注重主导产业的培育以及高新技术的引进吸收，逐步形成区域性的产业集聚式发展。从投入角度看，针对从业人员冗余要转移过剩劳动力和推动产业结构的升级；针对公共财政预算支出的冗余和固定资产的投入冗余要提高资金的使用能力。

利用全要素分析方法分析 2008～2014 年分年和分县的经济发展效率，发现 2011～2014 年全要素有所回升，表现出经济发展转优的良好态势。省直管县、扩权县和市管县全要素生产率并无明显的差距。省直管县、扩权县和市管县全要素生产率驱动机制并不一致，省直管县在资源配置能力、资源使用效率等多方面能力有所提升，政府、企业等社会组织内部管理一直向好的趋势发展，但需调整规模的投入产出结构。技术落后是导致全要素生产率不高的掣肘之处，加强综合技术效率的"内功"将利于经济更快更好发展。扩权县和市管县全要素生产率变化不仅反映在技术进步变动较大方面，也体现在综合技术效率的不稳定性，尤其是技术效率的不稳定，这将会成为制约这些县域发展的重要环节，所以，提升扩权县和市管县的政府和企业内部管理效率，优化提升资源要素的配置能力至关重要。分县分析中扩权县和市管县在综合技术效率上呈良好的提升态势，主要缘由是技术效率和规模效率的双重进步；省直管县规模效率均值则呈现停滞状态，主要缘由是长垣和固始规模收益递减。在县域经济发展中应当借鉴巩义的要素投入经验，从而提升带动整体的经济发展效率。

第六章 不同扩权政策对县域经济增长的影响

第一节 研究目的与研究方法

一、研究目的

县作为我国历史上不可或缺的地方政府层级，在维护国家政治统治、社会稳定和经济发展等方面发挥着不可替代的基础性作用。县域经济是我国国民经济中相对独立的基本单元，2014年，县域以95%的土地面积、3/4的人口贡献了全国60%的GDP、1/4的财政收入，成为我国国民经济发展的重要组成部分和战略基石。中华人民共和国成立以来，我国市管县体制先后经历了1949~1960年的兴起阶段、1961~1982年的停滞阶段，1983年以来进入了加速发展阶段（李金龙和邓春生，2009；方创琳，2014）。市管县体制在促进中心城市发展、加快城乡一体化进程、城市化水平提升等方面发挥了重要作用。但是，随着市场经济体制的逐步完善及改革开放的深入推进，市管县体制的弊病逐渐显现，行政效率较低、"小马拉大车"等现象突出，并在一定程度上制约了县域经济发展（李明强和庞明礼，2007；贺曲夫和刘君德，2009；汪宇明，2004）。在此背景下，浙江等省份开始进行强县扩权等省直管县体制改革，并形成了市管县与省直管县并存的发展格局。十八届三中全会《中共中央关于全面深化改革若干重大问题的决定》指出，"优化行政区划设置，有条件的地方探索推进省直接管理县（市）体制改革"①。改革市管县体制、建立扁平化的省直管县公共行政体制已成为减少行政层级、提高行政效率、推动县域经济发展和深化行政体制改革的迫切要求和战略选择（赵建吉等，2017），对于推动国家治理能力建设与治理体系现代化具有重要意义。

行政区划作为一种空间治理的基础手段，是影响区域发展格局的重要因素（王开泳和陈田，2018），行政区划调整对经济增长能够产生重要影响，极小的区划调整可能就会导致经济发展产生较大变动（Wagenaar，2004；陈钊，2006；李郇和徐现祥，2015；叶冠杰和李立勋，2018）。区域治理体系及其对区域发展的影响研究，是人文-经济地理学者开展的一项有重要学术和实践意义的工作（刘君德，2006；顾朝林等，2015；魏衡等，2009；Brenner，1999；Wollmann，2000；

---

① 中共中央关于全面深化改革若干重大问题的决定.http://politics.people.com.cn/n/2013/1116/c1001-23560979.html[2018-09-15].

刘君德和林拓，2015；朱建华等，2017；金淑婷等，2015）。基于行政管理体制、行政区划的视角，学术界对于省直管县体制改革进行了较多的研究。早期的研究较为关注市管县体制存在的主要问题、强县扩权及省直管县体制改革的模式与路径，如刘君德等（2006）研究了强县扩权对我国行政区划体制改革的影响、剖析了省直辖县（市）体制实现的路径；汪宇明（2004）研究了省直管县（市）改革的政治经济意义，认为省直管县体制改革是地方行政区划层级体制及政府行政管理体制改革的关键，并提出了省直管县改革的路径选择；张京祥（2009）提出充分利用省直管县改革的机遇，构建具有中国特色的双层制大都市区治理体系。伴随着省直管县体制改革的深入推进，学者开始关注改革的经济绩效（罗植等，2013；廖建江和祝平衡，2017；贾俊雪等，2013；李猛，2012）。部分学者的研究认为省直管县体制改革对于直管县（市）经济增长具有显著的正向影响，如郑新业等（2011）利用双重差分方法估算了省直管县体制改革对经济增长的影响，认为省直管县政策提高了被直管县（市）的经济增长率1.3个百分点；赵建吉等（2017）采用DEA模型研究了省直管县改革对于县域经济发展效率的影响，结果表明省直管县改革显著提升了发展水平相对较低的直管县（市）的经济效率。也有研究认为省直管县体制改革对于县域经济发展的作用不显著或存在负面影响（孙永杰，2016），如丁肇启和萧鸣政（2017）的研究表明，"全面直管"改革对试点地区的经济增长和民生状况均无积极影响，且改革的负面效应比较明显；叶兵等（2014）对省直管县改革的经济增长效应进行了评估，认为省直管县改革对于长期经济增长无显著影响，且财政省直管县改革对于省经济增长有负面影响。

总体而言，已有研究重点关注省直管县体制改革对于县域经济增长的影响，固然体现了省直管县体制改革的重要意图，但过于强调经济增长，也不符合科学发展的目标。例如，河南对于省直管县体制改革的定位之一，就要求省直管县（市）争做产业结构调整及转型升级的样板。产业结构的调整与转型升级是区域经济增长的重要驱动力（干春晖等，2011），而已有研究忽视了省直管县体制改革对于县域产业结构的影响。此外，新经济地理学将经济增长的视角扩展到空间维度，认为区域经济增长还受到空间外部性的影响（Puga，1988）。缪尔达尔的"回波-扩散"、赫希曼的"极化-涓滴"和弗里德曼的"核心-边缘"理论，以及学术界关于中心城市对周边地区影响的理论与案例研究表明，中心城市对周边小城市具有集聚和扩散的双重作用，而且与发展阶段紧密相关（Rosenthal and Strange，2001；毛琦梁等，2014；王少剑等，2015；潘文卿，2012）。以克鲁格曼为代表的新经济地理学家则提出了大城市作用于周边小城市的"集聚阴影"（agglomeration shadow）效应（Krugman，1993；孙斌栋和丁嵩，2016）；类似地，国内学者张京祥等提出了大都市阴影区的概念，并研究了其形成机制与演化机理（张京祥和庄林德，2000；孙东琪等，2013）。截至当前，已有文献虽然关注到省直管县体制改革过程中中心城市与省直管县（市）的利益分配格局变化（余鑫星和吴永兴，2011；崔凤军和陈晓，2012；才国伟等，2011），但并未研究中心城市的空间溢出效应对于省直管县县域经济增长与产业结构的作用关系。该问题的回答，在理论上回应了省直管县体制改革背景下中心城市溢出效应对于县域产业结构的影响；在实践上对于加快省直管县产业结构调整与转型升级、进一步深入推进省直管县体制改革具有重要意义。

县域的经济增长来自于产业结构调整与经济结构的不断变迁，主要是现代产业部门经济增长，而产业结构变化根本上由各产业长期的经济增长塑造，但也可以由政府机构有意识地通过倾向型的政策加快这一过程。在社会体制转型的当代中国，不免受到行政体制的约束，无论是土地审批、税收优惠等都免不了和审批打交道。而县是我国行政管理体系中最低的一级，上面还有地级市、省和国家部委三级行政管辖；行政层级越繁多，审批流程就越复杂，效率和时间就越易受到影响，对企业生产活动的约束就越大。从理论上看，对县级政府适当放权，有助于减少企业的办事流程、提高效率、加快产出速度和产出水平。但是政府的管理权力不仅有经济管理权，还有社会管理权等其他管理权限，如果将这些权限也从地级市下放到县级政府，将要求县级政府向民众提供更多的社会公共品和公共服务，这会对县级政府的财政和政治追求造成压力，政府将更多的财力和精力转向公共服务，可能会对工业和服务业分别产生不同的影响。基于此，本章以河南为案例，构建县域产业结构的计量模型，以县域尺度的产出（增长率）为因变量，三次产业产出比重为自变量，以河南省委在不同时间向不同县市下放的不同管理权限为虚拟变量，采用2004~2014年河南108个县（市）的相关数据，评估省直管县改革对产业结构调整和产业产出增长的影响。

二、研究方法

（一）县域经济产出的产业结构模型

1. 相关理论与逻辑分析

经济学家对产业结构变化的关注由来已久，基于配第（1978）对不同产业部门之间收入差距的描述到克拉克（1987）对劳动力产业转移的分析，形成配第-克拉克定理，即随着经济的发展，劳动会从第一产业依次向第二、第三产业转移。库兹涅茨（1985）利用截面和时序数据的实证研究提出库兹涅茨法则：长期来看，农业在GDP和总劳动中所占份额显著下降，而工业和服务业部门所占份额趋于上升。1954年，刘易斯提出无限劳动力供给下的两部门经济发展模型，指出劳动者在传统部门和现代部门的工资差异会使经济发展向现代产业转移，导致产业结构的变化。罗斯托（Rostow，1962）进一步指出产业结构的变化实际上是技术增长对技术创新的吸收及主导产业经济部门依次替换的过程。

现代产业的劳动边际产出通常比传统产业更高,这可能是由于现代产业所能容纳的资本更多,也可能是由于现代产业的技术水平更高。大量的劳动力从传统产业向现代产业转移,两者共享同一个劳动力供给曲线,因此现代产业的劳动均衡工资水平与传统产业相近而低于现代产业的劳动力边际产出,单位资本在现代产业能够获得的利润要比传统产业更高。

沿用新古典经济学的假设,即在技术水平相同时,均衡时不同部门的生产要素具有相同的边际产出(相同的回报),同时假设不同部门存在技术水平差异,在边际报酬递减原理和充分竞争条件下导致不同部门的生产要素规模及边际产出不同,并且由于两部门间劳动力工资差异小于两部门间劳动力边际产出差异,资本获得超额利润,促使生产要素(特别是资本)向技术水平较高、技术进步较快的产业部门流动。

2. 模型构建

(1)生产率进步对资本深化的影响。假定一个企业的生产函数是 $y = Ak^{\alpha}$ ($0 < \alpha < 1$),其中 y 为企业的劳均产出,A 为企业的全要素生产率,k 为企业的资本深化程度(劳均资本/资本密度)。显然这是一个规模报酬不变的企业,企业生产要素 k 的边际产出(MP_k)为 $MP_k = \dfrac{dy}{dk} = \dfrac{Adk^{\alpha}}{dk} = \alpha Ak^{\alpha-1}$。显然随着资本深化,企业的边际产出逐渐减少,符合边际产出递减定律。根据新古典经济学的假设,企业面临竞争性的资本市场,具有固定的资本价格,每单位 k 的资本价格为 r,在完全的产品市场,企业会将生产要素规模调整到边际产出与边际成本相同的位置,即有 $\alpha Ak^{\alpha-1} = r$,于是有稳态的资本深化程度为 $k^* = \left(\dfrac{r}{\alpha A}\right)^{\frac{1}{\alpha-1}}$,可见对于一个完全竞争市场里的理性企业而言,他所选择的资本深化程度只与资本价格 r、资本产出弹性 α 和全要素生产率 A 相关,当三者均保持不变时,企业的资本深化程度保持不变。可以想象,如果一个行业的企业均为规模报酬不变的企业,那么均衡状态下,这个行业的所有企业资本深化程度都是不变的。和劳动价格(工资)相同,对企业而言,资本价格(由资本市场决定)与资本产出弹性(由要素禀赋决定)都是外生因素,唯独企业的全要素生产率可以通过技术和管理等各方面的改进提高。

假定 t 时期的企业全要素生产率 $A_t = A_0 e^{it}$ ($A_0 > 0, i > 0$),即 $\ln y = \ln A_0 + it + \alpha \ln k \sqrt{a^2 + b^2}$,显然企业的全要素生产率以一个固定的增长速度 i 进步,则企业

的资本深化程度 $K_t^* = \left(\dfrac{r}{\alpha A_0 e^{it}}\right)^{\frac{1}{\alpha-1}} = \left(\dfrac{r}{\alpha A_0}\right)^{\frac{1}{\alpha-1}} e^{\frac{i}{(1-\alpha)}t}$，显然企业的资本深化进步速度为 $\dfrac{i}{1-\alpha}$，与全要素生产率增长速度正相关且更快。因此 $\ln y_t = \ln A_0 + \alpha \ln k_0 n + it + \dfrac{\alpha i}{1-\alpha}t = \ln y_0 + \dfrac{1}{1-\alpha}it$，从中可见，劳均产出增长速度与资本深化增速一致。这与新古典增长理论的解释是一致的，但是它表明了全要素生产率进步才是推动资本深化和产出增长的根本动力。

（2）县域经济产业结构模型的构建。

不难将上述结论由一个企业推广到一个县，因为县域经济相对中国的整体而言，体量仍然很小，单一企业的假设放在县域尺度仍然是合乎情理的。县域经济体由第一产业、第二产业和第三产业三部门组成，以 y_j、i_j 和分别表示部门 $j(j=1,2,3)$ 的产出及其技术进步速度，则有县域经济总产出 $y = \sum_j y_j$，部门 j 的产出比重 $e_j = \dfrac{y_j}{y}$，县域经济的增长速度 $i = \sum_j e_j i_j$。由上式可得

$$\dfrac{d\ln y}{dt} = \dfrac{d\ln y_1 e_1}{dt} + \dfrac{d\ln y_2 e_2}{dt} + \dfrac{d\ln y_3 e_3}{dt} \quad (6\text{-}1)$$

对式（6-1）求积分可得

$$\ln y = c + \ln y_1 e_1 + \ln y_2 e_2 + \ln y_3 e_3 \quad (6\text{-}2)$$

其中，c 为常数项，根据定义，$e_1 + e_2 + e_3 = 1$，于是得到下式：

$$\ln y = c + \ln y_1 e_1 + (\ln y_2 - \ln y_1)e_2 + (\ln y_3 - \ln y_1)e_3 \quad (6\text{-}3)$$

假定 j 部门的产出增长速度不变，则 t 时刻 j 部门的产出为 $\ln y_{j,t} = \ln y_{j,0} + i_j t\,(j=1,2,3)$，于是可以得到 t 时刻县域经济产出与产业结构的关系如下：

$$\ln y_t = c_t + a_0 + a_1 t + a_2 e_t^2 + a_3 e_t^3 + a_4 e_t^2 + a_5 e_t^3 t$$

其中，$a_0 = \ln y_{1,0}$，表示基期第一产业的产出水平，$a_1 = i_1$，表示第一产业的增长速度，$a_2 = \ln y_{2,0} - \ln y_{1,0}$，表示基期第二产业的产出水平与第一产业的差异。$a_3 = \ln y_{3,0} - \ln y_{1,0}$，表示基期第三产业的产出水平与第一产业的差异，$a_4 = i_2 - i_1$，$a_5 = i_3 - i_1$ 分别表示第二产业（第三产业）的产出增长速度与第一产业的差异。由上一节我们知道，产出水平和产出增长速度实际上反映了技术水平或技术增长速度，因此下文中出现的产出水平（增速）差异和技术水平（增速）差异是同义的。

从上式可以看出，即使两（三）部门的技术增长率相同，但只要存在产出水平的差异，仍然可以通过调整产业结构影响经济的增长。例如，第三产业比重增

加 1 个百分点（保持第三产业比重不变），将带动产出额外增加 a_3 个百分点。

对于多个邻近县域经济的计量而言（以河南 108 个县域经济为例），由于地理邻近，行政等级相同，在同一时期，这些县域经济相同产业的技术水平和技术增长速度可以被认为是相同的，因此县域 k 的产出与产业比重的关系可以描述为

$$\ln y_{k,t} = c_{k,t} + a_0 + a_1 t + a_2 e_{k,t}^2 + a_3 e_{k,t}^3 + a_4 e_{k,t}^2 t + a_5 e_{k,t}^3 t \tag{6-4}$$

其中，$c_{k,t}$ 是影响县域经济差异的一个重要因素，根据前文规模报酬不变的假设，影响县域经济总产出水平的除了技术水平以及由此导致的资本深化程度，人口规模是影响产出的重要因素。为了去掉规模对模型的影响，可以选用人均生产总值来表示产出规模。

假设 1 县域经济中第一产业基本没有技术进步（$H_1: a_1 = 0$）：

$$\ln y_{k,t} = a_0 + a_2 e_{k,t}^2 + a_3 e_{k,t}^3 + a_4 e_{k,t}^2 t + a_5 e_{k,t}^3 t$$

假设 2 县域经济中第二产业和第三产业具有相同的技术水平（$H_2: a_2 = a_3$）：

$$\ln y_{k,t} = a_0 + a_2 \left(e_{k,t}^2 + e_{k,t}^3 \right) + (a_3 - a_2) e_{k,t}^3 + a_4 e_{k,t}^2 t + a_5 e_{k,t}^3 t$$

假设 3 县域经济中第二产业和第三产业以相同的技术进步速度保持增长（$H_3: a_4 = a_5$）：

$$\ln y_{k,t} = a_0 + a_1 t + a_2 e_{k,t}^2 + a_3 e_{k,t}^3 + a_4 \left(e_{k,t}^2 + e_{k,t}^3 \right) t + (a_5 - a_4) e_{k,t}^3 t$$

（二）极化效应、产业结构调整与产出模型构建

根据经济地理学和发展经济学的相关研究，高等级经济体对低等级经济体会出现极化-涓滴效应，就发展中的经济体而言，最常出现的就是高等级经济体对低等级经济体的极化作用，这种不同等级经济体的极化作用与两经济体的相对差异有关。本章通过反复比较，发现使用两经济体人均生产总值之比的对数能够较好地刻画这种极化作用。这里将之命名为相对体量 $V_{k,t} = \ln\left(\dfrac{\text{AGDP}_{k,t}}{\text{AGDP}_{ck,t}}\right)$，其中 AGDP 表示人均生产总值；$t$ 表示时期；k 表示县域经济体 k；ck 表示 k 所隶属的地级市。

图 6-1 为样本的相对体量分布直方图，从图中可以看出，相对体量分布的峰度和偏度都接近于 0，说明相对体量的分布符合正态分布的假设，且期望值为负值（-0.532 522）。这表明绝大部分的县市的人均收入相对其所隶属的地级市都较低，这样在估计期望值的作用的时候应当注意到，系数为正的项对产出的影响实际上反而可能是负的。相对体量可能会对产出水平和产出增速造成影响，因此对三次产业会有 6 种影响，具体表述如下：

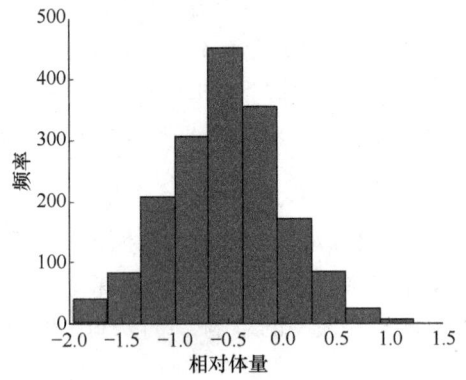

图 6-1 河南县域经济相对体量分布直方图

$$\ln y_{k,t} = a_0 + b_0 V_{k,t} + a_1 t + a_2 e_{k,t}^2 + b_2 V_{k,t} e_{k,t}^2 + a_3 e_{k,t}^3 + b_3 V_{k,t}^3 + a_4 e_{k,t}^2 t \\ + b_4 V_{k,t} e_{k,t}^2 t + a_5 e_{k,t}^3 + b_5 V_{k,t} e_{k,t}^3 t \quad (6-5)$$

当 b_0、b_2、b_3 大于 0 时,表明存在正向的极化效应,即体量大的经济体会压制体量小的经济体发展,尤其是本章中绝大部分县域经济体的体量小于地级市的体量,因此相对体量为负,此时相对体量越小,产出被压制得越厉害。反之如果大于 0,则表明存在涓滴效应,即体量大的经济体会反哺体量小的经济体,相对体量越小的经济体,反而能比相对体量大的经济体产出水平更高。同理 b_1、b_4、b_5 则反映了极化效应(或涓滴效应)在技术进步上的影响。

(三)扩权政策、产业结构调整与增长模型

因此可以利用面板数据建立线性回归模型检验产业结构调整对产出增长的相关性。在模型中加入虚拟变量与产业结构的交互项,可以检验不同类型的县域经济发展中产业结构调整对产出增长的促进作用。

为了分不同方向计量县市扩权对产业结构调整和产出增长的影响,本部分选取 D^1、D^2 和 D^3 个虚拟变量表征不同方向的县市扩权。其中 D^1 表示按照《河南省人民政府关于扩大部分县(市)管理权限的意见》(豫政〔2004〕32号)对部分经济基础好、发展潜力大、特色和优势明显的县(市)赋予的省辖市的部分经济管理权限(以下简称扩权 1)。D^2 表示按照《河南省人民政府关于扩大部分县(市)管理权限的意见》(豫政〔2004〕32号)对区位优势明显、有望培育成未来地区性中心城市的县(市),赋予与省辖市相同的经济管理权限和部分社会管理权限中除扩权 1 以外的其他社会和经济管理权限(以下简称扩权 2)。D^3 表示按照《中共河南省委 河南省人民政府关于印发〈河南省省直管县体制改革试点工作实施意见〉的通知》（豫发〔2011〕7号）中省直管县（市）获得除扩权1和扩权2以外的其他下放管理权限（以下简称扩权3）。

根据如上定义，获得扩权2必然意味着获得扩权1，获得扩权3必然意味着获得扩权1和扩权2。即对省直管县有 $D^1 = D^2 = D^3 = 1$，对获得财政直管的扩权县有 $D^1 = D^2 = 1, D^3 = 0$，对于普通扩权县有 $D^1 = 1, D^2 = D^3 = 0$，对市管县有 $D^1 = D^2 = D^3 = 0$。

具体建立模型如下：

$$\ln Y_{it} = \beta_0 + \beta_1 t + \beta_2 e_{it}^2 + \beta_3 e_{it}^3 + \beta_4 D_{it}^1 + \beta_5 e_{it}^2 D_{it}^1 + \beta_6 e_{it}^3 D_{it}^1 + \beta_7 D_{it}^2 \\ + \beta_8 e_{it}^2 D_{it}^2 + \beta_9 e_{it}^3 D_{it}^2 + \beta_{10} D_{it}^3 + \beta_{11} e_{it}^2 D_{it}^3 \\ + \beta_{12} e_{it}^3 D_{it}^3 + \varepsilon_{it}$$

（6-6）

模型中 Y_{it} 表示时期 t 的县域 i 的人均GDP，以1999~2014年《河南统计年鉴》中县域GDP和年末人口计算出1999~2013年的人均GDP，并以2003年为基期折算为可比数据。t 为时间变量，表示与1998年的时间距离；e_{it}^2 表示县域 i 在时期 t 的第二产业GDP占全县GDP的比重（百分点，以下简称二产比）；e_{it}^3 表示县域 i 在时期 t 的第三产业GDP占全县GDP的比重（百分点，以下简称三产比）；ε_{it} 为误差项，服从随机分布，即 $\varepsilon_{it} \sim iidN(0, \sigma^2)$。

根据模型，对时期 t 的县域 i 有：二产比增加1个百分点，带动人均产出增长 $(\beta_2 + \beta_5 D^1 + \beta_8 D^2 + \beta_{11} D^3) \times 100\%$。而三产比增加1个百分点，则会带动人均产出增长 $(\beta_3 + \beta_6 D^1 + \beta_9 D^2 + \beta_{12} D^3) \times 100\%$。其中扩权1对二产比增加1个百分点带动人均产出增长的额外作用是 $\beta_5 \times 100\%$，扩权2的额外作用是 $\beta_8 \times 100\%$，扩权3的额外作用是 $\beta_{11} \times 100\%$；扩权1对三产比增加1个百分点带动人均产出增长的额外作用是 $\beta_6 \times 100\%$，扩权2的额外作用是 $\beta_9 \times 100\%$，扩权3的额外作用是 $\beta_{12} \times 100\%$。

（四）扩权政策、极化效应、产业结构调整与增长模型

河南108个县域经济的经验数据显示，人均GDP和产业结构有着明显的相关性。图6-2为1999~2014年的河南县域人均GDP和产业结构的3D散点图，水平坐标分别为第二产业比重和第三产业比重，纵坐标为人均GDP（对数形式）。从图6-2中可以看到，两者明显相关。这与上文的理论分析是基本一致的。因此本部分将利用模型（6-5）和模型（6-6）作为对河南的县域经济增长进行刻画的基本模型（以下简称基本模型）。

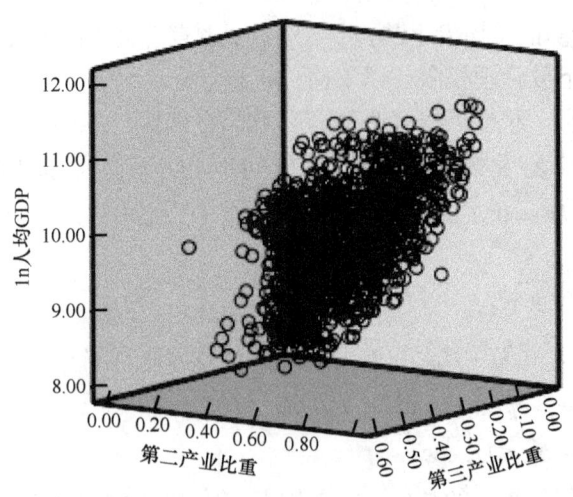

图 6-2 不同产业结构下的河南县域经济人均生产总值

正如前文所述,县域经济的产业结构调整可以对县域经济水平带来影响,县域经济的产业结构变化根本上由各产业长期的经济增长塑造,但也可以由政府机构有意识地通过倾向型的政策加快这一过程。长期以来,县级政府在这一过程中受到上级政府的约束,但是河南在这方面做出了大胆的尝试,通过一系列文件将部分原属于地级市政府的审批权力让渡到县级政府。河南对县域的权限下放有三种,分别来自《河南省人民政府关于扩大部分县(市)管理权限的意见》(豫政〔2004〕32号)和《中共河南省委 河南省人民政府关于印发〈河南省省直管县体制改革试点工作实施意见〉的通知》(豫发〔2011〕7号)。前者分别界定了部分原属于地级市的经济管理权限(以下简称经济管理扩权)和社会管理权限(以下简称社会管理扩权)并分别下放到部分县(市);后者则除授予省直管县前者所界定的经济及社会管理权限外,还将原属于地级市的其他管理权限(以下简称其他管理扩权)全部授予省直管县。按照文件的定义,获得社会管理扩权的县市必将获得经济管理扩权,获得其他管理扩权的县市必将获得社会管理扩权和经济管理扩权。由于之前的6个社会管理扩权县有4个获批省直管县[共10县(市)],因此两者的相关系数很高(达到0.7以上),不易区分,在控制了社会管理扩权变量以后,其他管理扩权很容易就不显著,而且易造成多重共线性。因此本章用社会管理扩权表示除经济管理扩权以外的所有扩权,将分别使用两种虚拟变量分析这两种不同权限的让渡对县域经济的影响。综合考虑模型(6-5)和模型(6-6),再将两个虚拟变量分别作用于12个变量,得到一组36变量的综合模型[模型(6-7)]。

$$\ln Y_{it} = \beta_0 + \beta_1 t + \beta_2 e_{it}^2 + \beta_3 e_{it}^3 + \beta_4 e_{it}^2 t + \beta_5 e_{it}^3 t + \beta_6 V_{it} + \beta_7 V_{it} e_{it}^2 + \beta_8 V_{it} e_{it}^3 + \beta_9 V_{it} t$$
$$+ \beta_{10} V_{it} e_{it}^2 t + \beta_{11} V_{it} e_{it}^3 t + D_{it}^1 (\beta_{12} + \beta_{13} t + \beta_{14} e_{it}^2 + \beta_{15} e_{it}^3 + \beta_{16} e_{it}^2 t$$
$$+ \beta_{17} e_{it}^3 t + \beta_{18} V_{it} + \beta_{19} V_{it} e_{it}^2 + \beta_{20} V_{it} e_{it}^3 + \beta_{21} V_{it} t + \beta_{22} V_{it} e_{it}^2 t + \beta_{23} V_{it} e_{it}^3 t) \quad (6\text{-}7)$$
$$+ D_{it}^2 (\beta_{24} + \beta_{25} t + \beta_{26} e_{it}^2 + \beta_{27} e_{it}^3 + \beta_{28} e_{it}^2 t + \beta_{29} e_{it}^3 t + \beta_{30} V_{it} + \beta_{31} V_{it} e_{it}^2$$
$$+ \beta_{32} V_{it} e_{it}^3 + \beta_{33} V_{it} t + \beta_{34} V_{it} e_{it}^2 t + \beta_{35} V_{it} e_{it}^3 t) + \varepsilon_{it}$$

第二节 计量结果分析

利用模型（6-7），计量考察扩权政策、产业结构及极化效应对县域经济增长的影响，但是最终的计量结果并非所有变量都是显著的，因此本章通过反复的比较选择，剔除掉不显著的变量，最终得到一组10个变量的方程，具体估计见表6-1。

表6-1 经济扩权和省直管对县域产业结构影响的计量结果

项目	回归系数	标准误	t	P>|t|	95%置信区间	
常量	7.2604	0.059	123.430	0	7.145	7.376
现代产业比重	2.7881	0.080	34.967	0	2.632	2.945
现代产业增速×时间	0.0737	0.003	29.080	0	0.069	0.079
社会管理扩权	−0.1153	0.028	−4.171	0	−0.169	−0.061
第三产业增速×经济扩权	0.0213	0.007	3.103	0.002	0.008	0.035
相对体量	−0.7324	0.077	−9.452	0	−0.884	−0.580
第二产业比重×相对体量	1.5175	0.121	12.511	0	1.280	1.755
第三产业比重×相对体量	2.0684	0.132	15.611	0	1.808	2.328
第二产业增速×相对体量	−0.0346	0.006	−5.659	0	−0.047	−0.023
第一产业增速×相对体量×经济扩权	−0.0569	0.018	−3.237	0.001	−0.091	−0.022
现代产业增速×相对体量×经济扩权	0.0755	0.021	3.570	0	0.034	0.117

估计结果的 R^2 达到了0.918，说明模型对产出解释能力较强，本模型最终保留的10个变量均能通过1%显著性水平的 t 检验，说明这些变量对产出的影响都是非常显著的。计量结果常量系数为7.2604，表示在初期（1999年）农业的产出水平约为1422元（人均GDP，下同）。现代产业（第二产业和第三产业）比重的回归系数为2.7881，表示在初期（1999年）现代产业的产出水平为23 121元，

远高于农业的产出水平；在控制现代产业比重后，第三产业比重的系数不显著，表明第三产业和第二产业的产出水平相当，不存在显著差异。农业增速的系数不显著，表示农业产出没有增长，即农业技术没有显著的进步。现代产业增速与时间之积系数的回归系数为0.0737，表示现代产业产出的年增长速度约为7.37%，第三产业比重的系数不显著，表示第三产业和第二产业的产出水平相当，两者以相同的速度增长。总的来看，控制了相对体量和政府扩权变量对经济的影响以后，我们发现传统产业（农业）和现代产业的技术水平及增长速度确实存在着较大的差异，现代产业的产出水平远高于传统农业，且保持着较高的技术进步速度，而传统产业的技术水平落后，产出低下且没有明显的技术进步。而在现代产业内部，现代工业和服务业的技术水平和技术进步速度不存在明显的差异，而是基本保持一致。

另外，不同的权限从地市级下放到县级会对经济水平和增速产生不同的影响，社会管理扩权的回归系数为-0.1153，表示社会管理扩权导致经济产出水平下降11.53%，这不难用前面的投资理论解释，社会的总体投资是有限的，社会管理扩权使县级政府所需要提供的公共服务增加，这部分资金既然被用于公共服务，自然就减少了用于投资的资金，降低了产出水平，现代产业与社会管理扩权之积的系数不显著，说明社会管理扩权对产出水平的约束是全方位的，并不是局限于某个产业的。经济管理扩权的系数不显著，说明经济管理扩权对产出水平无明显的约束或者鼓励。但是第三产业增速与经济扩权之积回归系数显著，为0.0213，表明经济管理扩权能够加快第三产业的经济增长，使第三产业的增速较未扩权时或其他未扩权县高出2.13%。所有产业增速与社会管理扩权之积系数均不显著，说明社会管理扩权并不会对产业的技术进步造成影响。总的来看，经济管理扩权加快了第三产业的技术进步速度，而社会管理扩权则全面抑制了所有产业的产出水平。

相对体量的回归系数为-0.7324，表示相对体量对农业的影响，由上文可知，农业受到涓滴效应的影响，即地级市的相对产出水平越高，对周边县市的农业需求越高，因此农业的产出水平也越高。相对体量的期望值是-0.532 522（图6-1），在这一相对体量下农业的产出水平约为2102元，比正常水平高出40%左右。第二产业比重与相对体量之积回归系数为1.5175，表示相对体量对第二产业的影响，这一系数为正，说明县域经济发展第二产业会受到地级市的极化效应的制约，在相对体量的期望值水平下，第二产业的产出水平为10 305元，尚不足理想值的一半。第三产业比重与相对体量之积的回归系数为2.0684，和第二产业的情况相似，县域经济发展第三产业受到地级市的极化效应的制约，并且这一制约较第二产业更强，在相对体量的期望值水平下，第三产业的产出水平为7685元。第二产业增速与相对体量之积回归系数为-0.0346，这表明尽管第二产业的产出水平受到极化效应的影响，但是这种影响在随着时间而逐渐减少，在相对体量的期望值水平下，第二产业的增速受到涓滴效应影响而增加 1.84%。但是第三产业则并不存在和第二产业相同的受益。

总的来看，传统产业受到涓滴效应的影响，越是相对欠发达（地级市的相对产出越高）的县域，受到的涓滴效应越明显，而现代产业则受到极化效应的影响，越是相对欠发达的县域，受到的极化效应越明显，而相对发达的县域，则不易受到极化效应的影响，其中第三产业比第二产业受到极化效应更深，而且不像第二产业一样增速受到涓滴效应的影响增加，这是因为第三产业更易受到城市等级的影响，而第二产业的技术进步相对更易从高等级向低等级扩散。而经济管理扩权则加深了中心城市对县域经济的影响，经济管理扩权县市的第一产业增速与相对体量之积的回归系数为-0.0569，表明农业受到涓滴效应的作用更明显，在相对体量的期望值时，第一产业的增速变为 3%，而现代产业增速与相对体量之积的回归系数为 0.0755，表明现代产业技术进步速度受到极化作用的影响，在相对体量的期望值时，现代产业的增速要减少 4.02%。其他扩权对极化-涓滴效应没有显著影响。以上分析表明，传统产业和现代产业受到高等级城市的极化-涓滴效应相反，而地级市对县域经济的行政管理，实际上制约了这种城市间的极化-涓滴效应，这种约束更多的是通过地级市对县级市的经济管理审批权限实现的，当地级市的经济管理权力转移给县级市，这种行政上的约束消失，极化-涓滴效应就会加剧。

第三节 本 章 小 结

从以上的分析来看，不同方向的扩权对县域经济的影响不同，有的影响是一次性的（如对技术水平的影响），有的影响则是长期累积的（如对技术进步速度的影响），有的影响只与县域经济有关，有的影响则因县域经济对应中心城市的相对体量不同而不同。

具体而言，社会管理扩权会对经济造成一次性的冲击，降低产出水平 11.53%，这种冲击是全面的，在各个产业都有体现，相当于 1~2 年的经济 0 增长，在这种情况下，应当选择经济基础较高，产出增长较快的县域经济实施社会管理扩权，以减少经济动荡的潜在可能性。

另外，经济管理扩权会带来第三产业的增长速度持续性增长 2.13%，因此对第三产业比重较高的县域实施经济管理扩权能够带来总产出的更快增长，同样的道理，如果要促进第三产业的比重增长，应当对县域经济实施经济管理扩权，以加快第三产业的增长速度，推进第三产业的比重增长。结合两者来看，如果要实施省直管县，应当选择第三产业比重较高，人均生产总值较高，技术进步较快的县市，对产出水平的冲击将能够被第三产业的较高速度增长而逐渐抵消。

中心城市对县域经济的极化-涓滴效应不可忽视，无论是单纯实施经济管理扩权还是实施全面的省直管都会加剧这一效应。中心城市水平相对较高的地区应当优先选择农业比重较高的县域实施扩权直管，这些县域从中心城市对农业的涓滴效应中受益更多；而中心城市水平相对较低的地区应当优先选择现代产业发展较好的县域实施扩权直管，这些县域受中心城市对现代产业的极化效应的制约更少。

可以预期的是，农业比重较高、相对产出水平较低的县域将因更多受惠于中心城市的涓滴效应而侧重于加快农业的发展，而现代产业比重较高、相对产出水平较高的县域将因更少受制于中心城市的极化效应而侧重于加快现代产业的发展，两类县域经济结构的差异会逐渐拉大。由于现代产业的产出水平在较长一段时间内将高于农业的产出水平，因此必然出现人口从农业型县域向现代产业型县域流动的趋势，如果不能使人口更顺畅的迁徙定居，必将制约扩权直管对县域经济的推动作用。

第七章 省直管县改革对县域财政的影响

第一节 研究目的和方法

一、研究目的和思路

财政是国家治理的基础和重要支柱，财税体制在治国安邦中始终发挥着基础性、制度性、保障性作用。财政制度安排体现并承载着政府与市场、政府与社会、中央与地方等方面的基本关系。为评价省直管县体制改革对县域财政的影响，本研究结合河南省直管县政策实施的情况与要求，将全省108个县（市）划分为3种类型：省直管县、扩权县和市管县。

基于全省县（市）3种类型的划分，本章通过对比省直管县、扩权县和市管县县域财政机构运行成本和效率、财政收入（人均与总量、增长速度和结构）、财政支出（人均与总量、增长速度和结构）、财政收支平衡状况（赤字、赤字率、增长速度）等财政指标的变化，来初步观察省直管县体制改革以及市管县体制下的扩权改革对透视3种类型县（市）财政收支的影响，尤其是对省直管县财政收支的影响。在此基础上，为进一步理清省直管、扩权的财政政策效应，本章构建多元回归模型对其进行进一步的研究。

二、研究方法与数据

（一）部门访谈

围绕省直管前后县域财政运行与收支情况变化，课题组先后深入省直相关部门及兰考、滑县、鹿邑、固始、巩义等省直管县进行实地调研和部门座谈，座谈和调研重点主要围绕省直管前后财政部门运行效率与成本、财政管理难易程度、财政资金运转效率及收支变化、县级财政与省市级财政的关系等方面，并深入了解省直管县财政体制存在的问题，搜集了大量访谈文字材料和相关数据，初步建立起省直管县体制改革对县域财政影响的感性认识，并能在计量模型的结果分析中起到佐证和经验支撑的作用。

（二）纵横向比较分析

在考察省直管、经济扩权等对县域财政影响的分析中，本章主要采取纵横向对比的分析方法来进行研究。首先，纵向对比分析。以2010年省直管为分界点，把2007~2014年县域财政收支时间序列数据分为两个阶段：2007~2010年（省直管前）和2011~2014年（省直管后），然后对比两个阶段县域财政收入（人均与总量、增长速度）、财政支出（人均与总量、增长速度）、财政收支平衡（赤字、赤字率、增长速度）等财政指标变化状况，若2011~2014年（省直管后）的财政指标绩效明显好于2007~2010年（省直管前）的状况，则初步得出结论：省直管和扩权对县域财政具有积极影响。但在此步骤中，2011~2014年（省直管后）的财政指标绩效明显好于2007~2010年（省直管前）的情况中，可能存在由于宏观经济环境和县域自身自然的增长的影响而产生误判，因此需要进行第二个步骤横向对比分析。其次，横向对比分析。分别计算省直管县、扩权县和市管县2007~2010年（省直管前）和2011~2014年（省直管后）的县域财政收入（人均与总量、增长速度）、财政支出（人均与总量、增长速度）、财政收支平衡（赤字、赤字率、增长速度）等财政指标状况，然后横向对比同期省直管县、扩权县和市管县的财政收支情况。由于同期所有县（市）面临的宏观经济环境相同，所有县（市）本身均存在自身的增长，因此在同期横向对比中，我们可以大体认为这部分财政增长中除去了宏观经济环境和县域自身自然的增长的影响而产生的增长。在这种条件下，若同时期省直管县、扩权县的财政指标优于市管县的财政收支状况，可以判定省直管、扩权对县域财政收支具有积极影响。

此外，为剔除不同产业结构、经济发展阶段和地区类型的影响，本章在遵循第四章第五节中的河南省108个县（市）的经济综合指数聚类的结果，把高值区、中值区与低值区三类经济类型分成三组（高值区有36个为第一组，其中省直管县4个、扩权县24个、市管县8个，中值区有36个为第二组，其中省直管县4个、扩权县11个、市管县21个，低值区有36个为第三组，其中省直管县2个、扩权县5个、市管县29个），进行经济类型相似组组内纵横向对比，分析省直管县、扩权县和市管县的财政收支变化和绩效。

（三）多元回归

在部门座谈和县域财政指标纵横向对比分析的基础上，构建多元回归模型来精确评估省直管、扩权对县域财政收支的影响。主要思路为精确区分扩权不同程度（省直管县、扩权县）对县域财政的收入影响。模型控制变量主要涉及财政扩权与经济社会扩权、直管，自变量主要为第二产业发展水平（第二产业占GDP比重）、第三产业发展水平（第三产业占GDP比重）、地区收入水平Y（人均GDP），并设置模型控制变量来考察省直管、扩权和经济发展水平、经济结构交互作用对财政收入的影响，如财政扩权与经济社会扩权、直管，以及第二产业占GDP比重、第三产业占GDP比重、人均GDP的交互项。

（四）数据来源

所有人口、经济和财政指标数据主要来源于2001～2015年《河南统计年鉴》。

第二节　省直管县财政管理与运行效率分析

一、短期内财政部门运行成本加大

省直管县财政体制将省市县财政管理关系由"省-市-县"三级体制转变为"省-市、县"二级体制，县级财政体制实行省直管县，财力和资金都统一由省对其结算、拨付，其人员成本、信息与协调成本、行政机构成本都会发生变化。

首先，省级财政部门的管理幅度变大，工作量增加。省直管后，省财政部门的工作对象由原来的18个省辖市变为18个省辖市+10个省直管县，管理幅度由1∶18变为1∶28，是原来的1.6倍，势必会增加省财政部门的运行成本与业务量。

其次，财政供养人员成本短期内保持变化或者增加。财政供养人员成本主要是人员工资福利，其标准由国家规定和调整，短期内比较稳定，所以，财政供养人员成本与财政供养人员数量相关。财政体制由市管县变为省直管县，市财政与县财政和省财政的关系发生变化，市财政的领导和从属关系的变化，表现在组织结构上的变化就是市财政部门位置不同。市财政的降级或者县财政的升级，市财政管理幅度的下降，理论上其对工作人员的需求下降而能节约人员成本，问题是随着省级管理幅度增加，虽然办公条件现代化提供了便利，但短期内省级管理难度加大，省级财政工作人员也相应增加，很可能抵消市级财政节约的人员成本。当前试点省直管县财政体制的市级财政部门并没有裁减人员，那么财政供养人员成本不可能下降，而省级财政供养人员有可能进一步增加或者保持不变。因此，短期来看，运行成本可能增加或者保持不变。长期来看，随着省财政工作理顺，办公条件电子化，可能会减少对工作人员的需求而能节约政府行政成本。

最后，信息与协调成本短期也会增加。从省级层面来看，省财政管理部门的管理幅度由1∶18变为1∶28，加之多年的惯性和地理空间的影响，在及时、准确掌握县级财政的情况实际并迅速做出反应上省财政不如市财政；同时省直管县财政体制要打破现存体制，必然要受到旧体制下既得利益者的阻挠和反对。如不采取有效措施加以适应，省对县诸多事务将难以顾及，容易贻误工作。为了保证工作的顺利进行，省和县级财政势必需要加强沟通，增加信息的搜集、整理和政令传达、执行、监督的协调成本，省和县财政之间的信息和协调成本也会高于原来市和县财政之间的信息和协调成本。从市级层面看，减少了1个县的管理，其信息协调成本会有所降低，但由于规模效应的影响，其信息协调成本的降低可能并不明显，而且在短期内由于个别县市的直管，需要对以前的管理进行重新定位，并且涉及省直管县，需要加强与省级、县级的信息沟通与协调，成本有可能上升。从县级层面看，由于由原来的市-县关系转变为省-县关系，势必增加很多不适应和沟通难度，并且受多年的惯性和地理空间的影响，其与省的沟通协调、信息成本势必短期内会增加。此外，省直管县财政体制的实行，市财政和省财政之间工作的交接，加之市财政权限的萎缩、利益的丧失，短期内省级财政需要加强与相关市级财政的沟通、协调，也势必增加信息和协调成本。除此之外，如鹿邑、固始、邓州、永城、兰考、汝州等县直管后，原来在各自省辖市能办理的业务，现在需要到省会郑州办理，交通成本、时间成本、住宿餐饮成本都将大大增加。

整体上，短期内，财政运行的信息、协调成本会有所增加。长期内，随着体制关系的理顺、省-县交流渠道的正规化、交通信息化水平的提高，信息协调成本有可能会下降。

行政机构成本短期内维持不变，长期可能会增加。省直管县财政体制的实行，并没有裁减政府部门，理论上也不需要增加政府部门，机构成本似乎不受影响。但长期内，在县级财政和非财政部门权限增加的情况下，县级财政和非财政部门可能会努力改善办公条件，从而增加行政机构成本。

二、来自市级财政的支持与指导力度较少

第一，省直管县后，突出了市县"分灶吃饭"的制度安排，省直管县处于"单兵独战"的境地，由过去的追求区域利益最大化变为现实追求市县个体利益最大化，市级更多地从自身所辖县市利益出发，选择将财力更多地投向市辖区及其所辖的县市自身，发展城区经济，培植本级财源，市级帮扶省直管县的积极性削弱。并且随着省直管，市县由原来的行政隶属关系，变为市县同级，由利益共同体变为了竞争对手，市与市之间的竞争已演变为市与市、市与县、县与县之间的多元竞争格局，导致省辖市-省直管县、省直管县-非省直管县的竞争，省直管县的发展空间会受到省辖市、其他县市的挤压，面临着与省辖市、其他县市争资源、争项目、争政策的境况。

第二，省直管县后，市对县的财政管理职能受到局限，市对县的管理职能基本上是软性约束，没有什么硬性任务，从考核角度而言，县级财政能否正常运转、工资是否兑现，主要责任在省级财政而不在市级财政，市级财政乐得"无责一身轻"。

第三，省直管县后，省辖市由于失去了对直管县的财政调控权，原来由市级财政负担的配套资金，一部分由省级财政负担，另一部分则转嫁到县级财政。因此对上级规定需省辖市安排的资金和需省辖市配套的资金都不再拨付直管县，如到村大学生村干部生活补贴、普通高中助学金、原由市级统筹的企业职工养老保

险补助等，从而增加了直管县的财政负担，不利于区域协调发展。

三、省级财政管理难度增加

"省直管县"财政体制的实施，一方面增强了县级灵活性，另一方面也增加了省级财政的管理压力，省对县的监管存在失效的可能。一是对省级来说，省直管县后，河南省级财政管理单位由原来的18个省辖市变为18个省辖市和10个省直管县，管理幅度增大、管理对象增多、工作量剧增，加之各地情况又千差万别，如何根据各县的社会经济发展状况和政策需求，来调整财政管理政策，给省级财政带来巨大挑战。省对县的监管更是鞭长莫及，在约束县级财政行为，监督转移支付、专项补助资金的投向，防止县级投资冲动和重复建设等方面工作量加大。二是对市级来说，省直管县后，市对省直管县的财政管理职能主要体现在业务指导、督促检查、报表汇总等方面，由于这些职能都是软约束，省直管县（市）能否正常运转与市级责任也不挂钩，加之市级财政的工作重心向发展城区经济和培植本辖区县市财源转移，因此市级财政缺乏管理省直管县财政工作的主观能动性，客观上也容易导致对区域内的省直管县放手不管，造成省直管县财政管理上的真空。三是对县级来说，县级政府的经济社会管理权限得到扩大，信贷和项目支持力度也有所增强，很容易产生投资冲动，往往从自身的角度和短期利益出发，不顾资源配置的整体效率，片面追求政绩而大搞形象工程，导致重复建设、小而全、恶性竞争等问题，对县级财政管理提出了更高的要求，然而，目前县级财政业务水平和管理能力一时还难以跟上，而省、市的监督又不到位，极易滋生腐败，财政资金的使用效率难以保证。四是省级财政直接面临更大的财政压力。目前县级政府存在的比较突出的问题是县乡财政困难，县级债务沉重。县级财政多为"吃饭财政"，很难再为经济和社会发展投入更多的财力，并且随着省直管县的逐步推进，一些历史积累的矛盾及深层次的问题也将逐渐暴露或显现出来，这些存在的问题对省级财政的财力形成了一个巨大的压力。

四、资金的运转效率与财政部门的工作效率大大提高

首先，从资金运转效率来看。市管县财政体制下，省、县之间项目的申报与批准、资金的争取和分配，都要通过市里中转，资金在途时间长，效率相对较低。成为省直管县后，赋予省直管县与省辖市相同的经济管理权限和部分社会管理权限，各类财政结算事项一律由省财政直接与省直管县办理，进行统一结算，省直管县的财政预算编制、调整、执行和决算，统一按照省财政要求办理，直接报送省财政；省直管县财政国库直接向省级报解财政库款，直接报送有关收入报表，而省对省直管县各类专项补助和专款由省财政直接分配下达县，有利于保证各项

资金及时到位，提高财政支出效率；在资金调度方面，省财政直接办理对省直管县财政资金往来和资金调度，提高了资金运转效率，实现了省财政在体制补助、税收返还、转移支付、财政结算、专项补助、资金调度等方面直接核定并监管到省直管县，达到了中央和省对省直管县的资金补助由省财政直接到县，减少了市这一中间环节，资金往来程序简化了，资金在途时间变短了，现金调度运作更加快捷及时，便于县级财政部门及时根据国库资金存量，测算安排各类支出，实现了指标下达快、资金调度快、项目申报快，资金运转效率与工作效率总体得到提高。

其次，从信息、政策沟通效率来看。市管县财政体制下，省、县之间项目的申报与批准、资金的争取和分配，都要通过市里中转，效率相对较低。省直管县以后，减少了市中转这一环节，财政政策直达县，避免了信息传递过程的政策曲解和工作延误；县级政府的困难能够及时准确地向省汇报反映，易得到省级部门的支持和重视，有利于相关财政政策、信息的及时、快速传达与沟通。

五、基层财政管理水平明显提升

省直管以后，财政厅安排的所有会议、培训班都直接到县级，省直管县与省辖市一起参加省厅组织的各项培训和会议，逐步引入了上级财政部门先进的管理理念，使县级对各种财政政策的理解和把握更加全面，省级财政在预算管理、数据报送等方面对县财政要求明显提高，促进了县级财政人员业务素质和工作水平的提高，促进了基层财政理财的科学性和规范性。同时，上级财政部门对省直管县的关注度提高，省-县对接协调的频率加大，业务联系也更加紧密，也促进了省直管县主动提高管理水平。

第三节　财政收支变化

省直管县的核心是留利于县，明确划分省县收入所属级次和分成比例，省辖市不再参与省直管县收入分成，省直管县除核定的基数上解外，也不再对省辖市新增上解，提高了省直管县发展经济的积极性，有利于扩大县级财源。同时由于扩大了省直管县的经济管理权限，增强了其独立发展经济的自主权，县域经济增速与活力明显加快，进一步推动财政收入持续增长。另外，省对省直管县的支持力度明显加大。一方面专项补助力度增大。改革后，省直管县可直接向省厅上报项目，省厅也可以更全面、直接了解项目情况，因此在项目和资金安排上会给予适当倾斜。例如，省财政厅通过预算内专项转移支付方式对包括保障性住房、农林水事业、技改与创新、环境保护等各类项目增强了补助，省直管县教育、农业、社会保障和环境保护等专项资金有大幅度增长，这其中虽然有国家和省政策性因素，但也与省直管改革密切相关。例如，长垣2014年截至11月，争取预算内资金和专项资金比2013年增加200万元，达到3.08亿元。另一方面，省也增加了对省直管县的一般性转移支付，并且省财政在测算核定一般性转移支付时直接下达到省直管县，这些都为其带来看得见的实惠，县级财力实现稳步增长。例如，与2012年相比，2013年省级对长垣的一般性转移支付增加了1.07亿元。此外，财政直管后，各项财政拨款直接由省财政厅拨付到县财政局，避免地级市的财政截留现象，又增加了县级政府财力。

基于以上分析，本章用财政收入和支出总量与人均财政收入和支出来表示县域财力总量与县域人均可支配财力，以此来考察省直管县省直管前后的财力变化。

一、财政收入变化

（一）县财政收入构成变化

财政收入主要指地方公共财政预算收入，一般包括税收收入与非税收入两部分，其中税收收入包括增值税、营业税、企业所得税、个人所得税、城市维护建设税、耕地占用税、契税、其他各项税收；非税收收入包括专项收入、行政事业性收费、国有资本经营收入、罚没收入、国有资源有偿使用收入等，由于数据收集难度大，下述非税收入仅统计前三项内容。

从省直管县财政收入构成来看，税收收入比重由2010年的74.82%下降为2014年的65.40%，下降了9.42个百分点，而非税收入比重由2010年的25.18%上升为2014年的34.60%，与全省的税收比重降低、非税收比重增加的趋势相同，但幅度比全省大。此外，税收收入中的增值税、营业税、企业所得税、个人所得税、城市维护建设税、契税以及非税收入中的专项收入、行政事业性收费、国有资本经营收入等比重在整个财政收入中的比重有所降低，其中增值税降幅达5.86个百分点。耕地占用税在整个财政收入中的比重有所提高，提高了3.71个百分点（表7-1、表7-2）。

表7-1 2010年财政收入结构 （单位：%）

类别	税收收入	增值税	营业税	企业所得税	个人所得税	城市维护建设税	耕地占用税	契税	其他各项税收	非税收入	专项收入	行政事业性收费	国有资本经营收入
全省	73.59	11.28	23.12	9.89	2.92	4.44	3.54	6.44	11.96	26.41	6.45	8.86	4.37
巩义	76.84	17.74	17.19	11.55	3.48	5.31	0.88	2.65	17.97	23.16	4.81	5.86	8.79
兰考	71.92	15.41	23.29	3.42	1.71	2.40	11.99	5.82	8.22	28.08	2.74	12.33	0.00

续表

类别	税收收入	增值税	营业税	企业所得税	个人所得税	城市维护建设税	耕地占用税	契税	其他各项税收	非税收收入	专项收入	行政事业性收费	国有资本经营收入
汝州	74.61	18.76	18.98	6.73	1.66	5.30	1.88	2.43	18.87	25.39	6.62	12.47	0.00
滑县	73.00	15.00	27.67	4.00	1.67	2.33	1.67	10.67	10.00	27.00	1.67	9.67	0.33
长垣	81.24	19.16	25.95	7.39	1.40	3.99	1.40	4.59	17.17	18.76	2.59	8.58	0.80
邓州	66.00	7.00	22.40	3.60	2.00	2.60	15.00	4.60	9.00	34.00	2.20	15.40	2.60
永城	83.50	21.18	18.27	6.75	3.38	9.52	5.07	3.45	15.96	16.50	5.76	5.83	0.00
固始	56.19	3.90	22.02	2.52	2.75	1.61	3.67	14.22	5.73	43.81	1.83	31.19	0.00
鹿邑	70.00	7.95	24.10	4.10	0.77	2.82	11.54	4.62	14.10	30.00	2.56	7.69	11.54
新蔡	62.78	11.67	25.56	2.22	2.78	1.67	9.44	5.56	4.44	37.22	1.11	11.11	0.56
省直管县	74.82	15.97	20.40	7.04	2.55	5.08	4.52	4.53	14.76	25.18	4.22	10.06	3.37

注：数据来源于《河南统计年鉴2015》，其中非税收收入为不完全统计，故比重相加不为100%。下同。

表7-2　2014年财政收入结构　　　　　　　　（单位：%）

类别	税收收入	增值税	营业税	企业所得税	个人所得税	城市维护建设税	耕地占用税	契税	其他各项税收	非税收收入	专项收入	行政事业性收费	国有资本经营收入
全省	71.24	9.36	22.90	9.53	2.12	3.89	4.57	5.18	13.68	28.76	3.70	9.63	3.95
巩义	46.93	10.85	10.30	3.64	1.06	2.92	0.65	2.11	15.39	53.07	2.24	2.45	5.55
兰考	74.65	11.53	20.56	4.90	0.49	1.32	13.19	7.17	15.48	25.35	1.89	12.98	0.18
汝州	71.73	6.62	19.47	4.67	0.74	2.59	22.14	2.49	13.01	28.27	3.31	4.16	0.00
滑县	74.08	7.64	28.77	6.57	1.51	1.92	4.55	8.80	14.31	25.92	1.55	12.63	0.00
长垣	76.75	9.21	31.14	9.70	0.95	2.99	2.98	5.24	14.54	23.25	1.98	8.47	0.00
邓州	72.57	5.03	29.25	5.43	1.50	2.82	13.66	4.69	10.18	27.43	1.90	12.79	0.00
永城	69.94	15.77	18.86	4.12	2.28	5.11	6.88	3.87	13.04	30.06	4.26	6.11	0.00
固始	61.97	7.18	26.26	5.56	1.23	1.85	2.02	7.64	10.25	38.03	7.83	13.63	0.38
鹿邑	64.19	9.34	19.56	4.29	0.46	2.06	11.39	4.15	12.95	35.81	1.75	15.78	0.00
新蔡	60.29	4.71	20.55	3.65	0.89	1.49	15.78	5.80	7.42	39.71	1.21	26.77	0.00
省直管县	65.40	10.11	20.21	4.95	1.25	2.99	8.23	4.36	13.31	34.60	2.98	8.56	1.21

（二）财政收入排名变化

1）财政总收入。第一，自2010年财政直管以来，9个省直管县（市）的财政收入在全省108个县（市）当中的排名均呈现出波动上升的趋势，财政能力逐渐增强。例如，兰考由2010年的全省第61位上升至2014年的第26位，鹿邑由2010年的全省第45位上升至2014年的第33位，汝州由2010年的全省第16位上升至2014年的第11位，长垣由2010年的全省第32位上升至2014年的第19位，新蔡由2010年的全省第95位上升至2014年的第81位，永城由2010年的全省第6位上升至2014年的第3位，邓州由2010年的全省第33位上升至2014年的第28位，滑县由2010年的全省第59位上升至2014年的第49位，固始由2010年的全省第38位上升至2014年的第37位；巩义位次有所降低，由2010年的全省第1位下降至2014年的第2位，不过整体上稳定。第二，10个省直管县（市）中，有9个财政收入的排名上升，占总数的90%；40个扩权县（市）中，有19个财政收入的排名上升，占总数的47.5%，有21个下降，占52.5%；58个市管县中，有25个财政收入的排名上升，占总数的43.1%，有29个下降，占50%，4个保持稳定，占6.9%。第三，从对照分组来看，巩义由于其经济发展阶段以及受经济发展大环境的影响，在第一组的财政收入的位次变化虽然经历了波动升降的过程，但基本上稳定，汝州、永城、长垣的排名均大幅度提升；扩权县超过一半的县（市）排名在下降（24个中的13个，占54.2%），而62.5%市管县的财政收入排名呈现下降（8个中的5个）；邓州、固始、兰考、鹿邑作为第二组的代表，4个县（市）的财政收入排序均在逐渐上升，扩权县36.4%的县（市）排名在下降（11个中的4个），而市管县38%县（市）的财政收入排名呈现下降趋势（21个中的8个）；新蔡、滑县为第三组的代表，财政收入排序均在上升，扩权县80%的县（市）排名在下降（5个中的4个），而市管县超过一半县（市）的财政收入排名呈现下降趋势（29个中的16个，占55.2%）。

总体上，从财政收入排名变化来看，省直管县的变化优于扩权县，扩权县优于市管县（表7-3）。

表7-3 2007～2014年省直管县（市）财政总收入排名变化

分组	县（市）	2007年	2008年	2009年	2010年	2011年	2012年	2013年	2014年	2010～2014年名次变化	类型
第一组	安阳	13	15	14	14	14	18	24	30	-16	2
	宝丰	32	28	25	25	22	23	26	25	0	3
	博爱	23	26	26	34	37	48	56	68	-34	2
	登封	2	3	2	2	4	6	6	8	-6	2

续表

分组	县（市）	2007年	2008年	2009年	2010年	2011年	2012年	2013年	2014年	2010~2014年名次变化	类型
第一组	巩义	1	2	1	1	1	3	2	2	-1	1
	辉县	16	16	13	10	8	8	8	9	1	2
	林州	18	17	16	15	16	17	18	18	-3	2
	灵宝	15	18	17	17	15	15	13	12	5	2
	栾川	3	1	8	7	9	11	15	15	-8	3
	孟津	28	30	31	31	30	28	27	24	7	3
	孟州	21	22	22	24	27	27	32	32	-8	2
	渑池	14	13	15	12	12	10	11	10	2	2
	淇县	65	69	69	71	71	69	66	64	7	2
	沁阳	17	20	20	18	18	19	19	23	-5	2
	汝州	22	19	18	16	13	12	10	11	5	1
	尉氏	43	38	41	44	41	33	22	20	24	2
	温县	35	48	47	51	62	64	70	77	-26	2
	武陟	26	27	29	30	31	32	33	38	-8	3
	舞钢	11	10	19	22	24	25	29	29	-7	2
	西峡	25	24	24	29	29	30	34	35	-6	3
	襄城	40	32	30	26	26	26	28	27	-1	3
	新安	7	9	9	8	11	14	16	14	-6	2
	新密	6	6	4	5	5	4	4	6	-1	2
	新乡	24	25	28	28	28	38	44	51	-23	2
	新郑	9	7	5	4	2	2	1	1	3	2
	修武	36	34	35	35	35	35	37	40	-5	3
	许昌	34	43	43	42	39	36	36	36	6	3
	偃师	5	5	7	19	20	21	20	17	2	2
	伊川	10	12	11	13	21	20	17	16	-3	2
	义马	29	29	27	27	25	24	23	22	5	2
	荥阳	12	11	10	11	10	9	9	7	4	2
	永城	8	8	6	6	6	7	5	3	3	1
	禹州	4	4	3	3	3	5	7	5	-2	2

续表

分组	县（市）	2007年	2008年	2009年	2010年	2011年	2012年	2013年	2014年	2010~2014年名次变化	类型
第一组	长葛	20	21	21	20	17	16	14	13	7	2
	长垣	30	31	32	32	32	29	25	19	13	1
	中牟	19	14	12	9	7	1	3	4	5	2
第二组	郸城	70	66	56	53	56	58	51	48	5	2
	邓州	31	33	33	33	33	31	30	28	5	1
	范县	84	100	103	102	102	103	95	94	8	2
	方城	56	53	54	56	46	55	53	50	6	3
	固始	39	37	36	38	43	39	39	37	1	1
	郏县	51	42	39	37	36	37	42	45	−8	2
	开封	64	61	62	65	64	63	61	54	11	3
	兰考	76	71	70	61	40	34	31	26	35	1
	临颍	60	60	59	57	58	57	49	46	11	2
	鹿邑	57	50	45	45	47	41	40	33	12	1
	洛宁	53	52	51	52	52	47	50	63	−11	3
	泌阳	66	63	64	69	72	70	69	69	0	3
	平舆	79	73	66	58	60	65	72	76	−18	3
	濮阳	33	36	37	41	44	43	41	39	2	2
	杞县	62	56	55	55	54	42	35	34	21	3
	清丰	85	96	93	92	99	96	90	90	2	3
	汝阳	46	41	50	54	61	62	62	59	−5	3
	陕县	27	23	23	23	23	22	21	21	2	3
	沈丘	67	58	53	50	51	51	38	31	19	3
	嵩县	47	44	42	43	45	50	57	87	−44	3
	遂平	80	80	79	77	77	77	78	75	2	3
	太康	87	86	81	74	69	59	47	47	27	3
	汤阴	72	74	75	62	59	53	48	41	21	3
	唐河	37	39	40	39	34	44	60	53	−14	2
	通许	92	90	90	91	94	88	67	66	25	3
	桐柏	49	54	60	63	57	61	64	60	3	3

续表

分组	县（市）	2007年	2008年	2009年	2010年	2011年	2012年	2013年	2014年	2010~2014年名次变化	类型
第二组	卫辉	55	51	48	48	49	52	52	52	-4	3
	西平	71	78	76	75	74	71	71	72	3	2
	淅川	48	47	49	21	19	13	12	58	-37	2
	项城	41	45	44	47	50	54	45	44	3	2
	新野	52	55	58	64	68	75	79	78	-14	3
	鄢陵	59	62	63	60	55	49	46	42	18	2
	叶县	44	46	46	46	53	45	59	62	-16	3
	宜阳	42	40	38	40	42	40	43	43	-3	2
	虞城	77	84	83	81	76	66	63	57	24	3
	镇平	45	49	52	49	48	56	58	56	-7	3
第三组	封丘	89	83	87	90	101	102	102	101	-11	2
	扶沟	81	77	78	82	85	81	82	84	-2	3
	光山	69	72	74	76	81	83	93	97	-21	3
	滑县	50	57	57	59	63	60	54	49	10	1
	淮滨	103	105	102	103	104	104	104	105	-2	3
	淮阳	75	76	73	70	65	73	77	73	-3	3
	潢川	61	65	71	72	75	78	87	95	-23	2
	获嘉	91	92	96	101	98	99	101	102	-1	3
	浚县	78	87	86	86	84	92	86	86	0	3
	卢氏	74	70	68	67	67	67	73	74	-7	2
	鲁山	38	35	34	36	38	46	55	55	-19	3
	罗山	97	95	91	88	91	94	97	98	-10	3
	民权	105	103	98	93	86	80	76	67	26	3
	南乐	106	107	107	107	107	106	106	104	3	3
	南召	58	68	72	73	79	86	91	92	-19	3
	内黄	94	91	97	98	78	85	92	88	10	3
	内乡	54	59	61	66	70	74	75	70	-4	3
	宁陵	107	106	106	106	106	105	105	106	0	3
	确山	83	81	80	79	80	79	81	82	-3	3

续表

分组	县（市）	2007年	2008年	2009年	2010年	2011年	2012年	2013年	2014年	2010～2014年名次变化	类型
	汝南	90	89	89	87	90	93	94	91	-4	3
	商城	96	93	92	94	96	98	99	99	-5	3
	商水	88	79	82	80	82	76	68	79	1	3
	上蔡	82	82	84	84	83	89	89	89	-5	3
	社旗	95	94	95	96	95	95	96	93	3	3
	睢县	102	102	105	104	103	100	98	96	8	3
	台前	108	108	108	108	108	108	107	107	1	3
	舞阳	63	64	65	78	73	68	65	61	17	3
第三组	西华	93	85	85	83	88	84	88	85	-2	3
	息县	86	88	88	89	100	101	103	103	-14	3
	夏邑	101	99	101	100	89	87	85	80	20	2
	新蔡	98	97	94	95	92	91	84	81	14	1
	新县	100	101	104	105	105	107	108	108	-3	3
	延津	68	67	67	68	66	72	74	65	3	3
	原阳	73	75	77	85	87	82	80	71	14	3
	柘城	104	104	100	99	93	90	83	83	16	3
	正阳	99	98	99	97	97	97	100	100	-3	2

注：本章中的分组参照第四章表4-19的河南108个县（市）的聚类结果进行，即第一组对应高值区，第二组对应中值区，第三组对应低值区；并且表中2010～2014名次变化一列中负值表示下降，正值表示上升。此外，表中类型一列中1、2、3分别代表省直管县、扩权县和市管县。本章所有表格相同。

2）人均财政收入。第一，自2010年财政直管以来，10个省直管县中8个人均财政收入在全省108个县（市）当中的排名上升或维持不变。例如，长垣由2010年的全省第45位上升至2014年的第33位，永城由2010年的全省第30位上升至2014年的第19位，新蔡由2010年的全省第104位上升至2014年的第98位，汝州2010年的全省第32位上升至2014年的第28位，鹿邑由2010年的全省第61位上升至2014年的第54位，滑县由2010年的全省第99位上升至2014年的第95位，兰考排名上升最快，由2010年的全省第60位上升至2014年的第30位，上升30位，巩义维持第6位不变，而邓州由2010年的全省第77位下降为2014年的第87位，固始由2010年的全省第62位下降至2014年的64位。第二，10个省直管县（市）中，有7个人均财政收入的排名上升，占总数的70%，有2

个下降，占20%，1个保持稳定，占10%；40个扩权县（市）中，有17个人均财政收入的排名上升，占总数的42.5%，3个保持稳定，占7.5%，58个市管县（市）中，有28个人均财政收入的排名上升，占总数的48.3%，4个保持稳定，占6.9%。第三，从对照分组来看，汝州、永城、长垣在第一组的人均财政收入的名次上升，巩义保持不变；扩权县41.2%的县（市）排名上升（24个中的10个），3个维持不变，占12.5%；而8个市管县（市）中3个排名上升，其他均在下降；第二组中，邓州、固始排名下降，兰考、鹿邑排名上升，扩权县45.5%的县（市）排名上升（11个中的5个），而市管县61.9%的县（市）的人均财政收入排名上升（21个中的13个）；第三组中，新蔡、滑县排名上升，扩权县40%的县（市）排名上升（5个中的2个），而市管县41.4%的县（市）的人均财政收入排名上升（29个中的12个），4个维持不变（表7-4）。

表7-4　2007～2014省直管县（市）人均财政收入排名变化

分组	县（市）	2007年	2008年	2009年	2010年	2011年	2012年	2013年	2014年	2010～2014年名次变化	类型
第一组	巩义	7	7	8	6	7	6	6	6	0	1
	汝州	35	34	31	32	31	29	28	28	4	1
	永城	28	29	30	30	21	20	20	19	11	1
	长垣	41	42	43	45	45	42	37	33	12	1
	安阳	27	28	27	25	27	32	44	50	−25	2
	博爱	15	20	21	27	30	28	30	34	−7	2
	登封	6	5	5	5	4	4	5	7	−2	2
	辉县	29	24	22	17	13	13	14	14	3	2
	林州	32	27	26	26	28	30	32	32	−6	2
	灵宝	24	23	24	23	24	25	23	22	1	2
	孟州	8	12	10	13	16	16	16	16	−3	2
	渑池	5	4	3	3	3	2	2	3	0	2
	淇县	26	31	29	31	29	27	27	23	8	2
	沁阳	12	16	13	12	14	15	15	17	−5	2
	尉氏	46	46	49	56	56	52	46	41	15	2
	温县	23	32	33	36	42	43	45	46	−10	2
	舞钢	2	3	4	7	9	10	13	13	−6	2
	新安	4	6	6	4	6	9	10	11	−7	2
	新密	14	13	11	11	8	7	7	8	3	2
	新乡	10	10	14	14	15	23	25	26	−12	2

续表

分组	县（市）	2007年	2008年	2009年	2010年	2011年	2012年	2013年	2014年	2010~2014年名次变化	类型
第一组	新郑	9	8	7	8	5	5	3	2	6	2
	偃师	17	14	16	24	19	24	22	21	3	2
	伊川	13	17	20	19	32	31	29	29	−10	2
	义马	3	2	1	1	1	1	1	1	0	2
	荥阳	11	9	9	10	10	12	8	5	5	2
	禹州	20	21	18	18	18	17	18	18	0	2
	长葛	25	26	28	28	25	21	21	20	8	2
	中牟	22	19	17	15	12	8	9	12	3	2
	宝丰	30	25	25	22	20	22	24	24	−2	3
	栾川	1	1	2	2	2	3	4	4	−2	3
	孟津	21	22	23	21	22	19	17	15	6	3
	武陟	31	33	32	39	43	44	43	43	−4	3
	西峡	19	18	19	20	23	26	26	25	−5	3
	襄城	39	38	36	33	33	34	34	37	−4	3
	修武	16	15	15	16	17	14	12	10	6	3
	许昌	40	48	48	50	51	51	51	49	1	3
第二组	邓州	68	66	67	77	82	83	85	87	−10	1
	固始	69	69	72	62	69	70	73	64	−2	1
	兰考	79	73	73	60	47	47	38	30	30	1
	鹿邑	84	76	70	61	65	59	58	54	7	1
	郸城	99	96	90	79	83	80	81	78	1	2
	范县	65	79	83	83	81	82	61	60	23	2
	郏县	44	39	38	40	38	39	41	42	−2	2
	临颍	60	61	58	59	57	56	55	53	6	2
	濮阳	55	58	57	68	72	72	67	74	−6	2
	唐河	64	65	64	80	76	92	103	103	−23	2
	西平	78	85	82	76	78	68	70	72	4	2
	淅川	47	47	47	29	26	18	19	59	−30	2
	项城	66	68	68	72	75	79	74	80	−8	2

续表

分组	县（市）	2007年	2008年	2009年	2010年	2011年	2012年	2013年	2014年	2010~2014年名次变化	类型
	鄢陵	52	52	54	49	46	46	42	38	11	2
	宜阳	38	43	41	43	44	45	48	45	-2	2
	方城	72	72	74	78	66	75	76	75	3	3
	开封	67	62	62	64	64	61	59	58	6	3
	洛宁	36	35	35	35	35	33	33	39	-4	3
	泌阳	75	75	77	71	70	67	66	66	5	3
	平舆	91	84	76	66	62	65	77	81	-15	3
	杞县	85	77	79	81	77	63	57	56	25	3
	清丰	77	88	87	86	92	95	88	82	4	3
	汝阳	33	30	34	34	37	38	39	36	-2	3
	陕县	18	11	12	9	11	11	11	9	0	3
第二组	沈丘	94	87	84	75	73	71	60	57	18	3
	嵩县	37	37	37	38	40	41	47	61	-23	3
	遂平	59	54	50	52	50	48	50	44	8	3
	太康	106	107	106	103	98	91	82	88	15	3
	汤阴	51	49	46	44	39	35	31	27	17	3
	通许	76	74	78	82	84	69	54	51	31	3
	桐柏	34	36	42	42	34	36	36	31	11	3
	卫辉	42	41	40	41	41	40	40	40	1	3
	新野	56	55	59	55	58	62	68	63	-8	3
	叶县	58	59	56	54	59	54	65	76	-22	3
	虞城	96	99	98	101	99	90	89	86	15	3
	镇平	61	64	65	67	63	66	75	79	-12	3
第三组	滑县	83	90	89	99	100	97	96	95	4	1
	新蔡	104	104	104	104	105	104	101	98	6	1
	封丘	89	83	88	96	104	106	106	106	-10	2
	潢川	63	63	63	65	68	77	86	93	-28	2
	卢氏	43	40	39	37	36	37	35	35	2	2
	夏邑	108	108	108	108	106	105	104	101	7	2

续表

分组	县（市）	2007年	2008年	2009年	2010年	2011年	2012年	2013年	2014年	2010~2014年名次变化	类型
第三组	正阳	98	97	97	89	93	93	99	99	-10	2
	扶沟	74	71	71	74	80	73	69	67	7	3
	光山	70	67	69	63	67	76	83	92	-29	3
	淮滨	93	93	91	91	97	103	105	105	-14	3
	淮阳	101	101	100	95	91	102	102	104	-9	3
	获嘉	57	56	60	69	60	58	63	68	1	3
	浚县	73	78	75	85	85	86	87	83	2	3
	鲁山	48	45	45	46	52	55	62	70	-24	3
	罗山	82	81	80	70	71	74	78	77	-7	3
	民权	103	103	102	90	89	85	80	73	17	3
	南乐	87	95	96	92	88	100	95	96	-4	3
	南召	53	60	61	58	61	64	72	69	-11	3
	内黄	88	89	94	97	79	84	93	91	6	3
	内乡	49	53	55	51	53	57	56	55	-4	3
	宁陵	97	100	99	93	101	101	100	102	-9	3
	确山	62	57	52	48	49	49	49	48	0	3
	汝南	86	86	86	94	90	87	91	90	4	3
	商城	80	80	81	73	74	78	84	89	-16	3
	商水	100	98	101	98	102	96	94	100	-2	3
	上蔡	105	105	107	107	108	107	107	107	0	3
	社旗	81	82	85	87	87	88	92	85	2	3
	睢县	102	102	103	106	103	99	98	94	12	3
	台前	92	94	95	100	94	98	71	71	29	3
	舞阳	50	50	51	57	54	53	53	52	5	3
	西华	95	92	92	88	96	94	97	97	-9	3
	息县	90	91	93	102	107	108	108	108	-6	3
	新县	54	51	53	53	55	60	64	62	-9	3
	延津	45	44	44	47	48	50	52	47	0	3
	原阳	71	70	66	84	86	81	79	65	19	3
	柘城	107	106	105	105	95	89	90	84	21	3

(三) 财政收入比重变化

从财政收入占全省财政收入比重来看,省直管县在全省财政收入的比重基本上逐年上升,如从 2010 年的 4.79% 上升到了 2014 年的 5.51%,共上升 0.72 个百分点,而 2010 年之前比重基本稳定;非省直管县(扩权县和市管县)的比重有所波动,2010 年以前有所下降,2010 年之后开始逐渐上升,由 2010 年的 32.8% 上升到了 2014 年的 33.7%,共上升 0.9 个百分点。其中,2010~2014 年扩权县下降 0.57 个百分点,市管县上升 1.47 个百分点(表 7-5)。

表 7-5 2007~2014 年省直管县、扩权县、市管县占全省财政收入比重变化(单位:%)

类别	2007 年	2008 年	2009 年	2010 年	2011 年	2012 年	2013 年	2014 年
省直管县	4.78	4.88	5.00	4.79	5.06	5.19	5.37	5.51
扩权县	20.54	20.93	21.10	20.14	19.88	19.96	19.87	19.57
市管县	12.65	13.50	12.96	12.66	12.86	13.05	13.51	14.13

(四) 财政收入增速变化

财政总收入增速变化。从横向对比来看,省直管县的财政收入 2010~2014 年逐年增速与 4 年平均增速全面高于全省、108 个县(市)、扩权县及市管县的增速,其中 2010~2011 年增速高达 31.71%;并且 10 个省直管县(市)中,兰考、新蔡、永城、固始、滑县、长垣、鹿邑 2010~2014 年财政收入增速均超过 22.92%(省直管县的平均增速)。从纵向来看,10 个省直管县(市)直管后的 2010~2014 年的财政收入增速为 22.92%,远高于直管前的 2008~2010 年 17.13% 的增速;并且除鹿邑、汝州 2010~2014 年的财政收入增速与 2008~2010 年的增速相比有所降低之外,其他各县(市)均高于直管前的增速。分组对比中,第一组中,2010~2014 年,长垣(第 3 位)、永城(第 7 位)和汝州(第 12 位)等财政收入增速位列该组前列;第二组中,兰考(第 1 位)、鹿邑(第 12 位)位居前列,固始、邓州分居第 20、22 位;第三组中,新蔡(第 7 位)、滑县(第 12 位)排名也位居前列(表 7-6)。

表 7-6 2008~2014 年省直管县、扩权县、市管县财政收入增速变化(单位:%)

分组	类别	2008 年	2009 年	2010 年	2011 年	2012 年	2013 年	2014 年	2008~2010 年	2010~2014 年类型
	全省	17.03	11.61	22.67	24.65	18.5	18.39	13.41	17.02	18.67
	108 个县(市)	21.17	10.9	18.07	25.33	19.77	20.1	14.72	16.63	19.92
	扩权县	19.25	12.51	17.09	23.05	18.98	17.87	11.64	16.25	17.81
	市管县	24.94	7.14	19.84	26.55	20.33	22.55	16.41	17.06	21.97

续表

分组	类别	2008年	2009年	2010年	2011年	2012年	2013年	2014年	2008~2010年	2010~2014年	类型
	省直管县	19.46	14.39	17.61	31.71	21.5	22.53	18.58	17.13	22.92	
第一组	巩义	10.99	13.25	14.12	23.38	16.71	15.2	6.08	12.78	15.18	1
	汝州	31.15	22.96	18.9	25.83	20.06	23.02	8.79	24.23	19.24	1
	永城	20.94	12.33	15.58	53.58	17.99	18.07	13.97	16.23	24.96	1
	长垣	23.91	8.27	15.73	26.01	26.72	29.88	26.6	15.79	27.29	1
	安阳	19.37	16.64	14.53	13.03	0.55	−6.42	−1.74	16.83	1.11	2
	博爱	0.38	10.06	−2.97	10.19	4.64	12	0.46	2.34	6.73	2
	登封	17.85	12.05	14.44	19.45	18.43	13.14	−3.83	14.75	11.39	2
	辉县	32.35	28.46	33.87	37.58	15.68	14.1	5.64	31.54	17.69	2
	林州	34.04	15.26	12.26	13.07	11.4	11.21	10.46	20.15	11.53	2
	灵宝	28.5	11	15.8	19.99	20.56	17.28	17.47	18.21	18.82	2
	孟州	5.27	17.81	14.09	4.99	13.02	12.01	11.14	12.26	10.24	2
	渑池	25.3	11.19	19.41	19.32	18.48	16.71	17.06	18.49	17.89	2
	淇县	10.59	16.01	20.25	31.56	20.5	27.88	23.83	15.55	25.87	2
	沁阳	10.73	26.45	15.17	18.92	12.05	8.01	0.27	17.27	9.61	2
	尉氏	23.23	4.57	15.21	29.98	40.16	49.99	21.38	14.08	34.95	2
	温县	−9.89	12.71	12.17	11.02	16.12	16.06	12.09	4.44	13.8	2
	舞钢	15.71	−18.21	−5.5	12.18	10.05	10.3	10	−3.65	10.63	2
	新安	10.46	10.52	15.99	7.14	2.15	12.67	7.25	12.29	7.24	2
	新密	24.18	19.72	17.79	33.43	21.33	16.35	5.61	20.53	18.76	2
	新乡	15.26	5.26	20.01	16.47	−10.06	12.19	10.18	13.34	6.68	2
	新郑	24.68	23.17	27.53	33.25	25	41.07	31.82	25.11	32.66	2
	偃师	22.33	0.98	−26.01	12.97	11.71	16.53	16.65	−2.95	14.44	2
	伊川	11.07	2.36	9.22	−9.75	18.67	21.53	15.78	7.49	10.8	2
	义马	26.15	22.36	21.2	24.66	20.29	17.1	17.51	23.22	19.85	2
	荥阳	19.02	12.2	14.36	21.19	17.17	22.07	31.45	15.16	22.86	2
	禹州	25.97	13	15.99	25.85	17.08	11.09	11.02	18.19	16.11	2
	长葛	14.09	13.06	16.29	35.03	28.38	16.2	15.21	14.47	23.43	2
	中牟	47.65	18.72	34.34	57.95	41.42	10.07	5.82	33.04	27	2

续表

分组	类别	2008年	2009年	2010年	2011年	2012年	2013年	2014年	2008~2010年	2010~2014年	类型
第一组	宝丰	31.1	20.17	24.28	28.26	15.1	12.01	12.45	25.1	16.77	3
	栾川	75.32	-40.29	17.97	20.11	-5.58	6.56	6.01	7.29	6.39	3
	孟津	21.43	13.55	16.03	22.84	22.45	23.77	16.35	16.96	21.32	3
	武陟	6	16.06	13.84	13.62	13.19	18	13.83	11.88	14.64	3
	西峡	21.9	10.1	9.06	16.04	12.69	10.6	18.41	13.54	14.4	3
	襄城	33.36	26.32	27.07	20.12	17.38	16.25	11.05	28.88	16.15	3
	修武	20.73	11.05	16.61	19.41	19.04	20.01	12.1	16.06	17.59	3
	许昌	-1.68	11.02	20.46	28.27	26.14	26.2	22.03	9.56	25.64	3
第二组	邓州	17.08	10.38	20.65	23.98	19.98	24.99	18.98	15.96	21.96	1
	固始	18.2	12.2	13.97	14.7	24.7	24.09	29.23	14.76	23.07	1
	兰考	35.04	15.39	36.51	76.08	30.55	37.02	22.93	28.61	40.28	1
	鹿邑	35.44	26.18	22.63	17.05	31.68	28.32	30.44	27.97	26.73	1
	郸城	33.28	25.23	34.67	23.61	21	29.1	22.59	30.99	24.04	2
	范县	-14.6	13.69	21.44	38.38	23.06	56.1	25.85	5.64	35.24	2
	郏县	50.77	20.01	22.76	20.51	20.01	15.08	12.1	30.47	16.87	2
	临颍	16.71	14.06	26.88	30.78	26.02	28.31	25.39	19.09	27.61	2
	濮阳	9.46	10.02	10	16.01	21.67	31.09	16.88	9.83	21.27	2
	唐河	10.18	10.43	20.71	32.98	2.25	3.38	21.32	13.67	14.28	2
	西平	7.93	23.62	20.83	29.68	31.33	24.42	18.85	17.26	25.98	2
	淅川	19.79	9	143.72	30.64	41	17.8	-56.07	47.09	-1.19	2
	项城	5.79	13.29	13.1	20.88	16.66	35.24	18.5	10.67	22.61	2
	鄢陵	12.18	11.41	29.87	40.09	33.27	25.64	22.48	17.52	30.19	2
	宜阳	17.31	18.28	15.82	18.66	22.01	17.12	19.02	17.13	19.19	2
	方城	22.62	11.02	19.73	45.99	13.26	22.71	22.03	17.69	25.44	3
	开封	24.78	12.21	19.06	25.14	26	31.07	22.33	18.57	26.09	3
	洛宁	24.91	16.45	17.69	28.4	28	16.77	0.75	19.63	17.92	3
	泌阳	19.82	11	19.46	28.02	20.03	24.09	22.33	16.69	23.58	3
	平舆	33.19	25.04	34.84	31.57	11.04	15.4	15.85	30.95	18.22	3
	杞县	31.59	12.89	21.4	36.2	39.71	38.58	20.78	21.72	33.59	3
	清丰	1.43	13.68	27.14	21.82	28.68	42.61	24.21	13.6	29.09	3

续表

分组	类别	2008年	2009年	2010年	2011年	2012年	2013年	2014年	2008~2010年	2010~2014年	类型
第二组	汝阳	26.54	-3.52	14.21	15.93	19.07	22.44	22.12	11.72	19.86	3
	陕县	30.88	14.39	20.64	14.49	17.93	17.3	17.7	21.78	16.85	3
	沈丘	40.48	23.45	26.35	29.85	24.6	42.49	28.79	29.89	31.27	3
	嵩县	28.03	15.06	17.32	17.06	18.62	12.75	-16.14	20	7.04	3
	遂平	20.12	18.9	28.57	25.71	25.62	26.57	23.55	22.46	25.36	3
	太康	20.79	26.13	31.2	44.7	43.1	40.06	17.34	25.97	35.82	3
	汤阴	17.97	19.72	39.53	39.07	33.2	31.49	25.09	25.37	32.12	3
	通许	24.16	8.51	18.78	30.82	41.83	57.24	22.79	16.97	37.57	3
	桐柏	2.09	4.22	16.6	45.87	12.9	15.42	25.3	7.45	24.23	3
	卫辉	28.06	19.9	21.17	23.54	21.66	18.19	18	22.99	20.32	3
	新野	15.1	6.36	16.02	22.85	13.56	17.11	22.44	12.41	18.92	3
	叶县	12.06	13.01	17.46	17.88	30.84	4.95	9.95	14.15	15.5	3
	虞城	10.64	20.17	23.41	37.55	39.72	31.94	24.8	17.94	33.38	3
	镇平	5.62	9.16	20.51	32.87	13.47	17.79	16.14	11.59	19.84	3
第三组	滑县	9.24	12.32	20.58	26.55	27.82	30.7	26.2	13.95	27.81	1
	新蔡	25.44	17.5	27.66	34	36.92	31.92	27.21	23.46	32.47	1
	封丘	26.57	8.01	11.32	16.11	17.83	24.14	20.18	15.03	19.53	2
	潢川	13.43	4.38	19.51	22.58	18.84	16.07	14.11	12.27	17.86	2
	卢氏	32.21	18.63	27.66	24.5	21.24	18.53	18.07	26.04	20.56	2
	夏邑	24.87	10.36	32.31	58.99	32.5	28.12	29	22.17	36.6	2
	正阳	21.84	18.05	28.59	31.03	27.78	17.96	20.11	22.75	24.1	2
	扶沟	27.22	14.92	15.64	21.78	29.35	29.5	22.47	19.13	25.72	3
	光山	21.33	12.33	16.67	20.89	17.28	15.92	14.36	16.72	17.09	3
	淮滨	23.99	20.01	20.67	28.53	23.06	20.57	19.5	21.54	22.87	3
	淮阳	21.04	22.97	29.09	31.51	13.31	20.93	23.65	24.32	22.18	3
	获嘉	12.83	6.06	14.25	39.4	27.68	15.03	14.32	10.99	23.69	3
	浚县	8.15	15.1	19.54	34.64	20.76	31.66	23.79	14.17	27.59	3
	鲁山	25.17	13.5	14	10.19	10.25	11.1	12.13	17.44	10.92	3
	罗山	22.59	19.04	26.13	28.05	25.63	20.55	20.6	22.55	23.67	3
	民权	28.43	30.1	34.47	48.55	34	39.42	28.64	30.98	37.46	3

续表

分组	类别	2008年	2009年	2010年	2011年	2012年	2013年	2014年	2008~2010年	2010~2014年	类型
第三组	南乐	1.32	13.65	27.14	37	23.15	33.15	28.91	13.55	30.45	3
	南召	3.4	9.5	16.53	22.9	13.26	18.35	23.22	9.68	19.36	3
	内黄	19.05	2.09	23.27	80.84	12.82	18.15	27.78	14.42	32.48	3
	内乡	9.96	9.5	16.98	24.2	14.31	25	23.01	12.09	21.55	3
	宁陵	12.32	22.61	32.11	26.23	30	24.31	15.29	22.08	23.84	3
	确山	23.93	18.87	22.04	29.16	22.63	26.78	21.52	21.6	24.99	3
	汝南	20.07	11.97	20.44	31.7	25.78	24.84	26.3	17.43	27.13	3
	商城	20.01	15.75	20	24.6	25.57	20.02	19.2	18.57	22.32	3
	商水	30.81	14.33	24	26.16	36	34.04	10.1	22.86	26.14	3
	上蔡	20.13	12.62	21.01	31.01	22.42	24.61	21.3	17.86	24.78	3
	社旗	15.04	10.17	26.43	33.03	27.21	27.2	28.32	17.02	28.92	3
	睢县	22.05	12.62	21.5	41.27	39.46	30.81	32.01	18.64	35.81	3
	台前	14.99	13.69	26.85	41.54	25.68	71.78	21.7	18.37	38.91	3
	舞阳	16.35	11.59	6	38.6	26.73	28.63	22.87	11.23	29.08	3
	西华	31.73	16.81	22.07	22.55	32.63	25.27	25.21	23.38	26.36	3
	息县	16.91	12.28	15.39	15.63	25.2	14.82	20.19	14.85	18.89	3
	新县	19.18	12.12	13.71	25.49	13.22	20	18.01	14.97	19.1	3
	延津	23.52	15.09	22.25	29.82	15.84	23.22	29.75	20.23	24.52	3
	原阳	18.05	15.36	2.02	32.06	30.48	32.36	33.33	11.58	32.05	3
	柘城	28.09	23.99	26.63	47.34	39.24	32.14	25.93	26.23	35.93	3

人均财政收入增速变化。从横向对比来看，省直管县的人均财政收入2010~2014年逐年增速与4年平均增速全面高于全省、108个县（市）、扩权县、市管县的增速，其中2010~2011年增速高达33.24%；并且10个省直管县（市）中，兰考、新蔡、长垣、永城、鹿邑2010~2014年财政收入增速均超过23.88%（省直管县的平均增速）；除巩义外，其他4个县（市）的平均增速也超过全省的平均增速。从纵向来看，10个省直管县（市）直管后的2010~2014年的财政收入增速为23.88%，远高于直管前的2008~2010年18.04%的增速；并且除鹿邑、汝州、固始2010~2014年的财政收入增速与2008~2010年的增速相比有所降低之外，其他各县市均高于直管前的增速。分组对比中，第一组中，2010~2014年，除巩义（第24位）人均财政收入增速排名靠后，长垣（第2位）、永城（第4位）、

汝州（第 13 位）人均财政收入增速均居前列；第二组中，兰考（第 1 位）、鹿邑（第 12 位）人均财政收入增速也位居前列，邓州、固始分居第 20、23 位；第三组中，新蔡（第 7 位）、滑县（第 9 位）也位居前列（表 7-7）。

表 7-7 2008～2014 年省直管县、扩权县、市管县人均财政收入增速变化（单位：%）

分组	类别	2008年	2009年	2010年	2011年	2012年	2013年	2014年	2008～2010年	2010～2014年	类型
	全省	16.17	0.62	23.74	24.87	18.28	18.3	13.13	16.83	18.57	
	108个县（市）	20.39	−0.08	21.58	26.65	20.21	20.43	14.85	17.55	20.46	
	扩权县	18.59	−0.62	17.4	23.68	19.07	17.64	11.4	16.38	17.87	
	市管县	24.15	0.02	25.32	28.33	20.82	23.21	18.88	18.56	22.76	
	省直管县	18.32	0.92	22.64	33.24	22.66	23.2	16.98	18.04	23.88	
第一组	巩义	10.45	0.67	15	23.08	16.28	14.76	5.6	12.63	14.76	1
	汝州	30.63	0.36	19.66	25.42	19.9	22.96	8.72	24.19	19.07	1
	永城	16.23	−0.08	18.15	54.39	18.76	17.55	15.8	15.57	25.69	1
	长垣	24.24	−0.61	12.1	27.85	34.36	31.55	24.16	14.91	29.43	1
	安阳	18.88	19.48	21.79	12.37	0.67	−6.52	−1.82	20.05	0.94	2
	博爱	0.44	0.48	−9.34	10.36	23.6	11.68	0.11	−0.09	11.13	2
	登封	17.32	0.55	12.06	18.73	17.67	12.18	−4.6	13.57	10.58	2
	辉县	32.31	−4.97	34.88	38.5	15.09	14.02	5.47	34.12	17.67	2
	林州	33.49	−0.36	17.47	12.76	11.8	11.17	10.36	21.95	11.52	2
	灵宝	28.1	0.41	16.81	19.63	20.62	16.82	17.15	18.26	18.54	2
	孟州	5.32	0.48	11.93	5.68	13.14	11.86	10.51	11.39	10.26	2
	渑池	25.02	0.15	16.1	19.05	18.54	16.22	16.83	17.24	17.66	2
	淇县	10.32	−1.39	8.23	30.49	20.13	24.51	26.42	12	25.33	2
	沁阳	10.78	0.48	17.43	19.2	12.33	8.97	0.43	17.86	10.02	2
	尉氏	22.68	0.61	−0.56	30.41	40.62	50.49	21.16	8.23	35.23	2
	温县	−9.83	0.48	5.73	11.86	16.41	17.48	11.52	2.26	14.29	2
	舞钢	14.9	0.86	−4.02	11.59	9.53	9.58	9.8	−3.65	10.12	2
	新安	4.24	−2.71	20.01	6.86	1.82	12.36	6.81	12.43	6.9	2
	新密	23.57	0.6	13.98	33.03	21.3	16.35	5.17	18.79	18.54	2
	新乡	15.26	−0.32	11.95	17.33	−10.77	12.02	9.99	10.86	6.57	2
	新郑	23.97	0.57	5.11	35.57	21.55	29.03	28.11	16.86	28.47	2
	偃师	25.22	0.55	−10.95	34.58	11.31	16.18	16.34	3.85	19.29	2

续表

分组	类别	2008年	2009年	2010年	2011年	2012年	2013年	2014年	2008~2010年	2010~2014年	类型
第一组	伊川	7.5	0.37	5.71	-9.8	18.27	21.05	13.48	5.04	10.02	2
	义马	25.68	1.44	17.77	24.17	20.49	16.67	17.09	21.31	19.56	2
	荥阳	18.81	0.49	12.32	21.16	17.07	21.97	31.36	14.22	22.78	2
	禹州	25.37	-5.97	13.89	26.38	16.96	10.99	10.56	19.72	16.05	2
	长葛	13.55	0.54	14.23	35.56	29.36	17.07	14.82	13.41	23.91	2
	中牟	46.95	0.09	24.97	37.07	28.43	11.03	2.07	29.63	18.85	2
	宝丰	30.24	0.74	22.58	27.98	14.56	11.66	12.31	23.95	16.44	3
	栾川	70.12	-2.5	14	19.91	-5.74	6.46	4.52	5.9	5.9	3
	孟津	21.65	0.4	13.71	22.57	22.13	24.4	14.74	16.09	20.9	3
	武陟	6.02	0.48	0.51	13.7	17.52	20.15	14.85	7.17	16.53	3
	西峡	20.67	0.47	3.77	17.57	12.05	11.09	19.28	11.12	14.94	3
	襄城	32.73	0.45	28.44	20.48	17.33	16.08	10.7	28.94	16.09	3
	修武	20.76	0.48	10.76	19.84	30.55	20.1	10.78	13.92	20.12	3
	许昌	-2.14	1.99	16.1	28.73	25.92	25.99	21.43	7.34	25.49	3
第二组	邓州	16.15	3.66	12.81	25.26	20.25	26.74	20.8	11.74	23.23	1
	固始	17.28	1.6	46.75	14.61	20.23	23.49	28.53	23.87	21.61	1
	兰考	34.43	0.57	52.36	77.72	30.96	38.26	29.5	32.95	42.88	1
	鹿邑	34.48	0.9	46.24	18.35	32.95	28.64	30.25	34.98	27.42	1
	郸城	32.86	-1.6	58.73	24.89	24.9	30.1	23.52	38.97	25.83	2
	范县	-15.35	0.1	24.96	38.56	21.66	57.09	28.55	6.31	35.83	2
	郏县	49.57	0.73	17.74	20.21	19.8	14.7	12.47	28.02	16.75	2
	临颍	16.21	0.36	20.66	30.78	25.71	27.5	24.39	16.81	27.07	2
	濮阳	9.44	0.13	9.76	16.16	24.96	31.35	17.25	9.69	22.28	2
	唐河	9.37	0.49	6.75	35.67	3.41	3.86	24.52	8.66	16.06	2
	西平	7.02	0.28	37.92	30.07	32.72	24.84	19.86	22.08	26.78	2
	淅川	18.82	0.49	136.08	33.21	40.41	18.31	-55.3	44.9	-0.27	2
	项城	5.01	0.91	23.14	22.29	18.69	35.58	15	13.23	22.65	2
	鄢陵	11.66	0.99	36.39	40.66	33.12	25.41	21.97	18.88	30.09	2
	宜阳	15.52	-2.99	9.63	25.56	21.56	16.73	18.34	15.58	20.5	2
	方城	21.57	0.47	21	48.8	12.93	23.27	24.06	17.58	26.61	3

续表

分组	类别	2008年	2009年	2010年	2011年	2012年	2013年	2014年	2008~2010年	2010~2014年	类型
	开封	24.23	0.61	16.41	25.37	26.4	31.48	24.89	17.28	27.01	3
	洛宁	26.02	0.18	13.58	28.19	27.48	17.16	-0.36	18.49	17.52	3
	泌阳	19.43	-1.15	41.84	30.33	23.86	25.79	21.63	23.9	25.36	3
	平舆	32.54	-5.19	48.83	35.34	12.23	15.8	15.94	37.54	19.5	3
	杞县	31	0.04	27.5	36.37	40.18	39.05	24.51	23.52	34.88	3
	清丰	2.15	0.43	26.47	22.2	27.99	43.33	24.95	13.51	29.37	3
	汝阳	24.16	1.66	10.61	15.67	18.4	21.82	21.27	9.23	19.26	3
	陕县	30.64	0.43	22.56	14.05	18	16.82	17.47	22.17	16.57	3
	沈丘	43.29	2.74	46.2	31.15	26.68	42.77	28.26	36.03	32.07	3
第二组	嵩县	22.48	-1.92	17.95	16.89	18.41	12.33	-16.81	19.22	6.64	3
	遂平	19.67	-3.61	13.54	43.14	30.38	27.59	22.44	18.78	30.67	3
	太康	20.14	0.51	51.35	47.26	45.39	40.51	17.67	31.65	37.17	3
	汤阴	17.34	0	45.34	38.38	33.52	30.9	25.22	26.86	31.92	3
	通许	23.61	0.61	21.93	31.14	42.25	57.71	29.85	17.58	39.81	3
	桐柏	0.97	0.48	22.79	47.98	12.41	15.92	28.02	8.74	25.35	3
	卫辉	28	0.04	18.76	24.28	20.78	18.07	17.81	22.13	20.21	3
	新野	13.89	0.57	26.18	25.24	13.47	17.63	23.36	14.97	19.83	3
	叶县	11.31	0.79	30.09	17.58	30.33	4.65	10.67	17.53	15.42	3
	虞城	9.43	-1.36	30.33	36.59	49.03	33.35	25.08	20.22	35.74	3
	镇平	4.78	0.46	29.16	34.84	13.09	18.33	16.6	13.72	20.44	3
	滑县	8.56	0.44	9.12	32.89	34.72	33.87	26.88	9.82	32.06	1
	新蔡	24.85	0.41	39.7	35.64	37.93	32.31	26.06	26.85	32.91	1
	封丘	26.54	-0.27	9.52	19.31	16.96	24.05	19.98	14.49	20.05	2
	潢川	12.55	0.08	26.68	22.47	12.6	16.87	13.68	14.14	16.34	2
	卢氏	31.84	0.43	28.24	24.23	21.16	18.01	17.86	25.93	20.29	2
第三组	夏邑	23.86	-3.72	48.59	59.71	33.67	29.16	31.4	28.25	37.97	2
	正阳	21.04	-2.34	39.56	31.23	31	18.39	20.27	26.86	25.08	2
	扶沟	26.59	0.59	20.46	23.54	32.35	29.8	22.88	20.32	27.08	3
	光山	20.39	1.6	38.85	20.72	12.94	16.66	14.14	22.72	16.08	3
	淮滨	23.03	0.29	20.95	28.48	22	20.34	18.49	21.21	22.27	3
	淮阳	23.68	-0.33	41.72	41.97	14.91	21.27	23.19	29.31	24.95	3

续表

分组	类别	2008年	2009年	2010年	2011年	2012年	2013年	2014年	2008～2010年	2010～2014年	类型
	获嘉	12.65	-0.21	10.17	40.28	26.89	14.75	14.12	9.67	23.56	3
	浚县	8.11	-5.95	11.25	35.13	19.69	31.26	23.86	13.75	27.34	3
	鲁山	24.33	1.04	21.71	10.08	10.84	10.95	12.47	19.34	11.08	3
	罗山	21.64	1.6	48.65	27.89	18.75	22.56	20.42	28.43	22.36	3
	民权	24.71	-0.12	52.34	42.38	34.52	41.08	28.62	35.26	36.54	3
	南乐	1.02	0.29	33.24	45.31	12.93	36.63	24.41	15.11	29.23	3
	南召	2.36	0.5	25.19	25.12	12.36	18.88	24.76	11.77	20.17	3
	内黄	18.24	0.3	20.62	83.56	13.13	18.72	29.26	13.23	33.61	3
	内乡	8.92	0.42	24.74	26.38	13.94	25.56	25.04	14	22.62	3
	宁陵	10.42	0.72	42.38	23.76	31.49	28.27	15.27	24.15	24.55	3
	确山	22.99	-3.66	39.87	22.72	25.85	31.73	17.79	28.52	24.42	3
	汝南	19.43	0.5	11.13	45.13	33.46	26.41	25.39	13.92	32.37	3
第三组	商城	19.08	0.47	44.8	24.41	18.32	21.23	18.49	25.71	20.59	3
	商水	30.09	0.91	39.79	28.92	38.72	34.28	10.53	27.25	27.64	3
	上蔡	20	-0.4	42.31	32.99	27.71	27.31	22.82	24.53	27.66	3
	社旗	14.06	0.55	22.44	35.49	26.29	27.78	29.92	15.24	29.82	3
	睢县	20.68	0.27	29.76	48.41	41.13	30.87	31.93	20.71	37.9	3
	台前	14.16	1.36	22.63	46.41	23.15	76.39	21.17	16.23	40.11	3
	舞阳	15.78	1.78	6.4	38.43	26.36	27.62	21.57	10.54	28.35	3
	西华	29.49	0.9	28.16	24.15	35.06	25.9	26.29	24.31	27.78	3
	息县	16.01	1.26	13.55	15.48	20.41	16.69	20.5	13.46	18.25	3
	新县	18.26	2.26	21.67	25.18	7.16	20.62	19.87	16.41	18.01	3
	延津	23.32	-0.19	12.2	30.68	15.17	23.09	29.53	16.85	24.46	3
	原阳	18.01	-0.29	0.12	33.08	29.68	32.16	33.21	10.98	32.03	3
	柘城	22.71	-3.42	37.93	61.56	41.24	32.73	25.89	29.53	39.74	3

总体上，省直管县的直管后（2010～2014年）人均财政收入增速、财政收入增速分别达到23.88%、22.92%，不仅高于省直管前（2007～2010年）人均财政收入增速（18.04%）、财政收入增速（17.13%），而且全面高于全省（18.57%、18.67%）、108个县（市）（20.46%、19.92%），省直管县的人均财政收入与财政收入快速增长，10个省直管（市）县的财政收入（巩义除外）及人均财政收入（固

始、邓州除外）在省中的位次均有所不同程度的提高，其中兰考财政收入由第61位上升至第26位，汝州由第16位上升至第11位，新蔡由第95位上升至第81位；长垣人均财政收入由第45位上升至第33位，永城由第30位上升至第19位，兰考由第60位上升至第30位。10个省直管县（市）财政收入在全省的份额在2010～2014年也提高了0.72个百分点，仅略低于98个非省直管县（市）（共上升0.9个百分点）。可以看出，省直管后，省直管县的县域财力规模不断扩大，人均可支配财力不断提高，县域的财政能力逐渐增强。

二、财政支出变化

（一）支出结构变化

支出义务从市级政府向县级政府转移，县级政府之间的支出竞争会产生对长期经济增长不利的后果。在支出行为上，可能更多地投入基本建设，以利于已有企业的扩张和吸引外地企业到本地，从而扩张本地的税基（陶然等，2009）。单个政府的税收政策会产生外部性，统计政府之间非合作的底线竞争（race to bottom）会导致各地竞相制定低税率，而使得每个地区的公共支出水平减少（Wellisch，2000）。例如，由地方政府负责提供社会救助，地方政府之间的策略互动会导致救助水平低于社会最优值（Wheaton，2000）。地方政府之间的竞争会导致教育、医疗、福利项目等方面的开支较低。在资本的流动性大于劳动力的流动性的条件下，政府为了争夺资本，会采取有利于资本所有者的财政行为，主要是增加生产型的公共投入（如增加基础建设投入），这样一来有利于当地居民福利的公共服务支出就会受到挤占（Keen and Marchand，1997），会导致教育、医疗、福利项目等方面的开支较低。

从省直管县财政支出构成来看，社会保障和就业、医疗卫生、农林水事务、交通运输、住房保障等支出比重在财政支出中有所提高，其中医疗卫生、农林水事务、交通运输、住房保障等支出比重分别提高了3.05个、2.62个、2.32个、4.81个百分点，上升明显；一般公共服务、公共安全、教育、科学技术、文化体育与传媒、城乡社区服务等支出比重有所降低，其中一般公共服务、教育均下降了2.32个百分点（表7-8～表7-10）。

表7-8 2010年财政支出结构 （单位：%）

类别	一般公共服务	公共安全	教育	科学技术	文化体育与传媒	社会保障和就业	医疗卫生	节能环保	城乡社区服务	农林水事务	交通运输	住房保障
全省	14.01	5.55	17.84	1.31	1.61	13.50	7.91	2.82	4.84	11.69	5.09	2.26
省直管县	14.51	4.78	23.92	0.91	1.93	10.95	10.98	2.35	3.39	12.30	2.77	2.01

类别	一般公共服务	公共安全	教育	科学技术	文化体育与传媒	社会保障和就业	医疗卫生	节能环保	城乡社区服务	农林水事务	交通运输	住房保障
巩义	9.71	4.79	17.74	1.64	4.48	7.67	6.80	3.64	8.79	9.47	2.27	2.07
兰考	23.49	4.20	21.95	0.17	2.05	10.90	9.53	3.40	1.51	11.72	2.61	3.24
汝州	17.25	4.75	20.79	1.38	2.19	9.94	15.03	2.32	2.98	14.16	2.18	0.18
滑县	12.01	4.96	26.20	1.08	1.09	8.56	10.99	2.82	3.00	15.36	3.72	2.97
长垣	18.52	5.62	26.21	0.98	0.89	5.94	10.72	3.07	1.97	14.18	2.47	0.98
邓州	11.87	4.48	20.76	1.02	0.79	12.26	12.50	2.01	5.07	13.07	4.41	3.39
永城	12.98	5.14	28.56	0.50	1.06	13.03	10.45	1.15	2.46	10.22	2.39	1.69
固始	16.24	4.82	24.89	0.45	1.10	12.57	11.25	1.57	2.21	12.76	3.17	1.61
鹿邑	15.33	3.97	29.83	1.10	4.38	13.49	11.44	2.32	0.85	11.07	1.17	0.90
新蔡	14.02	4.99	23.89	0.42	0.86	15.16	12.36	1.67	1.64	12.58	2.85	3.11

注：数据来源于《河南统计年鉴2015》，财政支出各项为不完全统计，故比重相加不为100%。下同。

表7-9 2014年财政支出结构 （单位：%）

类别	一般公共服务	公共安全	教育	科学技术	文化体育与传媒	社会保障和就业	医疗卫生	节能环保	城乡社区服务	农林水事务	交通运输	住房保障
全省	11.62	4.55	19.93	1.35	1.51	13.12	10.00	1.99	7.16	10.98	6.05	4.11
省直管县	12.19	3.52	21.60	0.80	1.02	11.60	14.03	1.84	2.85	14.92	5.09	6.82
巩义	14.76	3.88	14.09	1.64	2.40	8.81	18.05	1.64	10.08	9.38	1.87	2.07
兰考	13.36	4.56	23.89	0.25	1.31	9.21	13.04	2.95	2.81	16.32	6.30	3.94
汝州	14.94	2.86	23.72	1.15	1.53	14.40	13.55	2.84	1.08	14.95	3.16	2.78
滑县	10.37	3.56	18.31	1.19	1.01	10.55	14.58	1.60	6.90	20.32	5.89	3.11
长垣	12.18	3.63	21.45	1.68	0.68	7.88	11.55	1.58	1.18	14.11	3.53	19.06
邓州	7.36	4.24	21.00	0.07	0.91	13.18	16.10	4.20	2.10	17.52	6.56	3.04
永城	13.05	3.76	25.38	0.37	0.61	12.26	11.33	1.08	1.07	13.82	8.68	2.53
固始	19.05	3.24	23.91	0.11	0.89	11.48	13.41	1.11	0.80	16.81	3.05	4.10
鹿邑	11.81	3.37	23.49	1.11	0.64	15.28	15.18	0.59	2.40	13.96	3.38	6.78
新蔡	4.99	2.01	20.38	0.87	0.44	12.32	13.44	1.08	0.42	12.22	7.10	23.53

表 7-10　2010～2014 年财政支出结构变化　　（单位：%）

类别	一般公共服务	公共安全	教育	科学技术	文化体育与传媒	社会保障和就业	医疗卫生	节能环保	城乡社区服务	农林水事务	交通运输	住房保障
全省	-2.39	-1	2.09	0.04	-0.1	-0.38	2.09	-0.83	2.32	-0.71	0.96	1.85
省直管县	-2.32	-1.26	-2.32	-0.11	-0.91	0.65	3.05	-0.51	-0.54	2.62	2.32	4.81
巩义	5.05	-0.91	-3.65	0.00	-2.08	1.14	11.25	-2.00	1.29	-0.09	-0.4	0.00
兰考	-10.13	0.36	1.94	0.08	-0.74	-1.69	3.51	-0.45	1.30	4.60	3.69	0.70
汝州	-2.31	-1.89	2.93	-0.23	-0.66	4.46	-1.48	0.52	-1.9	0.79	0.98	2.6
滑县	-1.64	-1.40	-7.89	0.11	-0.08	1.99	3.59	-1.22	3.90	4.96	2.17	0.14
长垣	-6.34	-1.99	-4.76	0.70	-0.21	1.94	0.83	-1.49	-0.79	-0.07	1.06	18.08
邓州	-4.51	-0.24	0.24	-0.95	0.12	0.92	3.60	2.19	-2.97	4.45	2.15	-0.35
永城	0.07	-1.38	-3.18	-0.13	-0.45	-0.77	0.88	-0.07	-1.39	3.6	6.29	0.84
固始	2.81	-1.58	-0.98	-0.34	-0.21	-1.09	2.16	-0.46	-1.41	4.05	-0.12	2.49
鹿邑	-3.52	-0.6	-6.34	0.01	-3.74	1.79	3.74	-1.73	1.55	2.89	2.21	5.88
新蔡	-9.03	-2.98	-3.51	0.45	-0.42	-2.84	1.08	-0.59	-1.22	-0.36	4.25	20.42

注：表中负号代表下降。

可以看出，由市管县财政体制转变为省直管县体制后，在提高资金使用效率和工作效率的同时，也有利于省级财政发挥宏观调控作用。省直管县体制有利于省财政了解掌握省直管县对县补助资金的使用效果。在实现公共支出均等化的前提下，省财政会倾向于将补助资金投向效率高的县，在更高层次规划全省发展全局，避免重复建设和服务竞争，在资金政策等方面有效配置资源。并且，通过省财政部门与县之间的业务联系，省级能够及时准确地掌握县级的资金需求，从而更有效地分配资金。同时县也能在与省级财政部门的业务联系中更及时准确地掌握、了解高层财政政策信息，加之省级财政对省直管县实行部分资金切块下达的管理体制，由县级根据实际情况安排资金使用项目，增强了省直管县资金使用的灵活性和实效性。省直管县可根据实际情况，进行科学预算与科学支出。省直管县政策实施后，地方政府可能会增加交通基础设施、农林水事务、住房保障等投入，而有利于当地居民福利的公共服务支出就会受到挤压，如公共服务、公共安全、教育、科学技术、文化体育与传媒、城乡社区服务等支出比重可能会有所降低。

（二）支出数量变化

总支出。第一，自2010年财政直管以来，10个省直管县（市）的财政支出在全省108个县（市）当中的排名均呈现出波动上升的趋势，财政支出能力逐渐增强。如滑县、永城、邓州、固始均上升1位，巩义下降7位，汝州下降2位，兰考由2010年的全省第58位上升至2014年的第21位，鹿邑由2010年的全省第27位上升至2014年的第12位，长垣由2010年的全省第40位上升至2014年的第15位，新蔡由2010年的全省第47位上升至2014年的第9位。第二，10个省直管县（市）中，财政支出名次上升的8个，占80%，下降的2个；40个扩权县（市）中，财政支出名次上升的13个，占32.5%，下降的25个，占62.5%；58个市管县（市）中，财政支出名次上升的34个，占58.6%，稳定的2个，下降的22个，占37.9%（表7-9）。第三，从对照分组来看，汝州、巩义由于其经济发展阶段以及受经济发展大环境的影响，在第一组的财政支出位次下降，永城和长垣上升；扩权县75%的县（市）排名下降（24个中的18个）；而市管县8个中7个财政支出排名下降；第二组中，邓州、固始、兰考、鹿邑4个省直管县（市）的名次均上升，扩权县45.5%的县（市）排名上升（11个中的5个），而市管县66.7%的县（市）的财政支出排名上升（21个中的14个）；第三组中，新蔡、滑县排名上升，扩权县有超过60%的县（市）排名在上升（5个中的3个），而市管县65.5%县（市）的财政支出排名上升（29个中的19个）（表7-11）。

表7-11　2007~2014年省直管县（市）财政支出排名变化

分组	县（市）	2007年	2008年	2009年	2010年	2011年	2012年	2013年	2014年	2010~2014年名次变化	类型
第一组	巩义	1	3	1	1	1	6	6	8	-7	1
	汝州	17	22	22	17	19	20	23	19	-2	1
	永城	3	1	2	2	2	3	1	1	1	1
	长垣	56	56	43	40	36	33	31	15	25	1
	安阳	15	25	16	18	21	32	53	55	-37	2
	博爱	69	84	83	95	101	106	108	106	-11	2
	登封	4	4	4	7	9	11	9	14	-7	2
	辉县	16	28	14	11	12	21	21	28	-17	2
	林州	23	20	10	25	27	29	28	34	-9	2
	灵宝	26	12	28	22	25	36	30	26	-7	2
	孟州	61	74	79	84	90	91	102	96	-12	2
	渑池	36	33	37	48	47	61	62	60	-12	2

续表

分组	县(市)	2007年	2008年	2009年	2010年	2011年	2012年	2013年	2014年	2010~2014年名次变化	类型
第一组	淇县	105	107	107	104	105	102	100	104	0	2
	沁阳	38	51	42	44	53	62	74	88	−44	2
	尉氏	44	47	53	46	43	47	32	33	13	2
	温县	81	96	98	102	102	103	103	103	−1	2
	舞钢	24	31	66	94	99	96	99	100	−6	2
	新安	10	15	18	20	34	49	59	63	−43	2
	新密	8	6	6	6	8	8	7	10	−4	2
	新乡	76	86	82	82	91	105	104	107	−25	2
	新郑	7	9	8	10	6	7	4	2	8	2
	偃师	6	7	9	38	46	59	58	54	−16	2
	伊川	11	13	12	28	30	43	35	38	−10	2
	义马	108	105	103	108	106	108	105	102	6	2
	荥阳	13	11	13	24	28	31	33	35	−11	2
	禹州	2	2	3	3	3	5	47	6	−3	2
	长葛	33	35	35	36	33	34	38	32	4	2
	中牟	22	14	11	8	5	1	5	5	3	2
	宝丰	73	65	64	68	75	71	81	81	−13	3
	栾川	9	10	54	52	55	69	80	65	−13	3
	孟津	83	81	95	88	84	87	86	71	17	3
	武陟	48	63	69	64	66	84	73	70	−6	3
	西峡	45	44	60	49	72	68	68	57	−8	3
	襄城	63	59	49	51	52	65	46	53	−2	3
	修武	101	100	104	100	104	104	106	105	−5	3
	许昌	64	80	71	63	59	55	57	64	−1	3
第二组	邓州	12	8	7	4	4	4	3	3	1	1
	固始	5	5	5	5	7	2	2	4	1	1
	兰考	85	67	58	58	40	39	36	21	37	1
	鹿邑	18	23	25	27	17	14	15	12	15	1
	郸城	30	16	23	16	15	13	13	13	3	2

续表

分组	县（市）	2007年	2008年	2009年	2010年	2011年	2012年	2013年	2014年	2010~2014年名次变化	类型
	范县	98	103	97	96	95	93	82	87	9	2
	郏县	93	79	80	65	70	76	85	75	−10	2
	临颍	72	72	73	74	73	64	61	49	25	2
	濮阳	25	21	26	29	22	23	19	23	6	2
	唐河	14	19	17	13	14	16	17	26	−13	2
	西平	39	57	50	42	58	54	48	43	−1	2
	淅川	35	37	34	9	16	15	10	31	−22	2
	项城	32	30	21	23	20	25	25	25	−2	2
	鄢陵	68	77	78	69	67	63	60	61	8	2
	宜阳	62	60	51	56	54	57	65	68	−12	2
	方城	37	36	38	37	37	24	26	27	10	3
	开封	88	76	77	81	78	81	72	74	7	3
	洛宁	78	82	88	83	85	78	76	80	3	3
	泌阳	31	38	31	33	29	35	27	30	3	3
	平舆	59	55	55	35	35	42	43	40	−5	3
第二组	杞县	43	43	39	43	42	38	34	37	6	3
	清丰	90	90	90	85	82	77	75	78	7	3
	汝阳	87	88	92	98	98	92	93	93	5	3
	陕县	71	64	65	86	88	89	92	94	−8	3
	沈丘	27	26	27	30	23	17	12	17	13	3
	嵩县	70	71	68	80	68	67	78	82	−2	3
	遂平	86	91	89	87	83	88	90	77	10	3
	太康	19	17	15	14	13	9	8	7	7	3
	汤阴	103	104	105	103	96	97	94	91	12	3
	通许	100	102	101	99	93	98	91	90	9	3
	桐柏	89	95	100	92	89	82	89	92	0	3
	卫辉	94	89	91	89	81	86	84	95	−6	3
	新野	74	73	84	72	77	73	71	76	−4	3
	叶县	51	50	48	60	65	58	64	69	−9	3
	虞城	28	32	29	21	11	27	24	20	1	3
	镇平	49	54	62	62	61	41	41	46	16	3

续表

分组	县（市）	2007年	2008年	2009年	2010年	2011年	2012年	2013年	2014年	2010~2014年名次变化	类型
	滑县	20	27	19	12	10	12	11	11	1	1
	新蔡	53	48	52	47	39	22	18	9	38	1
	封丘	77	68	61	66	69	70	67	66	0	2
	潢川	52	41	46	59	49	48	55	51	8	2
	卢氏	99	99	94	91	94	95	95	89	2	2
	夏邑	41	29	30	26	26	26	22	22	4	2
	正阳	65	61	59	34	57	40	37	39	−5	2
	扶沟	58	62	63	61	50	60	51	56	5	3
	光山	55	49	47	55	48	44	44	44	11	3
	淮滨	67	66	75	73	63	52	52	50	23	3
	淮阳	21	18	24	15	24	10	14	18	−3	3
	获嘉	107	108	108	106	107	107	107	108	−2	3
	浚县	95	92	86	79	56	74	63	67	12	3
	鲁山	34	42	41	45	51	45	50	52	−7	3
第三组	罗山	57	52	45	57	45	53	56	59	−2	3
	民权	50	46	40	41	41	30	40	41	0	3
	南乐	104	101	99	105	100	100	97	97	8	3
	南召	79	78	72	78	76	75	70	73	5	3
	内黄	91	83	74	71	71	80	79	79	−8	3
	内乡	75	70	76	77	74	72	66	62	15	3
	宁陵	80	85	81	75	80	79	77	86	−11	3
	确山	96	94	87	97	92	85	87	83	14	3
	汝南	66	69	70	67	60	56	49	58	9	3
	商城	54	53	44	53	44	50	45	47	6	3
	商水	40	34	32	31	32	18	20	24	7	3
	上蔡	29	24	20	19	18	19	16	16	3	3
	社旗	84	87	85	76	79	66	69	72	4	3
	睢县	60	58	57	50	62	51	54	48	2	3
	台前	106	106	106	107	108	101	98	101	6	3

续表

分组	县（市）	2007年	2008年	2009年	2010年	2011年	2012年	2013年	2014年	2010～2014年名次变化	类型
第三组	舞阳	97	93	93	93	97	90	88	85	8	3
	西华	47	45	56	54	64	46	39	45	9	3
	息县	42	39	33	32	31	37	42	42	-10	3
	新县	92	98	96	101	103	99	101	99	2	3
	延津	102	97	102	90	87	94	96	98	-8	3
	原阳	82	75	67	70	86	83	83	84	-14	3
	柘城	46	40	36	39	38	28	29	36	3	3

人均财政支出。第一，自2010年财政直管以来，10个省直管县（市）的人均财政支出在全省108个县（市）当中的排名变化中，巩义（第8至第11位）、固始（第34至第37位）、汝州（第64至第74位）排名下降；长垣由2010年的全省第81位上升至2014年的第28位，永城由2010年的全省第58位上升至2014年的第34位，新蔡由2010年的全省第93位上升至2014年的第23位，鹿邑由2010年的全省第70位上升至2014年的第39位，兰考由2010年的全省第67位上升至2014年的第9位，滑县由2010年的全省第105位上升至2014年的第78位，邓州由2010年的全省第102位上升至2014年的第90位。第二，10个省直管县（市）中，人均财政支出名次上升的7个，占70%，下降的3个；40个扩权县（市）中，人均财政支出名次上升的12个，占30%，稳定的5个，占12.5%，下降的23个，占57.5%；58个市管县（市）中，人均财政支出名次上升的30个，占51.7%，稳定的3个，占5.2%，下降的25个，占43.1%（表7-10）。第三，从对照分组来看，第一组中，巩义、汝州人均财政支出的位次下降，永城、长垣名次上升；扩权县中71%的县（市）排名下降（24个中的17个）；4个市管县人均财政支出排名下降；邓州、固始、兰考、鹿邑作为第二组的代表，固始人均财政支出排序下降，其余省直管县均呈现上升趋势，扩权县有近36%的县（市）排名下降（11个中的4个），而市管县超过33%的县（市）的财政支出排名呈现下降趋势（21个中的7个）；新蔡、滑县作为第三组的代表，人均财政支出排序全部上升，扩权县中40%的县（市）排名下降（5个中的2个），而市管县有48%的县（市）的人均财政支出排名呈现下降趋势（29个中的14个）（表7-12）。

表 7-12　2007～2014 年省直管县（市）人均财政支出排名变化

分组	县（市）	2007年	2008年	2009年	2010年	2011年	2012年	2013年	2014年	2010～2014年名次变化	类型
第一组	巩义	13	15	11	8	6	11	9	11	-3	1
	汝州	55	56	62	64	74	72	79	74	-10	1
	永城	43	45	47	58	69	63	37	34	24	1
	长垣	81	79	68	81	72	56	53	28	53	1
	安阳	48	60	48	47	60	81	105	106	-59	2
	博爱	18	25	21	40	67	57	83	81	-41	2
	登封	6	6	4	5	5	4	3	10	-5	2
	辉县	36	41	27	23	25	29	29	44	-21	2
	林州	47	39	34	44	49	50	56	55	-11	2
	灵宝	34	24	37	29	32	53	46	38	-9	2
	孟州	9	13	12	16	16	20	33	32	-16	2
	渑池	4	4	2	2	2	2	2	2	0	2
	淇县	15	17	16	9	8	7	6	14	-5	2
	沁阳	14	16	13	10	10	15	24	36	-26	2
	尉氏	61	63	72	101	102	100	88	77	24	2
	温县	20	30	30	53	58	77	76	86	-33	2
	舞钢	2	3	5	14	14	9	14	19	-5	2
	新安	5	5	6	4	4	10	16	18	-14	2
	新密	21	18	19	20	21	16	10	15	5	2
	新乡	10	10	9	6	11	40	43	60	-54	2
	新郑	7	8	10	22	12	8	8	4	18	2
	偃师	23	20	28	36	29	44	39	41	-5	2
	伊川	19	26	25	35	48	76	64	63	-28	2
	义马	3	2	1	1	1	1	1	1	0	2
	荥阳	16	11	15	19	20	18	23	24	-5	2
	禹州	40	37	39	37	53	54	108	61	-24	2
	长葛	32	36	42	43	39	38	44	29	14	2
	中牟	27	19	20	17	22	14	22	17	0	2
	宝丰	30	27	24	28	33	34	47	49	-21	3

续表

分组	县（市）	2007年	2008年	2009年	2010年	2011年	2012年	2013年	2014年	2010~2014年名次变化	类型
第一组	栾川	1	1	3	3	3	3	4	3	0	3
	孟津	25	22	26	27	26	30	25	13	14	3
	武陟	39	50	61	85	88	108	98	96	−11	3
	西峡	12	9	14	12	23	19	18	6	6	3
	襄城	56	57	49	56	63	88	59	70	−14	3
	修武	17	12	18	13	13	6	13	12	1	3
	许昌	72	100	93	98	93	98	99	104	−6	3
第二组	邓州	91	81	97	102	103	97	95	90	12	1
	固始	70	65	75	34	47	27	31	37	−3	1
	兰考	101	92	77	67	50	42	34	9	58	1
	鹿邑	82	82	95	70	61	45	50	39	31	1
	郸城	107	98	102	72	71	46	62	56	16	2
	范县	51	66	46	63	59	66	40	48	15	2
	郏县	57	48	45	48	55	70	85	69	−21	2
	临颍	73	72	78	99	98	96	96	88	11	2
	濮阳	85	74	86	103	97	94	87	95	8	2
	唐河	79	89	88	108	106	107	107	108	0	2
	西平	59	83	79	57	76	78	63	52	5	2
	淅川	35	33	41	15	17	12	5	26	−11	2
	项城	98	96	87	82	83	91	89	94	−12	2
	鄢陵	44	51	55	45	42	43	42	43	2	2
	宜阳	42	47	40	52	41	55	73	72	−20	2
	方城	84	85	98	96	96	74	78	75	21	3
	开封	89	84	84	100	101	106	101	100	0	3
	洛宁	24	23	23	25	27	23	20	27	−2	3
	泌阳	63	70	60	49	36	41	26	30	19	3
	平舆	96	97	90	61	56	64	66	58	3	3
	杞县	102	107	106	107	108	105	100	97	10	3
	清丰	86	86	82	88	89	92	90	93	−5	3

续表

分组	县（市）	2007年	2008年	2009年	2010年	2011年	2012年	2013年	2014年	2010~2014年名次变化	类型
第二组	汝阳	22	21	22	33	35	35	38	35	-2	3
	陕县	11	7	7	11	9	13	11	8	3	3
	沈丘	100	94	101	92	82	69	57	67	25	3
	嵩县	31	38	36	38	31	36	49	54	-16	3
	遂平	33	34	29	42	28	32	28	16	26	3
	太康	104	106	103	86	84	65	60	51	35	3
	汤阴	64	59	70	62	43	48	51	42	20	3
	通许	92	105	99	97	87	102	91	79	18	3
	桐柏	28	29	38	26	24	17	19	20	6	3
	卫辉	45	43	43	50	40	61	54	89	-39	3
	新野	75	77	91	75	78	83	81	87	-12	3
	叶县	88	87	89	89	105	103	106	107	-18	3
	虞城	87	90	85	74	65	79	71	66	8	3
	镇平	97	104	108	106	107	93	94	103	3	3
第三组	滑县	94	101	92	105	99	87	84	78	27	1
	新蔡	99	103	105	93	81	52	45	23	70	1
	封丘	95	88	74	95	95	101	104	101	-6	2
	潢川	49	40	44	51	46	51	72	65	-14	2
	卢氏	26	28	17	18	19	21	21	7	11	2
	夏邑	106	93	96	71	73	73	67	64	7	2
	正阳	74	68	63	31	62	33	30	31	0	2
	扶沟	50	52	56	54	44	60	41	50	4	3
	光山	53	49	53	32	34	31	32	40	-8	3
	淮滨	41	44	51	59	45	37	36	46	13	3
	淮阳	105	99	104	84	92	47	75	80	4	3
	获嘉	65	61	66	73	77	90	97	99	-26	3
	浚县	93	95	73	90	64	95	86	91	-1	3
	鲁山	67	76	81	79	90	85	93	98	-19	3
	罗山	37	31	35	24	18	26	27	33	-9	3

续表

分组	县（市）	2007年	2008年	2009年	2010年	2011年	2012年	2013年	2014年	2010～2014年名次变化	类型
	民权	69	67	67	55	70	39	61	59	−4	3
	南乐	76	64	50	77	66	82	68	84	−7	3
	南召	60	62	57	60	52	58	55	53	7	3
	内黄	90	91	80	91	86	104	102	102	−11	3
	内乡	58	54	64	66	57	62	58	45	21	3
	宁陵	52	58	52	41	54	59	48	57	−16	3
	确山	46	42	33	30	30	22	17	21	9	3
	汝南	71	80	83	104	79	71	52	68	36	3
	商城	38	35	32	21	15	24	15	22	−1	3
	商水	103	102	100	83	91	49	65	71	12	3
第三组	上蔡	108	108	107	94	94	86	77	73	21	3
	社旗	68	73	69	80	80	75	82	83	−3	3
	睢县	78	71	76	68	75	68	69	62	6	3
	台前	29	32	31	46	37	25	12	25	21	3
	舞阳	66	55	58	76	85	89	80	76	0	3
	西华	77	75	94	87	104	80	70	82	5	3
	息县	62	53	59	65	68	84	92	92	−27	3
	新县	8	14	8	7	7	5	7	5	2	3
	延津	54	46	54	39	38	67	74	85	−46	3
	原阳	80	69	65	78	100	99	103	105	−27	3
	柘城	83	78	71	69	51	28	35	47	22	3

（三）财政支出比重变化

从财政支出占全省财政支出比重来看，省直管县在全省财政支出的比重基本上逐年上升，如从2010年的6.05%上升到了2014年的7.37%，共上升1.32个百分点[10个县（市）]，远高于2007～2010年的0.23个百分点；非省直管县的比重有所波动，2010年以前有所下降，2010年之后在波动中开始逐渐上升，由2010年的41.31%上升到了2014年的43.64%，共上升2.33个百分点[98个县（市）]。虽然与98个县（市）相比，省直管县在全省财政支出的比重提升相对较低，但从每个县贡献的百分点来看,省直管县的作用明显大于非省直管县的作用。其中,扩权县由 18.90%上升到 24.33%,上升 5.43 个百分点,市管县由 22.41%下降到 19.31%,下降 3.1 个百分点(表 7-13)。

表 7-13 2007~2014 年省直管县、扩权县、市管县占全省财政支出比重变化(单位:%)

类别	2007 年	2008 年	2009 年	2010 年	2011 年	2012 年	2013 年	2014 年
省直管县	5.82	5.99	6.13	6.05	6.15	6.86	6.94	7.37
扩权县	19.45	19.62	19.74	18.90	18.74	19.45	18.94	24.33
市管县	22.40	22.82	23.07	22.41	22.84	24.44	24.42	19.31

(四)财政支出增速变化

财政支出增速变化。从横向对比来看,省直管县的财政支出 2010~2014 年逐年增速(除 2011 年外)与 4 年平均增速基本高于全省、108 个县(市)、扩权县、市管县的增速,其中 2011~2012 年增速高达 31.43%;并且 10 个省直管县(市)中,新蔡、兰考、鹿邑、永城、长垣 2010~2014 年财政支出增速均超过 21.1%(省直管县的平均增速);除巩义外,其余 4 个县(市)的平均增速也均超过全省的平均增速和市管县的平均增速。从纵向来看,10 个省直管县(市)直管后的 2010~2014 年的财政支出平均增速为 21.1%,与直管前的 2008~2010 年 23.77%的增速相比,略有降低;并且除长垣、鹿邑、永城、新蔡 2010~2014 年的财政支出增速与 2008~2010 年的增速相比有所提高之外,其他各县市均低于省直管前的增速。

分组对比中,第一组中,2010~2014 年,除巩义(第 24 位)之外,长垣(第 2 位)、永城(第 5 位)、汝州(第 10 位)财政支出增速位于分组前列;第二组中,兰考(第 1 位)、鹿邑(第 2 位)、固始(第 12 位)、邓州(第 13 位)也位居前列;第三组中,新蔡(第 1 位)、滑县(第 7 位)的增速在该组也位居前列(表 7-14)。

表 7-14 2008~2014 年省直管县、扩权县、市管县财政支出增速变化(单位:%)

分组	类别	2008 年	2009 年	2010 年	2011 年	2012 年	2013 年	2014 年	2008~2010 年	2010~2014 年	类型	排名
	全省	21.97	27.36	17.56	24.37	17.83	11.5	8	22.23	15.26		
	108 个县(市)	23.9	28.68	13.75	25.36	25.28	10.53	9.53	21.95	17.43		
	扩权县	23.02	28.11	12.55	23.34	22.29	8.59	7.58	21.05	17.66		
	市管县	24.25	28.77	14.19	26.78	26.08	11.44	10.13	22.25	15.89		
	省直管县	25.51	30.21	16	26.44	31.43	12.82	14.74	23.77	21.1		

续表

分组	类别	2008年	2009年	2010年	2011年	2012年	2013年	2014年	2008~2010年	2010~2014年	类型	排名
	新郑	21.09	25.88	9.58	37.17	25.35	19.95	23.97	18.65	26.45	2	1
	长垣	23.07	38.4	16.03	31.31	29.31	12.12	31.31	25.49	25.74	1	2
	中牟	36.92	28.78	27.53	34.44	44.95	-1.18	16.52	31.01	22.39	2	3
	尉氏	21.83	23.37	20.82	26.64	23.77	23.83	14.97	22	22.22	2	4
	永城	29.73	24.15	11.22	21.49	27.57	25.51	12.42	21.45	21.6	1	5
	长葛	20.2	25.04	14.68	30.74	23.95	7.8	21.44	19.9	20.69	2	6
	孟津	23.06	22.47	16.6	29.33	15.02	14.96	19.7	20.67	19.61	3	7
	义马	36.19	36.12	-0.89	42.92	7.32	14.61	16.29	22.48	19.57	2	8
	许昌	8.09	38.11	19.16	32.03	23.26	11.61	5.24	21.17	17.58	3	9
	汝州	23.19	27.59	18.54	20.33	28.65	7.47	10.56	23.05	16.46	1	10
	新密	34.17	22.15	16.76	23.51	25.63	12.31	4.9	24.15	16.28	2	11
	灵宝	39.98	13.68	18.22	23.44	10.42	16.59	14.94	23.45	16.25	2	12
	襄城	25.24	37.53	13.1	24.38	11.47	28.91	1.51	24.89	16.06	3	13
	林州	30.45	40.17	-1.07	25.24	22.62	10.11	7.11	21.84	16.01	2	14
第一组	武陟	11.68	24.1	17.47	25.77	7.31	18.97	9.94	17.64	15.27	3	15
	荥阳	23.66	22.71	5.82	22.17	22.36	5.95	10.61	17.1	15.05	2	16
	伊川	16.01	26.4	2.61	21.43	11.02	17.62	9.84	14.59	14.88	2	17
	西峡	25.09	18.95	22.4	5.51	24.82	9.99	19.94	22.12	14.81	3	18
	禹州	29.13	22.77	12.55	18.77	24.79	-34.68	77.71	21.29	14.62	2	19
	宝丰	29.66	31.5	9.1	22.26	25.05	3.98	8.35	22.99	14.56	3	20
	渑池	31.49	17.53	9.23	22.2	12.76	10.36	12.68	19.07	14.41	2	21
	栾川	18.95	-15.61	17.51	23.58	8.43	3.84	21.26	5.66	13.97	3	22
	偃师	22.75	15.31	-15.26	15.65	13.36	15.02	10.8	6.25	13.69	2	23
	巩义	15.46	33.31	12.93	22.26	16.18	10.52	6.31	20.23	13.66	1	24
	温县	6.15	33.32	2.6	23.77	14.81	12.5	3.36	13.24	13.38	2	25
	登封	15.51	36.58	-0.2	23.39	22.39	14.01	-4.05	16.33	13.37	2	26
	舞钢	18.72	-5	-8.38	15.42	29.14	4.79	5.2	1.1	13.22	2	27
	淇县	12.83	30.04	31.22	23.08	21.92	18.12	-7.44	24.4	13.18	2	28
	辉县	15.66	41.46	21.55	22.88	14.74	12.79	2.24	25.75	12.92	2	29

续表

分组	类别	2008年	2009年	2010年	2011年	2012年	2013年	2014年	2008~2010年	2010~2014年	类型	排名
第一组	孟州	9.42	28.12	10.66	16.51	18.81	−1.96	13.45	15.76	11.39	2	30
	修武	24.12	16.38	30.22	17.55	16.32	0.4	10.54	23.44	10.99	3	31
	沁阳	12.5	34.59	13.1	19.85	14.02	1.61	0.06	19.64	8.57	2	32
	博爱	11.29	32.25	0.32	13.49	9.87	−1.22	10.44	13.87	8	2	33
	安阳	14.05	35.64	12.36	21.21	13.81	−8.01	7.04	20.23	7.96	2	34
	新安	14.43	25.42	10.22	8.48	11.46	3.24	7.22	16.52	7.56	2	35
	新乡	16.98	33.06	15.09	14.75	−4.92	9.72	−1.75	21.45	4.14	2	36
第二组	兰考	36.22	43.12	14.55	36.77	30.47	13.25	24.59	30.71	25.97	1	1
	鹿邑	22.61	25.31	11.79	36.74	33.08	8.52	17	19.76	23.29	1	2
	太康	27.37	30.66	15.86	27.53	40.42	14.13	12.17	24.46	23.05	3	3
	汤阴	27.38	19.38	24.39	40.2	19.59	13.05	16.45	23.67	21.89	3	4
	临颍	23.21	29.11	11.63	28.52	29.99	12.13	17.5	21.09	21.8	2	5
	沈丘	31.09	26.89	10.46	31.47	38.7	16.08	3.29	22.48	21.6	3	6
	方城	25.62	22.55	16.64	27.46	44.09	10	6.91	21.55	21.23	3	7
	范县	8.91	49.46	8.1	29.64	23.57	24.41	5.52	20.73	20.43	2	8
	杞县	23.6	30.99	11.88	25.7	31.83	15.86	9.35	21.9	20.37	3	9
	泌阳	15.72	39.07	6.97	34.69	17.81	21.71	8.47	19.85	20.3	3	10
	通许	19.95	33.3	17.69	36.44	13.55	22.18	9.88	23.46	20.09	3	11
	固始	25.96	28.85	14.07	20.5	46.36	9.45	7.42	22.79	20	1	12
	邓州	34.6	27.28	23.64	25.26	29.72	14.29	10.09	28.43	19.58	1	13
	镇平	22.57	21.34	14.28	25.85	43.46	11.74	0.51	19.34	19.33	3	14
	鄢陵	15.6	30.7	19.54	28.92	25.43	12.61	11	21.78	19.24	2	15
	汝阳	22.74	30.07	0.43	28	27.41	8.65	13.43	17.04	19.07	3	16
	濮阳	29.81	23.57	10.57	30.66	26.59	16	3.6	21.04	18.74	2	17
	郸城	40.95	23.65	20.39	26.82	36.2	5.66	7.86	28.02	18.45	2	18
	遂平	21.35	33.5	14.31	27.28	13.87	13.81	18.3	22.8	18.19	3	19
	清丰	23.78	33	16.15	26.12	28.71	11	6.35	24.12	17.66	3	20
	开封	31.88	30.96	12.14	27.32	18.39	17.07	7.94	24.65	17.48	3	21
	桐柏	17.19	25.96	19	29.84	28.82	6.43	6.23	20.66	17.27	3	22

续表

分组	类别	2008年	2009年	2010年	2011年	2012年	2013年	2014年	2008～2010年	2010～2014年	类型	排名
第二组	西平	9.36	34.79	18.26	14.93	25.19	18.38	11	20.35	17.26	2	23
	虞城	23.88	31.81	21.1	37.59	9.27	14.57	9.56	25.52	17.21	3	24
	项城	28.07	36.8	12.65	25.97	24.09	10.68	8.63	25.44	17.09	2	25
	洛宁	20.13	28.4	17.33	22.6	26.23	13.43	5.93	21.86	16.77	3	26
	平舆	26.54	27.38	29.48	26.32	20.01	9.2	11.02	27.79	16.43	3	27
	新野	22.7	22.08	21.23	23.12	25.49	11.3	6.2	22.01	16.25	2	28
	嵩县	22.52	31.44	6.83	36.11	21.86	4.03	4.82	19.82	15.97	3	29
	郏县	33.05	32.06	23.07	24.29	17.77	1.99	16.89	29.32	14.93	2	30
	唐河	17.79	30.7	16.65	27.39	25.68	7.49	0.44	21.55	14.66	3	31
	陕县	29.15	30.55	−0.44	21.73	17.14	8.29	10.14	18.85	14.2	3	32
	叶县	24.8	30.07	8.18	19.04	25.11	7.57	4.9	20.65	13.86	3	33
	宜阳	22.27	38.52	10.97	27.2	16.65	4.8	7.9	23.41	13.81	2	34
	卫辉	25.53	31.73	13.03	33.95	13.85	15.14	−7.31	23.18	12.95	3	35
	淅川	24.19	27.42	56.91	13.28	29.77	20.54	−12.86	35.41	11.47	2	36
第三组	新蔡	27.62	25.3	18.97	33.89	46.69	16.19	28.79	23.91	30.93	1	1
	台前	17.75	36.1	4.84	29.39	38.42	18.67	2.75	18.88	21.56	3	2
	淮滨	22.34	23.16	14.31	35.71	33.25	10.14	8.81	19.87	21.33	3	3
	确山	28.25	37.77	−1.53	35.42	30.85	9.24	11.25	20.27	21.14	3	4
	内乡	27.45	25.82	12.55	29.26	23.73	13.78	16.57	21.76	20.68	3	5
	柘城	32.16	28.66	11.85	29.45	40.24	5.72	6.91	23.9	19.68	3	6
	滑县	22.78	37.23	20.9	27.63	32.61	8.76	10.89	26.77	19.53	1	7
	商水	31.15	30.18	16.42	21.52	51.69	4.87	5.14	25.73	19.4	3	8
	汝南	19.02	29.27	16.05	34.02	24.15	21.05	0.33	21.32	19.23	3	9
	上蔡	33.76	31.74	13.69	26.13	30.58	13.23	8.13	26.06	19.16	3	10
	浚县	26.13	35.77	18.59	50.03	6.44	18.02	6.95	26.63	19.15	3	11
	光山县	27.47	29.37	9.56	28.74	32.43	9.38	7.04	21.79	18.86	3	12
	舞阳	30.22	32.76	8.03	19.54	28.49	16.65	11.23	23.15	18.82	3	13
	西华	25.07	20.83	16.48	16.36	44.1	15.51	1.27	20.74	18.35	3	14
	南乐	28.69	45.96	−0.79	29.47	25.83	15.33	4.38	23.06	18.34	3	15

续表

分组	类别	2008年	2009年	2010年	2011年	2012年	2013年	2014年	2008~2010年	2010~2014年	类型	排名
	夏邑	39.58	25.61	18.97	27.09	26.15	13.8	6.66	27.77	18.11	2	16
	民权	26.7	33.27	13.86	24.35	44.96	-0.68	6.9	24.34	17.62	3	17
	扶沟	17.45	31.07	15.14	32.51	13.6	22.15	4.06	21.02	17.61	3	18
	正阳	26	34.51	31.37	9.03	41.19	13.21	9.44	30.58	17.52	2	19
	商城	25.07	34.94	8.76	29.16	21.18	15.55	5.12	22.44	17.42	3	20
	南召	23.36	36.21	9.93	28.81	23.59	12.49	6.11	22.7	17.41	3	21
	社旗	20.32	33.23	18.86	24.97	32.55	7.44	6.75	23.97	17.4	3	22
	潢川	31.81	24.01	7.86	29.94	29	2.51	10.36	20.81	17.35	2	23
	卢氏	20.05	49.18	12.18	19.24	21	10.32	18.64	26.18	17.22	3	24
	淮阳	30.58	22.33	23.84	15.28	53.72	1.24	4.35	25.54	16.97	3	25
第三组	封丘	30.44	39.53	8.16	25.44	20.39	11.63	10.87	25.33	16.92	2	26
	新县	8.15	46.93	-2.07	22.05	29.95	8.33	8.33	15.88	16.8	3	27
	睢县	25.91	29.41	19.08	15.93	32.11	8.88	10.93	24.73	16.62	3	28
	罗山	27.63	33.02	7.13	32.07	19.18	8.26	7.01	22.07	16.21	3	29
	内黄	28.95	38.87	14.63	29.52	12.75	13.07	7.67	27.09	15.47	3	30
	鲁山	16.49	28.61	12.75	20.85	32.87	6.35	3.56	19.09	15.32	3	31
	息县	28.53	30.04	18.79	26.71	20.09	4.63	9.82	25.68	14.99	3	32
	宁陵	19.59	36.28	15.34	23.73	20.98	13.39	2.11	23.42	14.74	3	33
	获嘉	25.58	26.81	19.86	25.5	20.38	5.84	6.31	24.05	14.18	3	34
	原阳	28.15	36.34	12.87	13.48	24.03	10.62	7.89	25.41	13.85	3	35
	延津	31.17	22.72	37.73	29.43	10.35	8.01	2.58	30.39	12.16	3	36

人均财政支出增速变化。从横向对比来看，省直管县的人均财政支出2010~2014年逐年增速（2011年除外）与4年平均增速全面高于全省、108个县（市）、扩权县、市管县的增速，其中2011~2012年增速高达32.68%；并且10个省直管县（市）中，新蔡、滑县、长垣、兰考、鹿邑、永城2010~2014年财政收入增速均超过22.06%（省直管县的平均增速）；其他4个县（市）的平均增速也接近或超过全省的平均增速。从纵向来看，10个省直管县（市）直管后的2010~2014年的人均财政支出平均增速为22.06%，略低于2008~2010年24.72%的增速；并且除新蔡、滑县、长垣2010~2014年的人均财政支出增速与2008~2010年的增

速相比有所提高之外，其他各县市均低于直管前的增速。分组对比中，第一组中，2010~2014 年，长垣（第 1 位）、永城（第 4 位）、汝州（第 11 位）人均财政支出增速位居该组前列，巩义（第 26 位）人均财政支出增速较低。第二组中，兰考（第 1 位）、鹿邑（第 3 位）、邓州（第 13 位）人均财政支出增速也位居该组前列，固始排名第 19 位。第三组中，新蔡（第 1 位）、滑县（第 3 位）的人均财政支出增速也位居该组前列（表 7-15）。

表 7-15　2008~2014 年省直管县、扩权县、市管县人均财政支出增速变化（单位：%）

分组	类别	2008年	2009年	2010年	2011年	2012年	2013年	2014年	2008~2010年	2010~2014年	类型	排名
	全省	21.08	8.11	18.59	24.6	17.6	11.42	7.73	22.04	15.16		
	108 个县（市）	23.1	6.63	17.14	26.68	25.74	10.84	9.65	22.92	17.95		
	扩权县	22.34	7.02	12.85	23.98	22.39	8.38	7.86	21.19	18.42		
	市管县	23.47	6.29	19.41	28.56	26.6	12.04	9.88	23.81	15.94		
	省直管县	24.32	6.12	20.96	27.9	32.68	13.44	15.29	24.72	22.06		
第一组	长垣	23.4	8.97	12.39	33.24	37.11	13.57	28.78	24.53	27.85	1	1
	尉氏	21.28	10.53	4.28	27.06	24.18	24.24	14.76	15.75	22.47	2	2
	新郑	20.4	3.5	-9.69	39.55	21.89	9.72	20.49	10.82	22.46	2	3
	永城	24.68	6.26	13.69	22.13	28.4	24.95	14.23	20.77	22.31	1	4
	长葛	19.64	-0.68	12.65	31.25	24.9	8.6	21.03	18.79	21.15	2	5
	义马	35.69	11.66	-3.7	42.35	7.49	14.19	15.88	20.58	19.29	2	6
	孟津	23.28	7.32	14.27	29.04	14.71	15.54	18.04	19.78	19.2	3	7
	偃师	25.65	3.92	1.99	37.76	12.96	14.68	10.5	13.69	18.5	2	8
	许昌	7.59	0.05	14.84	32.49	23.05	11.42	4.72	18.71	17.44	3	9
	武陟	11.71	1.23	3.71	25.87	11.41	21.13	10.92	12.69	17.16	3	10
	汝州	22.7	8.14	19.31	19.94	28.48	7.42	10.49	23	16.29	1	11
	新密	33.51	8.32	12.99	23.13	25.6	12.31	4.46	22.35	16.06	2	12
	林州	29.9	17.83	3.52	24.9	23.06	10.07	7.02	23.68	16	2	13
	襄城	24.65	1.12	14.32	24.74	11.42	28.72	1.2	24.96	16	2	14
	灵宝	39.54	3.93	19.24	23.07	10.47	16.13	14.63	23.5	15.99	2	15
	西峡	23.82	17.35	16.46	6.9	24.11	10.47	20.82	19.52	15.36	3	16
	荥阳	23.44	3.06	3.94	22.14	22.26	5.87	10.54	16.14	14.98	2	17
	禹州	28.52	10.18	10.51	19.27	24.66	-34.54	76.97	22.86	14.56	2	18

续表

分组	类别	2008年	2009年	2010年	2011年	2012年	2013年	2014年	2008~2010年	2010~2014年	类型	排名
第一组	中牟	36.27	14.75	18.63	16.67	31.64	−0.32	12.39	27.65	14.53	2	19
	宝丰	28.81	6.97	7.61	22	24.46	3.66	8.22	21.86	14.24	3	20
	渑池	31.2	2.35	6.21	21.93	12.81	9.9	12.45	17.81	14.19	2	21
	伊川	12.27	0.12	−0.68	21.37	10.64	17.16	7.66	11.98	14.08	2	22
	温县	6.23	4.61	−3.29	24.7	15.09	13.87	2.84	10.88	13.86	2	23
	栾川	15.43	−12.31	13.56	23.38	8.24	3.75	19.56	4.3	13.45	3	24
	修武	24.16	2.19	23.68	17.98	27.56	0.47	9.24	21.16	13.37	3	25
	巩义	14.9	0.9	13.79	21.96	15.75	10.1	5.83	20.08	13.25	1	26
	辉县	15.63	10.08	22.46	23.7	14.15	12.72	2.07	28.22	12.9	2	27
	舞钢	17.88	−13.41	−6.94	14.82	28.52	4.11	5	1.09	12.7	2	28
	淇县	12.55	7.44	18.11	22.08	21.54	15.01	−5.5	20.58	12.69	2	29
	登封	14.99	7.67	−2.28	22.65	21.6	13.05	−4.82	15.14	12.55	2	30
	博爱	11.36	3.57	−6.27	13.67	29.77	−1.5	10.05	11.17	12.45	2	31
	孟州	9.48	5.63	8.57	17.29	18.93	−2.09	12.81	14.86	11.41	2	32
	沁阳	12.55	1.26	15.33	20.13	14.29	2.51	0.22	20.25	8.98	2	33
	安阳	13.58	38.94	19.48	20.5	13.95	−8.11	6.96	23.54	7.78	2	34
	新安	7.99	9.47	14.05	8.2	11.1	2.95	6.78	16.66	7.22	2	35
	新乡	16.98	8.74	7.36	15.59	−5.68	9.56	−1.92	18.79	4.04	2	36
第二组	兰考	35.6	11.44	27.86	38.05	30.88	14.28	31.24	35.13	28.3	1	1
	太康	26.68	7	33.65	29.79	42.66	14.5	12.49	30.08	24.27	3	2
	鹿邑	21.74	8.87	33.31	38.26	34.37	8.79	16.83	26.32	23.96	1	3
	遂平	20.88	10.16	0.95	44.93	18.18	14.73	17.24	19.12	23.2	3	4
	方城	24.55	5.98	17.88	29.91	43.67	10.5	8.69	21.44	22.36	3	5
	沈丘	33.71	6.54	27.82	32.79	41.02	16.31	2.86	28.28	22.34	3	6
	泌阳	15.35	11.76	27.01	37.12	21.57	23.37	7.85	27.26	22.04	3	7
	通许	19.42	14.96	20.81	36.77	13.89	22.55	16.2	24.1	22.04	3	8
	汤阴	26.7	2.33	29.57	39.51	19.88	12.54	16.57	25.14	21.71	3	9
	杞县	23.05	14.34	17.5	25.86	32.27	16.25	12.73	23.71	21.53	3	10
	临颍	22.68	13.36	6.16	28.53	29.67	11.42	16.56	18.77	21.29	2	11

续表

分组	类别	2008年	2009年	2010年	2011年	2012年	2013年	2014年	2008~2010年	2010~2014年	类型	排名
	范县	7.96	16.69	11.23	29.81	22.17	25.2	7.79	21.48	20.95	2	12
	邓州	33.53	3.12	15.61	26.55	30.02	15.89	11.78	23.76	20.83	1	13
	郸城	40.51	14.77	41.9	28.13	40.59	6.48	8.68	35.82	20.16	2	14
	镇平	21.6	−15.14	22.48	27.72	42.98	12.24	0.91	21.62	19.92	3	15
	濮阳	29.79	14.34	10.32	30.83	30.02	16.23	3.92	20.89	19.73	2	16
	虞城	22.54	10.05	27.9	36.63	16.56	15.79	9.81	27.94	19.29	3	17
	鄢陵	15.05	3.3	25.54	29.44	25.3	12.41	10.54	23.18	19.15	2	18
	固始	24.98	8.64	46.87	20.4	41.11	8.92	6.84	32.53	18.58	1	19
	汝阳	20.43	−5.68	−2.73	27.7	26.69	8.1	12.64	14.44	18.47	3	20
	开封	31.29	12.23	9.65	27.55	18.77	17.44	10.2	23.29	18.33	3	21
	桐柏	15.9	−2.26	25.32	31.72	28.26	6.89	8.54	22.11	18.32	3	22
	西平	8.44	2.13	34.99	15.28	26.51	18.78	11.94	25.31	18.01	2	23
第二组	清丰	24.67	15.13	15.54	26.52	28.02	11.56	6.99	24.02	17.92	3	24
	平舆	25.93	12.42	42.92	29.94	21.29	9.58	11.1	34.22	17.69	3	25
	新野	21.41	0.27	31.84	25.52	25.4	11.8	7	24.78	17.14	3	26
	项城	27.13	6.24	22.65	27.44	26.26	10.95	5.42	28.34	17.13	2	27
	唐河	16.92	5.96	3.16	29.95	27.11	7.99	3.08	16.19	16.45	2	28
	洛宁	21.2	18.19	13.23	22.4	25.72	13.8	4.77	20.71	16.38	3	29
	嵩县	17.2	18.35	7.41	35.91	21.65	3.65	3.99	19.04	15.54	3	30
	宜阳	20.4	12.09	5.03	34.59	16.22	4.45	7.28	21.77	15.06	2	31
	郏县	32	9.03	18.04	23.98	17.56	1.65	17.27	26.88	14.81	2	32
	陕县	28.91	3.76	1.14	21.27	17.21	7.85	9.92	19.23	13.93	3	33
	叶县	23.96	8.21	19.82	18.74	24.62	7.25	5.58	24.22	13.78	3	34
	卫辉	25.48	1.2	10.78	34.76	13.03	15.03	−7.46	22.32	12.84	3	35
	淅川	23.18	7.11	51.99	15.51	29.23	21.07	−11.34	33.4	12.51	2	36
第三组	新蔡	27.02	14.65	30.2	35.53	47.77	16.53	27.63	27.31	31.37	1	1
	汝南	18.38	8.95	7.08	47.68	31.73	22.57	−0.39	17.7	24.14	3	2
	滑县	22.01	5.25	9.41	34.02	39.77	11.39	11.49	22.18	23.5	1	3
	柘城	26.61	18.64	21.84	41.95	42.25	6.19	6.88	27.13	23.04	3	4

续表

分组	类别	2008年	2009年	2010年	2011年	2012年	2013年	2014年	2008～2010年	2010～2014年	类型	排名
第三组	台前	16.9	14.75	1.35	33.68	35.64	21.86	2.3	16.74	22.62	3	5
	上蔡	33.61	5.42	33.7	28.03	36.23	15.68	9.48	33.19	21.91	3	6
	内乡	26.26	3.21	20.02	31.53	23.33	14.29	18.5	23.83	21.75	3	7
	商水	30.42	6.23	31.24	24.18	54.72	5.06	5.56	30.22	20.82	3	8
	淮滨	21.39	6.92	14.58	35.65	32.1	9.93	7.89	19.53	20.74	3	9
	确山	27.28	15.09	12.85	28.67	34.29	13.51	7.83	27.12	20.59	3	10
	西华	22.95	5.59	22.29	17.88	46.75	16.09	2.15	21.66	19.68	3	11
	淮阳	33.43	16.83	35.96	24.45	55.89	1.53	3.96	30.58	19.62	3	12
	夏邑	38.45	8.47	33.61	27.66	27.27	14.71	8.64	34.13	19.29	2	13
	浚县	26.09	9.89	10.36	50.57	5.49	17.65	7.01	26.18	18.92	3	14
	扶沟	16.86	11.33	19.94	34.42	16.25	22.43	4.41	22.23	18.88	3	15
	正阳	25.16	17.26	42.57	9.2	44.74	13.63	9.59	34.95	18.44	2	16
	睢县	24.5	7.8	27.18	21.78	33.7	8.93	10.86	26.9	18.42	3	17
	社旗	19.3	7.77	15.11	27.28	31.59	7.93	8.09	22.08	18.23	3	18
	南召	22.13	10.21	18.09	31.14	22.62	12.99	7.44	25.03	18.2	3	19
	舞阳	29.58	0.18	8.44	19.4	28.11	15.73	10.06	22.38	18.15	3	20
	光山	26.48	9.24	30.38	28.57	27.53	10.08	6.82	28.05	17.84	3	21
	封丘	30.41	2.7	6.41	28.9	19.5	11.56	10.69	24.75	17.44	2	22
	南乐	28.31	7.33	3.97	37.32	15.4	18.34	0.74	24.75	17.24	3	23
	卢氏	19.72	13.79	12.69	18.99	20.91	9.83	18.43	26.08	16.96	2	24
	民权	23.02	8.19	28.98	19.18	45.53	0.5	6.88	28.41	16.83	3	25
	内黄	28.06	2.79	12.16	31.47	13.07	13.62	8.92	25.76	16.46	3	26
	潢川	30.78	5.93	14.33	29.83	22.22	3.21	9.95	22.82	15.84	2	27
	商城	24.1	7.46	31.24	28.97	14.18	16.71	4.49	29.81	15.76	3	28
	新县	7.31	6.92	4.79	21.76	23	8.89	10.04	17.34	15.74	3	29
	鲁山	15.7	4.03	20.37	20.73	33.58	6.21	3.87	21.02	15.49	3	30
	宁陵	17.57	15.61	24.3	21.31	22.37	17	2.09	25.51	15.4	3	31
	罗山	26.64	6.45	26.25	31.91	12.64	10.06	6.85	27.93	14.97	3	32
	息县	27.53	14.72	16.9	26.55	15.5	6.33	10.11	24.17	14.37	3	33
	获嘉	25.39	0.29	15.57	26.29	19.63	5.58	6.13	22.57	14.07	3	34
	原阳	28.11	2.91	10.77	14.35	23.28	10.46	7.79	24.73	13.82	3	35
	延津	30.95	10.83	26.42	30.28	9.71	7.89	2.41	26.73	12.1	3	36

2010~2014 年 10 个省直管县（市）的财政支出增速（21.1%）、人均财政支出增速（22.06%）略低于 2008~2010 年财政支出增速（23.77%）、人均财政支出增速（24.72）的增速，但省直管县的 2010~2014 年财政支出增速（21.1%）、人均财政支出增速（22.06%）均高于全省（15.26%、15.16%）、108 个县（市）（17.43%、17.95%）以及市管县（15.89%、15.94%）的增速，财政支出和人均财政支出快速增长，10 个省直管县（市）的财政支出规模、人均财政支出水平（除汝州、巩义）在全省排名均不同程度地向前移动，部分大幅度前移，如财政支出排序中，除巩义和汝州下降外，其他县市均有不同程度的上升；人均财政支出排序中，除巩义、固始、汝州下降之外，其他县市也均有不同程度的上升。省直管县在全省财政支出的比重基本上逐年上升，2010~2014 年共上升 1.32 个百分点，虽然与 98 个县（市）相比，比重提升相对较低，但从每个县支出所贡献的百分点来看，省直管县的支出力度更大。可以看出，省直管县政策的实施，县域的财力增强，其支配资金的能力增强，资金使用的主动性与自由性提高。

第四节 财政收支平衡变化

一、预算内财政赤字

第一，从预算内财政赤字来看，10 个省直管县（市）中滑县、汝州、巩义的财政赤字排名下降，而邓州、固始的财政赤字名次稳定，新蔡、永城、长垣、兰考、鹿邑的财政赤字在全省的排名有所上升（表 7-16）。

表 7-16 2007~2014 年省直管县（市）预算内财政赤字排名

分组	县（市）	2007年	2008年	2009年	2010年	2011年	2012年	2013年	2014年	2010~2014年名次变化	类型
第一组	长垣	65	64	49	45	39	36	40	24	21	1
	永城	27	16	16	19	47	38	21	16	3	1
	汝州	38	44	50	43	55	44	57	51	−8	1
	巩义	96	92	56	58	65	68	77	78	−20	1
	伊川	85	82	64	80	46	66	59	62	18	2
	林州	59	55	33	62	49	45	44	45	17	2
	长葛	73	70	78	72	73	70	81	57	15	2
	登封	89	97	53	92	90	86	75	85	7	2
	孟州	102	103	104	103	101	100	101	99	4	2
	舞钢	106	105	105	106	106	103	102	102	4	2

续表

分组	县（市）	2007年	2008年	2009年	2010年	2011年	2012年	2013年	2014年	2010~2014年名次变化	类型
第一组	温县	93	94	93	97	97	98	92	94	3	2
	博爱	104	102	100	101	102	101	103	100	1	2
	渑池	101	96	101	104	103	106	104	104	0	2
	义马	108	107	107	108	107	108	107	108	0	2
	中牟	53	53	54	44	66	43	73	44	0	2
	偃师	75	76	76	84	85	91	87	86	-2	2
	尉氏	40	42	48	37	40	46	42	40	-3	2
	新乡	103	104	99	99	100	104	98	103	-4	2
	淇县	100	101	103	93	96	95	89	98	-5	2
	灵宝	68	41	70	55	53	75	64	61	-6	2
	沁阳	91	95	94	90	93	96	96	96	-6	2
	新郑	60	67	80	100	91	88	99	106	-6	2
	安阳	56	75	57	59	58	53	69	66	-7	2
	新安	95	93	88	88	98	94	97	95	-7	2
	禹州	49	43	40	48	67	51	108	60	-12	2
	新密	88	62	79	68	84	77	80	83	-15	2
	荥阳	84	78	81	89	92	87	95	105	-16	2
	辉县	44	74	62	67	83	90	88	89	-22	2
	栾川	105	108	108	107	108	107	106	97	10	3
	孟津	98	100	102	98	94	99	94	88	10	3
	武陟	77	86	92	85	76	89	82	81	4	3
	襄城	63	65	69	71	70	82	54	68	3	3
	宝丰	90	87	90	94	99	92	91	92	2	3
	西峡	74	72	86	64	86	79	76	64	0	3
	修武	107	106	106	102	105	105	105	107	-5	3
	许昌	72	80	74	61	54	58	58	71	-10	3
第二组	兰考	52	46	36	35	37	35	39	25	10	1
	鹿邑	4	8	15	17	9	9	13	7	10	1
	邓州	5	2	2	2	1	2	2	2	0	1

· 161 ·

续表

分组	县(市)	2007年	2008年	2009年	2010年	2011年	2012年	2013年	2014年	2010~2014年名次变化	类型
	固始	1	1	1	1	2	1	1	1	0	1
	临颍	48	51	58	65	63	54	53	47	18	2
	范县	71	77	71	70	68	65	56	63	7	2
	鄢陵	46	58	63	54	56	57	55	53	1	2
	郸城	11	5	8	9	7	6	8	9	0	2
	濮阳	22	15	19	21	16	19	15	22	−1	2
	淅川	29	28	25	14	27	33	24	17	−3	2
	唐河	6	12	10	10	10	11	11	15	−5	2
	西平	16	33	31	26	35	39	32	32	−6	2
	郏县	81	81	83	69	72	74	85	76	−7	2
	项城	25	18	11	12	13	18	19	19	−7	2
	宜阳	54	56	47	52	44	59	62	70	−18	2
	嵩县	64	66	72	78	62	62	65	59	19	3
	镇平	41	36	46	50	48	30	31	39	11	3
第二组	汤阴	94	91	97	96	87	93	90	87	9	3
	泌阳	13	20	14	22	15	22	16	14	8	3
	遂平	55	61	68	66	64	71	68	58	8	3
	方城	21	22	26	27	24	17	17	20	7	3
	汝阳	87	90	84	91	89	84	86	84	7	3
	洛宁	67	73	82	73	78	73	67	69	4	3
	陕县	97	99	95	105	104	102	100	101	4	3
	沈丘	10	10	12	16	14	10	9	13	3	3
	新野	58	57	73	57	59	55	50	54	3	3
	清丰	57	52	55	53	51	48	49	52	1	3
	太康	2	3	3	4	5	4	3	4	0	3
	桐柏	86	85	91	82	80	67	74	82	0	3
	通许	79	84	87	79	69	80	78	80	−1	3
	平舆	32	32	35	25	22	26	30	27	−2	3
	开封	69	59	65	63	61	64	60	67	−4	3

续表

分组	县（市）	2007年	2008年	2009年	2010年	2011年	2012年	2013年	2014年	2010~2014年名次变化	类型
第二组	杞县	28	30	28	31	33	32	34	35	-4	3
	卫辉	80	79	85	86	75	83	79	91	-5	3
	虞城	8	9	9	7	3	16	14	12	-5	3
	叶县	42	37	38	49	52	56	52	56	-7	3
第三组	滑县	9	11	5	3	4	5	4	5	-2	1
	新蔡	20	21	23	24	19	12	7	3	21	1
	封丘	43	39	34	36	38	42	41	41	-5	2
	潢川	35	27	30	34	30	27	37	34	0	2
	卢氏	82	88	77	76	81	85	83	74	2	2
	夏邑	12	7	7	8	8	13	10	10	-2	2
	正阳	34	31	27	15	28	21	20	18	-3	2
	扶沟	30	35	37	33	25	40	35	38	-5	3
	光山	33	29	29	32	26	23	27	26	6	3
	淮滨	31	34	39	39	32	25	29	28	11	3
	淮阳	3	4	6	5	11	3	6	8	-3	3
	获嘉	99	98	98	95	95	97	93	93	2	3
	浚县	66	60	59	51	29	49	43	46	5	3
	鲁山	36	45	45	46	43	34	38	42	4	3
	罗山	24	24	22	30	23	31	36	36	-6	3
	民权	17	19	20	20	20	15	26	30	-10	3
	南乐	78	69	67	81	77	72	66	77	4	3
	南召	62	54	51	56	50	50	47	50	6	3
	内黄	51	48	42	41	42	60	51	55	-14	3
	内乡	61	50	61	60	57	52	48	43	17	3
	宁陵	39	40	41	40	41	47	45	49	-9	3
	确山	70	63	66	83	74	63	63	65	18	3
	汝南	37	38	43	38	34	37	28	37	1	3
	商城	23	25	21	28	21	28	25	29	-1	3
	商水	14	13	13	11	17	8	12	11	0	3

续表

分组	县（市）	2007年	2008年	2009年	2010年	2011年	2012年	2013年	2014年	2010～2014年名次变化	类型
第三组	上蔡	7	6	4	6	6	7	5	6	0	3
	社旗	45	49	52	47	45	41	46	48	-1	3
	睢县	26	26	24	23	31	29	33	33	-10	3
	台前	76	83	89	87	88	76	70	79	8	3
	舞阳	83	71	75	75	82	78	72	75	0	3
	西华	19	23	32	29	36	24	22	31	-2	3
	息县	18	17	18	13	12	20	23	23	-10	3
	新县	47	68	60	77	79	69	71	73	4	3
	延津	92	89	96	74	71	81	84	90	-16	3
	原阳	50	47	44	42	60	61	61	72	-30	3
	柘城	15	14	17	18	18	14	18	21	-3	3

第二，10个省直管县（市）中，预算内赤字排名上升的5个，占50%，稳定的2个，下降的3个；40个扩权县（市）中，预算内赤字排名上升的12个，占30%，稳定的5个，占12.5%，下降的23个，占57.5%；58个市管县（市）中，预算内赤字排名上升的29个，占50%，稳定的6个，占10.3%，下降的23个，占39.7%。

第三，从对照分组来看，在第一组的预算内财政赤字的位次变化中，汝州与巩义均在下降，永城和长垣名次上升；扩权县有1/3的县（市）排名在上升（24个中的8个），13个下降，占54.2%；而8个市管县5个预算内财政赤字排名上升；第二组中，邓州、固始预算内财政赤字排名维持不变，兰考、鹿邑排名上升，63.6%的扩权县（市）排名下降（11个中的7个），仅3个上升，市管县有33.3%县（市）的预算内赤字排名下降（21个中的7个），2个保持稳定；第三组中，滑县预算内财政赤字排名下降、新蔡排名上升，扩权县60%的县财政赤字排名下降（5个中的3个），市管县有48.3%的县（市）排名下降（29个中的14个下降）。

二、预算内赤字增长速度

从预算内赤字增长速度来看，2010～2014年，全省、108个县（市）、扩权县、市管县及省直管县的平均预算内赤字增长速度均有所降低，而省直管县和扩权县的下降幅度最小，省直管县2014年的增长速度仍然为13.89%，高于全省、108个县（市）、扩权县及市管县的预算内赤字增长速度（表7-17）。

表 7-17　2008～2014 年全省及各县（市）分组预算内赤字增长速度

分组	类别	2008年	2009年	2010年	2011年	2012年	2013年	2014年	2008～2010年	2010～2014年	2010～2014年速度变化	类型	排名
	全省	26.19	39.84	14.34	24.19	17.37	6.77	3.87	26.36	17.36	-10.47		
	108个县（市）	25.49	38.64	11.82	25.38	27.88	6.3	6.93	24.83	22.15	-4.89		
	非省直管县	24.98	38.57	11.34	25.59	26.65	5.96	5.82	24.47	21.27	-5.52		
	扩权县	26.6	42.04	9.34	23.57	24.79	1.91	8.87	25.28	19.6	-0.47		
	市管县	24.01	36.44	12.61	26.84	27.78	8.35	4.12	23.97	22.28	-8.49		
	省直管县	29.19	39.09	15.26	23.95	36.4	8.49	13.89	27.47	27.83	-1.37		
第一组	禹州	35.44	40.92	7.42	7.4	39.32	-106.63	—	27.03	16.44	—	2	—
	义马	72.6	72.58	-42.39	115.09	-22.41	5.77	11.5	19.72	25.32	53.89	2	1
	栾川	-236.9	-159.1	14.85	44.55	78.64	-3.35	65.8	-2.42	60.53	50.95	3	2
	登封	8.36	117.98	-25.18	33.68	31.62	15.85	-4.51	20.9	24.86	20.67	2	3
	中牟	25.57	41.29	20.4	7.03	51.04	-19.31	40.06	28.78	22.24	19.66	2	4
	长垣	22.48	59.93	16.17	33.87	30.49	4.3	33.89	31.53	34.61	17.72	1	5
	博爱	31.91	64.17	3.5	16.48	14.34	-11.57	20.33	30.86	12.24	16.83	2	6
	林州	26.55	68.78	-11.52	37.34	31.81	9.34	4.75	23.63	27.51	16.27	2	7
	长葛	27.39	37.65	13.29	26.92	19.77	-0.7	28.81	25.71	24.82	15.52	2	8
	舞钢	29.42	37.03	-13.85	22.18	65.66	-2.21	-1.69	15.17	24.84	12.16	2	9
	孟州	16.95	44.94	6.12	32.95	25.32	-16.14	16.59	21.61	17.66	10.47	2	10
	伊川	26.47	71.16	-4.75	61.26	5.54	14.49	4.78	27.28	26.86	9.53	2	11
	渑池	45.21	29.66	-7.46	28.31	1.48	-4.21	0.4	20.33	7.79	7.86	2	12
	宝丰	28.4	41.68	-2.45	16.44	35.68	-3.29	4.06	21.07	16.71	6.51	3	13
	孟津	24.86	32.08	17.13	35.28	8.82	6.7	23.34	24.54	24.66	6.21	3	14
	新安	24.52	59.03	1.18	10.88	27.63	-9.88	7.18	26.07	10.98	6	2	15
	偃师	23.66	45.99	0.66	18.56	15.08	13.51	4.76	22.03	17.5	4.1	2	16
	安阳	7.12	63.15	10.1	30.02	26.23	-9.19	13.79	24.38	19.25	3.69	2	17
	新郑	14.93	30.93	-21.87	48.37	26.23	-33.73	-18.49	5.54	0.39	3.38	2	18
	永城	40.61	36.74	7.41	-8.7	42.73	35.24	10.65	27.35	24.93	3.24	1	19
	温县	20.26	46.91	-2.24	31.17	14.16	10.72	-1.21	19.98	17.87	1.03	2	20
	巩义	33.04	99.1	10.7	20.1	15.13	1.16	6.83	43.13	14.32	-3.87	1	21
	汝州	16.68	31.84	18.23	15.59	36.71	-5.34	12.46	22.06	18.93	-5.77	1	22
	灵宝	53.94	16.41	20.55	26.65	1.49	15.86	12.26	29.27	18.68	-8.29	2	23
	襄城	20.26	45.16	4.83	27.43	7.47	38.27	-4.41	22.32	21.87	-9.24	3	24
	沁阳	15.11	46.13	10.57	21.04	16.48	-6.12	-0.23	22.98	9.71	-10.8	2	25
	新密	57.14	26.57	15	6.02	35.17	4.3	3.32	31.75	15.59	-11.68	2	26
	尉氏	21.17	32.41	22.94	25.45	17.73	12.36	11.21	25.41	22.66	-11.73	2	27

续表

分组	类别	2008年	2009年	2010年	2011年	2012年	2013年	2014年	2008~2010年	2010~2014年	2010~2014年速度变化	类型	排名
第一组	西峡	28.14	26.99	32.9	-1.29	34.03	9.59	20.93	29.31	20.58	-11.97	3	28
	辉县	-1.08	58.91	8.18	3.15	13.05	10.4	-4.2	19.36	7.24	-12.38	2	29
	武陟	17.29	31.27	20.32	34.83	3.61	19.63	7.31	22.82	21.5	-13.01	3	30
	许昌	14.99	54.45	18.59	33.68	22.05	5.23	-3.56	28.18	18.3	-22.15	3	31
	新乡	19.87	78.01	10.39	12.96	0.58	7.35	-13.7	33.05	1.72	-24.09	2	32
	荥阳	32.87	41.37	-6.21	23.85	31.1	-18.27	-36.16	20.77	-5.38	-29.95	2	33
	修武	28.92	23.42	46.41	15.79	13.65	-19.68	8.15	32.56	4.56	-38.38	3	34
	淇县	14.08	37.69	36.26	19.64	22.55	13.85	-22.84	28.87	8.8	-59.1	2	35
第二组	陕县	26.98	51.38	-20.97	32.51	16.12	-3.47	-1.85	14.95	13.39	19.12	3	1
	兰考	36.54	50.76	9.92	26.48	30.44	4.58	25.38	31.28	29.33	15.46	1	2
	汝阳	20.31	52.65	-5.43	34.19	31.1	3.1	9.28	20.2	25.61	14.71	3	3
	嵩县	19.76	40.21	2.23	45.7	23.17	0.64	13.98	19.73	27.21	11.75	3	4
	临颍	25.6	34.25	7.2	27.75	31.39	6.67	14.29	21.81	26.95	7.09	2	5
	遂平	21.67	37.37	11.04	27.7	10.8	10.02	16.52	22.89	21.95	5.48	3	6
	鹿邑	19.84	25.09	9.12	42.19	33.4	4.08	13.28	17.83	30.77	4.16	1	7
	泌阳	14.83	45.5	4.79	36.01	17.39	21.25	5.75	20.52	26.98	0.96	3	8
	叶县	30.65	36.79	5.17	19.47	23.05	8.57	3.04	23.41	18.03	-2.13	3	9
	太康	28.23	31.22	14.03	25.18	40	9.93	11.1	24.26	28.87	-2.93	3	10
	郏县	24.16	39.41	23.24	26.26	16.65	-4.73	19.86	28.73	18.92	-3.38	2	11
	杞县	21.49	36.19	9.61	22.93	29.52	8.7	4.76	21.94	21.94	-4.85	3	12
	范县	15.45	56.82	6.11	28.15	23.67	18.59	0.61	24.31	23.66	-5.5	2	13
	宜阳	24.97	48.86	8.99	30.88	14.55	-0.33	2.45	26.57	15.25	-6.54	2	14
	项城	37.13	44.18	12.54	27.24	25.84	5.31	5.86	30.55	21.31	-6.68	2	15
	开封	34.59	37.62	10.14	28	16.07	12.42	2.37	26.82	19.57	-7.77	3	16
	汤阴	31.45	19.24	18.5	40.72	13.43	3.25	10.61	22.92	22.15	-7.89	2	17
	西平	9.65	37.08	17.78	12.15	23.85	16.98	9.06	20.97	21.01	-8.72	2	18
	洛宁	18.01	34.01	17.19	20.22	25.46	11.94	8.35	22.83	22.3	-8.84	3	19
	鄢陵	16.82	37.32	16.66	25.46	22.72	7.72	5.97	23.23	20.68	-10.69	2	20
	沈丘	29.25	27.63	7.19	31.87	42.07	10.54	-3.61	20.92	25.91	-10.8	3	21

续表

分组	类别	2008年	2009年	2010年	2011年	2012年	2013年	2014年	2008~2010年	2010~2014年	2010~2014年速度变化	类型	排名
第二组	固始	28.13	33.14	14.09	21.76	50.79	6.98	3.14	24.85	26.53	-10.95	1	22
	濮阳	39.14	28.45	10.74	35.16	27.89	12.22	-0.29	25.55	24.59	-11.03	2	23
	清丰	29.49	36.86	14.33	26.92	28.71	5.4	2.07	26.53	20.68	-12.26	3	24
	方城	26.46	25.68	15.9	22.87	53.15	7.24	3.15	22.58	27.68	-12.75	3	25
	通许	18.78	40.53	17.45	37.72	7.43	12.16	4.7	25.15	20.22	-12.75	3	26
	郸城	42.4	23.37	17.82	27.48	39.23	1.6	4.61	27.44	23.56	-13.21	2	27
	虞城	26.07	33.5	20.8	37.6	5.21	11.49	6.36	26.68	19.73	-14.44	3	28
	淅川	25.74	33.6	33.16	4.58	22.74	22.51	17.01	30.78	22.54	-16.15	2	29
	镇平	30.12	25.74	12.32	23.49	54.33	10.12	-3.95	22.49	26.32	-16.27	3	30
	邓州	41.14	32.51	24.41	25.58	32.13	11.89	7.87	32.51	26.04	-16.54	1	31
	平舆	25.14	27.91	28.31	25.11	22.18	7.83	9.88	27.11	21.89	-18.43	3	32
	唐河	20.47	37.23	15.6	25.87	32.39	8.4	-3.97	24.09	20.15	-19.57	3	33
	新野	25.87	28.06	22.88	23.21	29.04	9.79	1.67	25.58	21.07	-21.21	3	34
	桐柏	26.4	36.67	19.91	23.99	35.66	3.21	-1.39	27.47	19.62	-21.3	3	35
	卫辉	24.29	37.71	9.44	39.02	10.47	13.69	-19.85	23.27	11.85	-29.29	3	36
第三组	确山	29.48	42.9	-6.85	37.27	33.14	4.74	8.06	19.89	27.41	14.91	3	1
	卢氏	15.77	61.44	7.62	17.4	20.9	7.26	18.88	26.23	21.86	11.26	2	2
	新蔡	27.92	26.35	17.88	33.87	48.03	14.2	29.02	23.97	42.92	11.14	1	3
	新县	6.26	53.62	-4.28	21.48	32.83	6.62	6.73	16.04	22.45	11.01	3	4
	潢川	37.11	28.7	5.6	31.56	31.08	-0.01	9.56	23.06	23.62	3.96	2	5
	南乐	34.07	50.76	-3.92	28.35	26.26	12.58	-0.09	24.76	22.15	3.83	3	6
	内乡	34.92	31.49	11.27	30.8	26.45	10.85	14.67	25.44	28.11	3.4	3	7
	封丘	31.31	46.33	7.66	26.98	20.77	9.8	9.32	27.41	22.55	1.66	2	8
	罗山	28.41	35.08	4.66	32.7	18.2	6.29	4.54	21.99	20.34	-0.12	3	9
	舞阳	36.32	40.71	8.63	14	29.12	12.49	6.61	27.72	20.85	-2.02	3	10
	光山	28.94	33.2	8.21	30.35	35.3	8.31	5.75	22.94	26.41	-2.46	3	11
	台前	18.07	38.61	2.82	28	40.01	12.7	-0.5	18.94	26.19	-3.32	3	12
	商城	25.87	37.85	7.33	29.81	20.58	14.91	3.02	23.03	22.83	-4.31	3	13
	淮滨	22.12	23.57	13.51	36.66	34.52	8.95	7.45	19.65	29.11	-6.06	3	14

续表

分组	类别	2008年	2009年	2010年	2011年	2012年	2013年	2014年	2008~2010年	2010~2014年	2010~2014年速度变化	类型	排名
第三组	南召	31.31	44.58	8.36	30.32	26.08	11.22	2.17	27.18	23.14	-6.19	3	15
	上蔡	35.85	34.33	12.86	25.53	31.62	11.88	6.39	27.23	25.29	-6.47	3	16
	柘城	32.6	29.15	10.36	27.37	40.38	2.19	3.62	23.63	23.71	-6.74	3	17
	民权	26.51	33.63	11.59	21.13	46.75	-6.64	2.08	23.56	19.21	-9.51	3	18
	内黄	31.18	46.39	13.39	21.57	12.74	11.9	2.77	29.61	16.37	-10.62	3	19
	息县	30.51	32.75	19.22	28.09	19.52	3.43	8.47	27.35	19.75	-10.75	3	20
	商水	31.2	32.73	15.37	20.83	54.12	0.87	4.24	26.18	25.1	-11.13	3	21
	鲁山	12.29	36.75	12.19	25.7	41.88	4.88	0.75	19.87	23.51	-11.44	3	22
	睢县	26.4	31.47	18.83	13.2	31.13	5.76	7.21	25.45	18.95	-11.62	3	23
	滑县	26.17	42.63	20.96	27.81	33.42	5.22	7.82	29.59	24.6	-13.14	1	24
	宁陵	20.51	37.89	13.58	23.43	19.86	11.91	0.13	23.58	18.35	-13.45	3	25
	夏邑	41.23	27.12	17.82	24.01	25.36	11.92	3.31	28.36	21.58	-14.51	2	26
	扶沟	15.47	34.67	15.05	34.56	10.88	20.66	0.07	21.39	21.68	-14.98	3	27
	原阳	31.11	41.86	15.2	9.96	22.57	5.36	0.14	28.91	12.45	-15.06	3	28
	浚县	31.47	40.81	18.4	53.13	3.9	15.21	2.99	29.89	23.59	-15.41	3	29
	社旗	21.43	37.85	17.65	23.58	33.54	3.96	2.1	25.34	20.54	-15.55	3	30
	获嘉	30.44	33.64	21.33	22.07	18.32	3.06	3.6	28.36	15.53	-17.73	3	31
	西华	24.02	21.51	15.58	15.3	46.18	13.91	-3.06	20.31	23.01	-18.64	3	32
	汝南	18.82	32.72	15.32	34.42	23.87	20.39	-4.38	22.05	24.22	-19.7	3	33
	淮阳	32.12	22.24	23.07	12.76	61.05	-1.27	1.34	25.73	22.02	-21.73	3	34
	正阳	26.6	36.8	31.7	6.46	43.12	12.6	8	31.63	22.82	-23.7	2	35
	延津	34.63	25.89	43.63	29.3	8.56	2.73	-8.72	34.52	9.59	-52.35	3	36

注：非省直管县是市管县和扩权县的统称。

省直管县2010~2014年的平均预算内赤字增长速度达到了27.83%，高于全省（17.36%）、108个县（市）（22.15%）、非省直管县（21.27%）（包括扩权县和市管县，下同）、扩权县（19.6%）、市管县（22.28%）的平均预算内赤字增长速度；并且，除巩义、汝州外，其余8个县（市）平均预算内赤字增长速度均高于全省、108个县（市）、非省直管县、扩权县、市管县的平均预算内赤字增长速度；另外，2010~2014年与2008~2010年相比，全省、108个县（市）、非省直管县、扩权县、市管县及省直管县的平均预算内赤字增长速度的增加幅度均有所降低，其中省直管县的平均预算内赤字增长速度下降的幅度最小。

此外，10个省直管县（市）中，除邓州、固始、滑县预算内赤字增长速度排名下降外，其余7个县（市）排名均处于上升状态；40个扩权县（市）中，预算内赤字增长速度排名上升的21个，占52.5%，下降的19个；58个市管县（市）中，预算内赤字增长速度排名下降的35个，占60.3%，下降的23个。

从分组情况来看，2010~2014年，第一组中，长垣、永城、巩义、汝州预算内赤字增长速度排名分别位居第5、19、21、22位；第二组中，兰考、鹿邑、固始、邓州预算内赤字增长速度分别位居第2、7、22、31位；第三组中，新蔡、滑县分别位居第3、24位。

三、预算内赤字率

从整体来看，2010~2014年与2007~2010年相比，全省、108个县（市）、扩权县的平均预算内赤字率的增加幅度均有所降低，而省直管县的平均预算内赤字率增加幅度提高，并且省直管县2010~2014年的平均预算内赤字率增加了2.84个百分点，均高于全省、108个县（市）、扩权县的平均预算内赤字率的增加幅度（表7-18）。

表7-18 2007~2014年河南县域分组预算内赤字率

类别	2007年	2008年	2009年	2010年	2011年	2012年	2013年	2014年	2010~2014年变化
全省	6.72	7.06	9.14	8.81	9.38	10.02	9.85	9.41	0.6
108个县(市)	5.4	5.46	7.1	6.82	7.29	8.57	8.34	8.18	1.36
扩权县	3.68	3.74	4.96	4.65	4.86	5.6	5.27	5.3	0.65
市管县	7.65	7.71	9.9	9.55	10.38	12.17	11.96	11.26	1.71
省直管县	5.08	5.27	6.91	6.9	7.46	9.28	9.12	9.74	2.84

从预算内赤字率排名变化来看，10个省直管县（市），除巩义下降外，其余9个县（市）预算内赤字率排名均处于上升状态。40个扩权县（市）中，预算内赤字率排名上升的15个，占37.5%，稳定的2个，下降的23个，占57.5%；58个市管县中，预算内赤字率排名上升的18个，占31%，稳定的3个，占5.2%，下降的34个，占63.8%（表7-19）。

表7-19 2007~2014年河南县域分组预算内赤字率排名变化

分组	县（市）	2007年	2008年	2009年	2010年	2011年	2012年	2013年	2014年	2010~2014年名次变化	类型
第一组	巩义	108	107	103	101	101	103	104	104	-3	1
	汝州	82	85	89	84	84	80	84	82	2	1
	永城	81	78	78	78	89	81	78	75	3	1

续表

分组	县（市）	2007年	2008年	2009年	2010年	2011年	2012年	2013年	2014年	2010～2014年名次变化	类型
第一组	长垣	66	67	64	64	66	64	65	56	8	1
	安阳	86	93	93	91	86	88	89	84	7	2
	博爱	101	98	94	90	91	90	94	93	−3	2
	登封	102	105	96	103	104	102	97	102	1	2
	辉县	73	81	79	81	88	92	90	91	−10	2
	林州	89	90	92	97	92	89	87	88	9	2
	灵宝	93	89	97	96	96	101	96	94	2	2
	孟州	94	97	99	99	95	94	99	97	2	2
	渑池	90	88	91	93	90	98	98	99	−6	2
	淇县	75	79	82	72	74	78	77	87	−15	2
	沁阳	96	99	100	98	98	99	100	103	−5	2
	尉氏	71	70	72	71	71	76	74	72	−1	2
	温县	84	84	83	85	82	85	85	89	−4	2
	舞钢	92	92	87	95	87	77	76	77	18	2
	新安	100	100	101	100	100	100	101	100	0	2
	新密	106	101	107	102	106	105	103	105	−3	2
	新乡	91	95	88	88	93	93	92	98	−10	2
	新郑	103	102	106	107	108	107	107	108	−1	2
	偃师	105	106	105	104	102	106	93	96	8	2
	伊川	98	96	85	89	80	83	80	78	11	2
	义马	107	103	102	108	103	108	106	106	2	2
	荥阳	104	104	104	105	105	104	105	107	−2	2
	禹州	95	91	98	94	99	91	108	95	−1	2
	长葛	97	94	95	92	94	96	95	92	0	2
	中牟	85	86	90	86	97	95	102	101	−15	2
	宝丰	78	77	76	83	85	86	88	90	−7	3
	栾川	99	108	108	106	107	97	91	76	30	3
	孟津	76	74	74	76	77	82	86	80	−4	3
	武陟	87	87	86	87	81	84	82	83	4	3

续表

分组	县（市）	2007年	2008年	2009年	2010年	2011年	2012年	2013年	2014年	2010～2014年名次变化	类型
第一组	西峡	69	69	75	70	78	75	72	69	1	3
	襄城	79	82	81	82	83	87	79	79	3	3
	修武	88	80	84	75	75	74	81	81	−6	3
	许昌	83	83	77	77	72	72	75	86	−9	3
第二组	邓州	68	64	65	57	53	49	45	42	15	1
	固始	35	33	36	37	35	19	18	17	20	1
	兰考	53	51	47	54	54	55	59	44	10	1
	鹿邑	40	41	50	50	41	35	40	38	12	1
	郸城	25	19	29	31	26	20	25	18	13	2
	范县	29	36	35	40	40	39	44	51	−11	2
	郏县	57	60	58	55	56	59	63	57	−2	2
	临颍	72	76	80	79	76	73	73	66	13	2
	濮阳	61	57	66	66	59	61	61	65	1	2
	唐河	62	62	60	56	51	43	41	45	11	2
	西平	31	34	27	28	39	40	36	37	−9	2
	淅川	46	45	49	36	49	47	38	23	13	2
	项城	65	63	59	58	47	45	51	48	10	2
	鄢陵	70	72	70	69	70	71	71	73	−4	2
	宜阳	58	61	56	60	61	66	69	71	−11	2
	方城	33	31	37	35	30	13	13	13	22	3
	开封	60	59	62	65	62	67	67	67	−2	3
	洛宁	37	44	53	52	60	62	57	50	2	3
	泌阳	13	22	16	29	15	29	16	19	10	3
	平舆	23	23	28	21	25	32	35	29	−8	3
	杞县	52	53	55	62	63	63	62	63	−1	3
	清丰	41	47	51	51	52	51	55	62	−11	3
	汝阳	42	52	33	48	55	56	54	53	−5	3
	陕县	67	73	69	80	79	79	83	85	−5	3
	沈丘	26	24	25	34	31	27	24	34	0	3

续表

分组	县（市）	2007年	2008年	2009年	2010年	2011年	2012年	2013年	2014年	2010~2014年名次变化	类型
第二组	嵩县	49	56	61	63	57	57	60	41	22	3
	遂平	39	42	44	43	48	58	56	49	-6	3
	太康	11	6	6	5	6	2	5	6	-1	3
	汤阴	74	68	71	74	69	68	68	70	4	3
	通许	63	65	67	68	67	70	70	74	-6	3
	桐柏	64	66	63	59	64	60	58	55	4	3
	卫辉	47	50	45	46	43	52	43	61	-15	3
	新野	77	75	73	73	73	69	66	68	5	3
	叶县	56	58	57	61	65	65	64	64	-3	3
	虞城	36	30	30	24	12	33	34	28	-4	3
	镇平	80	71	68	67	68	54	48	52	15	3
第三组	滑县	38	37	31	22	16	12	14	9	13	1
	新蔡	9	7	19	18	13	3	2	1	17	1
	封丘	16	11	3	4	3	16	9	7	-3	2
	潢川	43	39	43	45	46	44	53	46	-1	2
	卢氏	1	1	1	1	2	10	12	3	-2	2
	夏邑	24	16	20	10	10	15	8	11	-1	2
	正阳	8	5	8	3	18	7	3	4	-1	2
	扶沟	6	14	12	14	17	34	31	31	-17	3
	光山	20	20	21	27	22	21	22	21	6	3
	淮滨	5	9	15	16	5	5	6	8	8	3
	淮阳	14	10	26	12	29	4	11	10	2	3
	获嘉	44	40	40	30	36	46	46	47	-17	3
	浚县	54	46	46	41	32	38	39	43	-2	3
	鲁山	18	27	18	15	19	23	21	25	-10	3
	罗山	12	13	7	20	14	26	32	30	-10	3
	民权	102	25	23	25	27	11	33	36	-11	3
	南乐	45	48	41	53	50	48	49	58	-5	3
	南召	55	38	39	42	37	36	19	20	22	3

续表

分组	县（市）	2007年	2008年	2009年	2010年	2011年	2012年	2013年	2014年	2010~2014年名次变化	类型
第三组	内黄	50	49	42	39	42	50	52	54	−15	3
	内乡	59	55	54	49	45	41	37	27	22	3
	宁陵	2	2	2	2	1	1	1	2	0	3
	确山	34	32	32	44	44	37	42	40	4	3
	汝南	19	26	24	26	24	31	23	35	−9	3
	商城	7	4	5	6	4	18	15	16	−10	3
	商水	17	15	10	7	9	8	17	24	−17	3
	上蔡	21	17	9	8	7	9	7	5	3	3
	社旗	30	35	38	32	28	24	27	32	0	3
	睢县	28	21	22	11	20	17	20	15	−4	3
	台前	4	12	11	23	23	14	4	14	9	3
	舞阳	51	54	48	47	58	53	50	59	−12	3
	西华	22	28	34	33	34	28	30	39	−6	3
	息县	15	8	13	9	8	22	29	22	−13	3
	新县	3	18	4	17	21	25	28	26	−9	3
	延津	48	43	52	38	38	42	47	60	−22	3
	原阳	32	29	17	13	33	30	26	33	−20	3
	柘城	10	3	14	19	11	6	10	12	7	3

2010~2014年与2007~2010年相比，全省、108个县（市）、扩权县的平均预算内赤字率的增加幅度均有所降低，而省直管县的平均预算内赤字率增加幅度提高，并且省直管县2010~2014年的平均预算内赤字率增加了2.84个百分点，均高于全省、108个县（市）、扩权县的平均预算内赤字率的增加幅度。

总体上，在财政收入与财政支出同时增加的情况下，省直管县的财政预算内赤字状况与市管县相比，情况并没有改善，存在支出冲动的趋势。

第五节 省直管和扩权财政效应的计量分析

省直管县的核心是留利于县，明确划分省县财政收入所属级次和分成比例，省辖市不再参与省直管县收入分成。这样，省对省直管县的支持力度明显加大。

一方面专项补助力度增大。改革后，省直管县可直接向省厅上报项目，省厅也可以更全面、直接地了解项目情况，因此在项目和资金安排上会给予适当倾斜。例如，省财政厅通过预算内专项转移支付方式对包括保障住房、农林水事业、技改与创新、环境保护等各类项目增强了补助，省直管县教育、农业、社会保障和环境保护等专项资金有大幅度增长，这其中虽然有国家和省政策性因素，这也与省直管改革密切相关。例如，长垣 2014 年截至 11 月，争取预算内资金和专项资金比 2013 年增加 200 万元，达到 3.08 亿元。另一方面，省也增加了对省直管县的一般性转移支付，并且省财政在测算核定一般性转移支付时直接下达到省直管县，这些都为其带来看得见的实惠，县级财力实现稳步增长。例如，与 2012 年相比，2013 年省级对长垣的一般性转移支付增加了 1.07 亿元。此外，财政直管后，各项财政拨款直接由省财政厅拨付到县财政局，避免地级市的财政截留现象，又增加了县级政府财力。此外，通过省直管县与市管县、扩权县之间的县域财力、人均可支配财力的水平、增长速度以及在全省中比重的变化，初步可以看出省直管县政策及扩权县政策在增加县域财政能力方面具有一定的促进作用。为进一步理清省直管、扩权的财政政策效应，构建计量模型对其进行进一步的研究。

一、因变量

我们选择人均可支配财力，即财政预算收入/年末总人口来作为因变量，财政收入数据和人口数据来源于 2001～2015 年《河南统计年鉴》，其中 2006 年财政收入数据来源于《2006 年全国地市县财政统计资料》。

二、自变量与控制变量

自变量主要选取影响财政收入的相关指标，如第二产业发展水平（第二产业占 GDP 比重）、第三产业发展水平（第三产业占 GDP 比重）、地区收入水平 Y（人均 GDP）。控制变量主要涉及财政扩权与经济社会扩权、省直管。控制变量 Gai 用来界定 2009 年发生财税分配改革前后的变化，kq_1 表示获得部分省辖市的经济管理权力，kq_2 表示获得全部省辖市的经济管理权力和部分社会管理权力中除 kq_1 以外的权力和财政直管，kq_3 表示省直管县获得的较扩权县更多的权力，指标数据主要来源于 2001～2015 年《河南统计年鉴》。

具体模型如下：

$$\begin{aligned}\ln \text{Tax} = & a_0 + a_1 \ln Y + a_2 t + a_3 e^I + a_4 e^s + a_5 \text{Gai} + a_6 kq_1 + a_7 kq_2 \\ & + a_8 kq_3 + a_9 \text{Gai} \ln Y + a_{10} kq_1 \ln Y + a_{11} kq_2 \ln Y \\ & + a_{12} kq_3 \ln Y + a_{13} \text{Gai} t + a_{14} kq_1 t + a_{15} kq_2 t \\ & + a_{16} kq_3 t + a_{17} \text{Gai} e^I + a_{18} kq_1 e^I + a_{19} kq_2 e^I\end{aligned}$$

$$+ a_{20}kq_3 e^I + a_{21}Gaie^S + a_{22}kq_1 e^S + a_{23}kq_2 e^S$$
$$+ a_{24}kq_3 e^S$$

式中，Tax 表示人均税收；Y 表示人均 GDP；e^I 表示第二产业（工业和建筑业）增加值占 GDP 总量的百分点；e^S 表示第三产业（服务业）增加值占 GDP 总量的百分点；t 表示时间变量与基期（这里是税改年 2009 年）相隔的年度。控制变量 Gai 用来界定 2009 年发生财税分配改革前后的变化；kq_1 表示获得部分省辖市的经济管理权力；kq_2 表示获得全部省辖市的经济管理权力和部分社会管理权力中除 kq_1 以外的权力和财政直管；kq_3 表示省直管县获得的较扩权县更多的权力。

保持产业结构等其他因素不变，人均 GDP 增加 1%，对应财政收入增加值为 $(a_1 + a_9 Gai + a_{10}kq_1 + a_{11}kq_2 + a_{12}kq_3) \times 100\%$

保持人均 GDP 和其他产业产出比例不变，第二产业每增加 1 个百分点，对应财政收入增加 $(a_3 + a_{17}Gai + a_{18}kq_1 + a_{19}kq_2 + a_{20}kq_3) \times 100\%$

同样道理，第三产业每增加 1 个百分点，对应财政收入增加 $(a_4 + a_{21}Gai + a_{22}kq_1 + a_{23}kq_2 + a_{24}kq_3) \times 100\%$

三、结果与结论

采用逐项回归的方法对模型进行优选，去掉不显著且不影响方程的变量，得到最终结果见表 7-20，Y、t 等 15 项自变量系数的 P 值小于 5%，即表中所列 15 项自变量系数在 5%的水平下显著，最终方程的调整后 R^2 为 0.897，说明本方程的自变量基本解释了河南不同县财政收入差异的影响因素（表 7-20）。

表 7-20 逐项回归的最终估计结果

变量	回归系数	估计标准误	T 值	P 值
const	−0.1575	0.017	−9.394	0
Y	0.8921	0.038	23.709	0
t	0.0206	0.005	4.204	0
e^I	0.012	0.001	8.165	0
e^S	0.0157	0.002	7.847	0
kq_3	−0.613	0.277	−2.217	0.027
Gai × Y	0.1358	0.04	3.438	0.001
kq_1 × Y	−0.2234	0.058	−3.845	0
kq_2 × Y	0.5154	0.143	3.601	0
Gai × t	0.0451	0.008	5.43	0

续表

变量	回归系数	估计标准误	T 值	P 值
$kq_3 \times t$	0.1203	0.052	2.314	0.021
$kq_1 \times e^I$	0.026	0.003	7.794	0
$kq_2 \times e^I$	−0.0318	0.008	−4.052	0
$Gai \times e^S$	0.0157	0.003	5.052	0
$kq_1 \times e^S$	0.0124	0.005	2.636	0.008
$kq_2 \times e^S$	−0.0484	0.013	−3.733	0

（1）全面直管促进县域财政收入年增长率直接提高12.03%，这是扩权和财政省直管都没有实现的。相对市管县体制，经济管理扩权后人均GDP每增长1%意味着财政收入额外减少22.34%，而财政直管后人均GDP每增长1%，财政收入额外增长0.292%，以人均GDP年增长率为7.5%计，财政直管后财政收入额外增长2.19%，保持这一GDP增速，全面省直管县财政收入增长速度较市管县高出14.22%。

（2）财税分配方案改革对地方财政收入的增长具有持续的促进作用，财税分配改革后，财政收入的外生增速从2.1%增加到6.6%，增加了4.5%。财税改革同时强化了第三产业对地方财政的贡献能力，第三产业比重提高1%，财政收入就可以增长1.57%。全面直管同样促进地方财政收入的持续增长，使全面省直管县的财政收入增速提高了12%。但单纯的经济管理扩权或财政直管没有起到这样的作用。后两者的作用体现在对第二产业和第三产业的影响上。

（3）经济管理扩权后，第二产业比重每增加1个百分点，县财政收入增长2.6%，第三产业比重每增加1个百分点，县财政收入增长1.24%，第二产业比重对财政收入的贡献更大，省直管县会更乐于在政策上向第二产业倾斜。

（4）财政直管和一些社会管理权限扩权后，降低了现代产业（第二产业、第三产业）对县财政收入的贡献作用，其中第二产业每增加1个百分点，地方财政收入降低3.18%，第三产业每增加1个百分点，地方财政收入降低4.84%。拉弗曲线认为，当税率过高时，降低税率可以促进产出增长，扩大税基进而增加税收。财政直管后，县级政府对财政收入的可操作空间变大，县级政府选择减少对现代产业的财政征收比例，以促进现代产业的增长。尽管财政收入实际上降低了，但是现代产业可以得到更快的发展，这同样符合地方政府的政绩追求。

（5）从产业的角度来看，税收分配制度改革后，第三产业对财政收入的贡献增强，对普通市管县而言，这一制度可以刺激地方政府进行产业结构调整，加快第三产业发展，增加第三产业比重，促进经济结构更加合理，同时促进财政收入的增加。但是对全面省直管县而言，通过财政政策的运用，可以加快现代产业的增长，但是也要付出短期内财政收入减少的代价。其中第二产业比重增加1个百分点，县财政收入减少0.58%，第三产业比重增加1个百分点，县财政收入减少3.6%。相较而言，基层政府更愿意发展第二产业，同样促进经济增长，财政收入的损失相对更小。

（6）从动态的角度看，全面扩权可以促进现代产业发展和财政收入增加同时实现，尽管现代产业比重增加会降低财政收入，但是现代产业是带动经济增长的主要动力，现代产业比重增加，会带动经济更快增长，全面扩权后产出增速每高1%，税收就额外增长0.292%，而产出增速提高1%，本身也会使地方财政收入增加1.03%，因此税收额外增长1.32%。这意味着，和普通县相比，如果全面省直管县通过工业比重增加1.5个百分点，保持第三产业比重不变的方法促进产出增速提高0.1%，将使税收增速减少0.74%，但是全面省直管将使财政收入增速提高12.03%，因此省直管县的财政收入增速实际上仍比市管县更快。

第六节 本章小结

省直管提高了财政资金的运转效率与财政部门的工作效率。从资金运转效率来看，省财政直接办理对省直管县财政资金往来和资金调度，提高了资金运转效率，实现了省财政在体制补助、税收返还、转移支付、财政结算、专项补助、资金调度等方面直接核定并监管到省直管县，达到了中央和省对省直管县的资金补助由省财政直接到县，减少了市这一中间环节，资金往来程序简化了，资金在途时间变短了，现金调度运作更加快捷及时，实现了指标下达快、资金调度快、项目申报快，资金运转效率与工作效率提高了。从信息、政策沟通效率来看，市管县财政体制下，省、县之间项目的申报与批准、资金的争取和分配，都要通过市里中转，效率相对较低。省直管县以后，减少了市中转这一环节，财政政策直达县，避免了信息传递过程的政策去接和工作延误；县级政府的困难能够及时准确地向省汇报反映，以取得省级部门的支持和重视，有利于相关财政政策、信息的及时、快速传达与沟通。

县域财力大大增加。第一，省直管加大了省对县的财政支持力度。省财政厅通过预算内专项转移支付方式对包括保障住房、农林水事业、技改与创新、环境保护等各类项目增强了补助，专项补助力度加大，同时，一般性转移支付力度也加大，并且财政直管后，各项财政拨款直接由省财政厅拨付到县财政局，避免地级市的财政截留现象。例如，长垣2014年截至11月，争取预算内资金和专项资金比2013年增加200万元，达到3.08亿元。第二，省也增加了对省直管县的一般性转移支付,并且省财政在测算核定一般性转移支付时直接下达到省直管县,这些都为其带来看得见的实惠,县级财力实现稳步增长。例如,与 2012 年相比,2013 年省级对长垣的一般性转移支付增加了 1.07 亿元。第三,省直管县的核心是留利于县,明确划分省县收入所属级次和分成比例,省辖市不再参与省直管县收入分成,省直管县除核定的基数上解外,也不再对省辖市新增上解,提高了省直管县发展经济的积极性,有利于扩大县级财源。同时由于扩大了省直管县的经济管理权限,增强了其独立发展经济的自主权,县域经济增速与活力明显加快,进一步推动财政收入持续增长。具体表现如下:从财政收入来看,省直管县直管后(2010~2014 年)人均财力增速、总财力增速不仅高于省直管前(2007~2014 年)人均财力增速、总财力增速,而且全面高于全省、108 个县(市)、扩权县与市管县的增速,省直管县的人均财力与总财力快速增长,并且各省直管县的总财力(固始、巩义除外)及人均财力(固始、邓州除外)在全省中的位次均有不同程度的提高。同时 10 个省直管县(市)总财力在全省的份额在 2010~2014 年也提高了 0.72 个百分点,略低于 98 个非省直管县(市)(共上升 0.9 个百分点)。可以看出,省直管后,省直管县的县域财力规模不断扩大,人均可支配财力不断提高,县域的财政能力逐渐增强。

从财政支出来看,财政能力的增强还体现在县域的财政支出规模的扩大与快速增长。2010~2014 年 10 个省直管县(市)的财政总支出增速、人均财政支出增速均高于 2007~2010 年财政总支出增速、人均财政支出增速,并且省直管县的 2010~2014 年财政总支出增速、人均财政支出增速均高于全省、108 个县(市)、市管县及扩权县的增速,财政支出和人均财政支出快速增长,10 个省直管县(市)的财政总支出规模、人均财政支出水平在全省排名均不同程度地向前移动,部分大幅度前移。并且省直管在全省财政支出的比重基本上逐年上升。

从计量模型估计来看,全面直管促进县域财政收入年增长率的提高,财税分配方案改革对地方财政收入的增长具有持续的促进作用,同时强化了第三产业对地方财政的贡献能力。经济管理扩权后,省直管县会更乐于在政策上向第二产业倾斜,县级政府选择减少对现代产业的财政征收比例,以促进现代产业的增长,但降低了现代产业(第二产业、第三产业)对县财政收入的贡献作用。从动态的角度看,全面扩权可以促进现代产业发展和财政收入增加同时实现,尽管现代产业比重增加会降低财政收入,但是现代产业是带动经济增长的主要动力,现代产业比重增加,会带动经济更快增长,本身也会使地方财政收入增加。

财政支出主动性增强,生产性支出的偏向性显著。从预算内财政赤字来看,省直管县财政赤字并没有明显改善,5 个县(市)的排名上升,并且在全省、108 个县(市)、扩权县和市管县的财政赤字增速降低的趋势下,省直管县财政赤字增长速度降低的幅度最小,且与 2010 年以前相比,省直管县 2010 年之后平均预算内赤字增长速度下降的幅度也最小。从预算内赤字率排名变化来看,9个县(市)预算内赤字率排名均处于上升状态,并且2010~2014年与2007~2010年相比,全省、108个县(市)、非省直管县、扩权县的平均预算内赤字率的增加幅度均有所降低,而省直管县的平均预算内赤字率增加幅度提高,并且省直管县2010~2014年的平均预算内赤字率增加了2.84个百分点,均高于全省、108个县(市)、扩权县及市管县的平均预算内赤字率的增加幅度。

从省直管县财政支出构成来看,社会保障和就业、医疗卫生、农林水事务、交通运输、住房保障等支出比重在财政支出中有所提高;一般公共服务、公共安全、教育、科学技术、文化体育与传媒、城乡社区服务等支出比重有所降低。省直管县直管后,会导致地方政府增加生产性支出,而挤压当地居民福利的消费性支出。

第八章 省直管县、扩权县、市管县城乡统筹发展的多维评价

第一节 评价目的和方法

一、评价目的

传统市管县体制的出发点以城带乡、以工促农,通过中心带动战略、核心-外围式增长等方式促进城乡共同发展。在河南区域发展的实践中,有些中心城市的整体竞争力不强,辐射带动能力有限,造成了"小马拉大车"的困境,甚至形成"市卡县""市刮县""市伤县""市宰县"等局面,严重影响了城乡之间的协调发展。针对市管县体制给城乡统筹发展带来的各种问题,河南从1997年开始探索省直管模式,也有序推进了以扩权强县(省扩权县)为主要内容的改革建设,旨在缩小河南县域城乡发展差距,促进城乡经济社会一体化发展。为评价省直管县体制改革对县域城乡统筹发展的影响,本节结合河南省直管县政策实施的情况与要求,和前述分析一致,将108个县(市)划分为省直管县、扩权县和市管县三类。首先运用户籍城镇化率、城乡收入比等单指标,对比分析2003~2014年省直管县、扩权县和市管县城乡统筹进程变化;同时运用动态面板数据,分析影响省直管县、市管县体制下城乡收入差距的变动情况。其次,借助于综合评价模型分析省直管县、扩权县和市管县城乡统筹综合水平的时空变化规律。再次,通过对省直管县、扩权县和市管县公共财政中教育支出、农林社会事务支出的定量化分析,分析不同体制下惠民工程、惠民政策的落实情况。最后,基于上述的定量化分析结果,总结分析河南省直管县城乡统筹发展面临的问题,从而提出促进河南省直管县城乡统筹发展的措施。一言以蔽之,本章在总结河南城乡发展状况的基础上,定量对比分析省直管县、扩权县、市管县城乡统筹发展状况的差异,以期为河南城乡统筹发展方面政策制定提供参考。

二、方法

(一)人口市民化差距指数

人口市民化差距指数是指城镇化率(常住人口/总人口×100%)与非农化率(非

农业人口/总人口×100%）之差。由于城镇化率反映的是农村人口向城镇化地区的"化"的过程，因而该指标能进一步反映出城镇经济、社会、景观等方面"化"的过程。由于非农化率是以户籍指标进行衡量的，因而存在着"虚假"城镇化或者半城镇化现象，不能真正反映身份的转变、社会文明的影响、生活习惯的改变等内容。城镇化率与非农业化率的差别在很大程度上反映了人口市民化的进程，因此可以从城镇化率、非农化率、人口市民化指数三个指标来反映三种不同类型县域单元城乡发展的差异。

（二）城乡收入差距系数

城乡协调发展最重要的一个体现是城乡经济协调，其表现为城乡经济活力的提升和城乡经济差异的缩小。城乡收入差距是衡量城乡经济协调的一个重要标志，更是衡量城乡贫富差距、两极分化的重要指标，因此研究三种不同类型地域单元的城乡收入差距水平，分析省直管县、扩权县、市管县城乡收入差距的时空变化规律，对客观地了解河南县域城乡经济协调发展状态和区域城乡一体化进程具有重要意义。在城乡收入差距指标选择中，既采用了城镇居民可支配收入与农民人均纯收入之比、在岗职工平均工资与农村人均纯收入之比，也采用了城乡居民购买力水平、城乡居民之间生活费用和各类补贴差距等。本章选用常用的城乡收入差距系数，即城镇居民可支配收入与农民人均纯收入之比。数据来源于2004～2015年《河南统计年鉴》。

（三）城乡差距影响因素的动态面板回归分析

面板数据（panel data），也称为时间序列截面数据、混合数据，是指同一截面单元数据集上的不同时间段的观测值，是同时具有时间和截面空间两个维度的数据集合，它可以被看作是横截面数据按时间维度堆积而成。自20世纪60年代以来，计量经济学家开始关注面板数据以来，特别是近20年，随着计量经济学理论，统计方法及计量分析软件的发展，面板数据计量经济分析已经成为计量经济学研究最重要的分支之一。面板数据越来越多地被应用到计量模型的研究中，其在实证分析中的优点是明显的：相对于只具有一个时点的横截面数据模型，面板数据包含了更多时间维度的数据，从而可以利用更多的信息来分析所研究问题的动态关系；而时间序列模型，其数据往往是由个体数据加总产生的，在实际计量分析中，在研究其动态调整行为时，由于个体差异被忽略，其估计结果有可能是有偏的，而面板数据模型能够通过截距项，捕捉到数据的动态调整过程中的个体差异，有效地减少了由于数据加总所产生的偏误；同时，面板数据同时具有时间和截面空间两个维度，从而分享了横截面数据和时间序列数据的优点，另外，由于具有更多的观察值，其推断的可靠性也有所增加。

以模型中包含滞后一期的被解释变量为例，动态面板数据的基本形式为

$$y_{it} = ay_{it-1} + bx_{it} + \varepsilon_{it}, \varepsilon_{it} = u_i + v_{it}$$

与静态面板数据不同，解释变量 y_{it} 代表 t 时间的城乡收入比，y_{it-1} 代表 $t-1$ 时间的城乡收入比，x_{it} 代表 t 时间影响因素变量；同时引入了滞后项 ε_{it}，其误差项也由两个部分组成，u_i 为个体效应，v_{it} 为异质性冲击。从动态面板模型的形式看，右侧的滞后项会与个体效应相关，造成内生性问题，这使得 OLS 估计量是有偏和不一致的估计量，Arellanod 等提出的基于工具变量的广义矩阵估计方法，可以减弱内生性，得到一致性的估计量。

根据上述动态面板数据的分析方法，构建影响城乡收入差距的动态回归模型，从而分析不同类型县域单元随时间变化的主要影响因素，也可以分析不同体制对城乡统筹发展的影响。

（四）城乡统筹综合发展水平

城乡统筹综合发展水平是反映县域城乡经济协调、社会统筹发展的综合指标，不仅要衡量城镇本身的提升状态，也要体现"以城带乡"的乡村发展水平，更为重要的要体现城乡共同发展水平（张改素，2015）。基于这一认识基础，遵循系统性、科学性、代表性、真实性等原则进行指标构建，考虑数据获取的难度和统一性，选取反映城镇发展、乡村发展、城乡发展 3 个方面 13 项指标来构建县域综合发展水平评价指标体系，见表 8-1。其中城乡人均收入比为逆指标性质，数值越大，说明城乡发展越不均衡，在一定程度上阻碍了城乡发展，其余 12 项均为正指标性质，数值越大说明该县域单元的综合发展水平越高。根据所建的指标体系，通过主成分分析法计算河南不同县域城乡统筹综合发展水平，从而分析不同体制对县域城乡统筹发展的影响。

表 8-1　城乡统筹发展指标体系

目标层	功能指标层	分析指标层	指标性质
城乡统筹协调度	城镇发展	非农业人口比重	正
		第三产业占 GDP 比重	正
		第二产业占 GDP 比重	正
		城镇人均可支配收入	正
		城镇固定资产投资	正
	乡村发展	乡村人均纯收入	正
		乡村非农从业人员比重	正
		农业机械总动力	正
		乡村密度	正

续表

目标层	功能指标层	分析指标层	指标性质
城乡统筹协调度	城乡发展	城乡人均收入比	逆
		城乡居民储蓄余额	正
		城乡社会消费品零售额	正
		城乡拥有的医疗床位数	正

主成分分析是把原来多个变量划为少数几个综合指标（即主成分）的一种统计分析方法，使得每个主成分能够反映原始变量的大部分信息，并且所含的信息相互之间没有交叉。通过引进多方面变量的同时将复杂因素归结为几个主成分，复杂问题得到简化，同时得到的结果更加科学有效。从数学角度来看，这是一种降维处理技术。它的优点是不受主观因素的影响，通过计算得到的几个主成分之间相互独立，避免了信息之间的交叉，最终的评价结果更加客观和准确，计算方法如下：

对于 n 个地理样本，每个样本有 p 个变量，可以构成一个 $n \times p$ 阶的地理数据矩阵

$$X = \begin{bmatrix} x_{11} & x_{12} & \cdots & x_{1p} \\ x_{21} & x_{22} & \cdots & x_{2p} \\ \vdots & \vdots & & \vdots \\ x_{n1} & x_{n2} & \cdots & x_{np} \end{bmatrix}$$

将 $X_1, X_2, \cdots, X_p$ 记作原变量指标，$F_1, F_2, \cdots, F_m$（$m \leq p$）为新变量指标，即主成分。

$$\begin{cases} F_1 = l_{11}x_1 + l_{12}x_2 + \cdots + l_{1p}x_p \\ F_2 = l_{21}x_1 + l_{22}x_2 + \cdots + l_{2p}x_p \\ \quad \cdots \cdots \\ F_m = l_{m1}x_1 + l_{m2}x_2 + \cdots + l_{mp}x_p \end{cases}$$

（1）系数 l_{ij} 的确定原则有两个：①F_i 与 F_j 相互无关（$i \neq j$；$i, j = 1, 2, \cdots, m$）相互无关；②F_i 是一切线性组合中方差最大的，F_i（$i = 1, 2, \cdots, m$）之间相互无关。

（2）计算相关系数矩阵：

对给定的 n 个样本，求各个样本之间的相关系数，相关系数可以表示为

$$R = \begin{bmatrix} r_{11} & r_{12} & \cdots & r_{1p} \\ r_{21} & r_{22} & \cdots & r_{2p} \\ \vdots & \vdots & & \vdots \\ r_{p1} & r_{p2} & \cdots & r_{pp} \end{bmatrix}$$

r_{ij}（$i, j=1, 2, \cdots, p$）为原变量 X_i 与 X_j 的相关系数，$r_{ij}=r_{ji}$，其计算公式为

$$R_{ij} = \frac{\sum_{k=1}^{n}(x_{ki}-\overline{x}_i)(x_{kj}-\overline{x}_j)}{\sqrt{\sum_{k=1}^{n}(x_{ki}-\overline{x}_i)^2 \sum_{k=1}^{n}(x_{kj}-\overline{x}_j)^2}}$$

（3）特征值与特征向量的计算：

解特征方程$|\lambda-R|=0$，将特征值按照大小的顺序进行排列 $\lambda_1 \geq \lambda_2 \geq \lambda_3 \geq \cdots \geq \lambda_p \geq 0$，求出对应特征值 λ_i 的特征向量 e_i（$i=1, 2, 3, \cdots, p$），并且满足 $\sum_{j=1}^{p} e_{ij}^2 = 1$。

（4）主成分贡献率及累计贡献率的计算：

$$贡献率 = \frac{\lambda_i}{\sum_{k=1}^{p} \lambda_k} (i=1, 2, \cdots, p)$$

$$累计贡献率 = \frac{\sum_{k=1}^{i} \lambda_k}{\sum_{k=1}^{p} \lambda_k} (i=1, 2, \cdots, p)$$

贡献率的大小是对原始指标包含信息的多少的综合反映，贡献率越大，反映的信息越多，反之则越少。计算过程中，一般选取累计贡献率达到85%以上的几个主成分。

（五）公共财政主要支出指标

在公共财政支出中，教育支出在省直管县、扩权县、市管县的差异可以反映在三种体制下城乡居民人均教育的受益情况，因此可以通过该指标随着时间的变化反映不同体制对城乡统筹教育方面的影响。公共财政支出中农林社会事务支出反映了对农业农村发展的重视，可以体现三种体制下农业现代化、城乡一体化发展对城乡统筹发展的影响，因此，可以通过该项指标随时间的变化反映不同体制对城乡统筹中农村农业发展的影响。

第二节 人口市民化进程的差异

一、不同体制下非农化进程的差异

从河南省直管县、扩权县、市管县非农化率（非农业人口/户籍总人口×100%，

也称户籍城镇化率）的时序变化看（图8-1），三者的变化情况不尽相同。省直管县在2003~2008年稳步上升，2009年、2010年小幅下降，之后又开始上升，至2014年达到12.26%。扩权县在2003~2007年波动上升，之后不断下降至2012年的15.56%，2014年又略微上升至16.03%。市管县2003~2011年不断上升，至2014年波动变化为12.71%。由此可发现，省直管县在2010年后非农化率不断提升，市民化进程有加快之趋势。

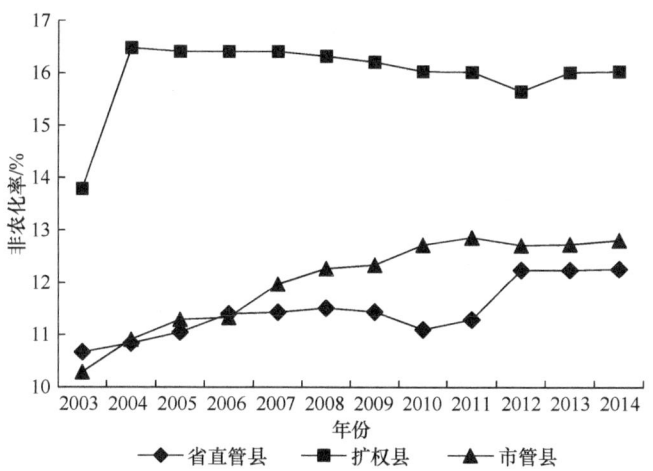

图8-1　2003~2014年省直管县、扩权县、市管县非农化率的时序变化

资料来源：2003~2012年《中国分县市人口统计资料》、2013~2015年河南各市县统计年鉴，个别缺失数据通过合并运算获得

从省直管县内部非农化率比看（表8-2），10县（市）的变化情况差异很大。具体而言，巩义的非农化率由2003年的17.63%不断上升为2007年的19.85%，2012年降低为18.43%，2014年维持在19.03%。兰考的非农化率在2003~2006年呈波动状态，2011年降低为11.12%，2014年提升为15.70%。汝州的非农化率呈不断下降趋势，非农化率由2003年的11.22%降至2014年的9.90%。滑县的非农化率在2003~2009年呈现波动变化，2014年下降为6.94%。长垣的非农化率在2003~2006年波动变化，2006~2010年不断降低，2012年、2013年大幅提升，2014年达到25.12%。邓州的非农化率2003~2006年不断上升，之后不断下降，至2014年变化为9.24%。永城的非农化率整体呈上升状态，从2003年的11.67%逐步提升到2014年的13.52%。固始的非农化率除2009年、2010年、2013年出现波动外，整体呈上升状态，至2014年变化为14.30%。鹿邑的非农化率在2003~2009年呈高低起伏状态，2010年以来不断下降，至2014年降低至9.26%。新蔡的非农化率总体呈逐步上升状态，从2003年的7.97%变化为2014年的9.92%。可以说，各省直管县所处经济发展阶段不同，面临的城镇化发展机遇与平台条件

也不一致，也就导致了各县的人口市民化进程快慢不一。

表 8-2 2003~2014 省直管县非农化率的时序变化　（单位：%）

各县（市）	2003年	2004年	2005年	2006年	2007年	2008年	2009年	2010年	2011年	2012年	2013年	2014年
巩义	17.63	18.04	18.75	19.52	19.85	19.55	19.30	18.97	18.63	18.43	19.03	19.03
兰考	11.81	11.85	11.81	11.85	11.79	11.71	11.52	11.41	11.12	13.83	14.99	15.70
汝州	11.22	11.12	11.12	11.09	10.98	10.89	10.84	10.69	10.51	9.91	9.91	9.90
滑县	7.78	7.23	8.11	7.99	7.96	8.07	7.98	7.89	7.84	6.94	6.94	6.94
长垣	9.49	9.76	9.66	9.69	9.53	9.51	9.32	9.25	10.04	25.10	25.10	25.12
邓州	9.01	9.22	10.09	10.10	10.04	10.01	9.94	9.77	9.69	9.25	9.25	9.24
永城	11.67	11.78	12.46	12.79	12.87	13.37	13.51	13.52	13.51	13.51	13.51	13.52
固始	11.44	11.99	12.36	12.49	12.69	12.86	12.64	12.72	14.09	14.40	14.24	14.30
鹿邑	10.98	11.33	9.51	11.81	11.78	11.97	12.08	9.63	9.28	9.28	9.27	9.26
新蔡	7.97	8.33	8.53	8.73	8.86	8.99	9.10	9.16	9.92	9.90	9.90	9.92

资料来源：2003~2012 年《中国分县市人口统计资料》、2013~2015 年河南各市县统计年鉴，个别缺失数据通过合并运算获得。

二、不同体制下人口市民化进程的差异

为分析人口城镇化与人口市民化进程的差距，可利用人口市民化差异指数，即城镇化率（城镇人口/常住总人口）与非农化率之间的差距反映 2010 年以来两者的差距。由表 8-3 可知，省直管县、扩权县、市管县的城镇化率基本上以年增 1~1.5 个百分点的速度不断上升，人口城镇化进程不断加快。由表 8-3 亦可看出，省直管县的非农化率由 2010 年的 11.10%以较大幅度提升到 2014 年的 13.34%，人口市民化进程逐渐加快；扩权县的非农化率呈波动变化，先由 2010 年的 16.03%降至 2012 年的 15.65%，后又上升至 2014 年的 16.33%，人口市民化进程缓慢；市管县的非农化率变动幅度较小，先由 2010 年的 12.72%降为 2012 年的 12.71%，后又小幅上升为 2014 年的 12.95%。对比分析可知，省直管县的非农化率相对较低，城镇化率相对较高，城镇化率与非农化率之间的差距相对较大，2014 年两者之差达到 22.74%；扩权县的非农化率在三种类型中最高，城镇化率在三种类型中也最高，城镇化率与非农化率者之间的差距最大，2014 年两者之差达到 24.56%；市管县非农化率整体偏低，城镇化率在三种类型中最低，因而城镇化率与非农化率之间的差距最小，2014 年两者之间的差距为 20.64%。不难发现，省直管县、扩权县的城镇化进程较快，而非农化率相对较低，人口市民化进程仍需进一步加

快。从各省直管县的调研发现，很多居民在城市就业、生活，但迟迟未能落户定居，未能完全享受所在城市的各种政策优惠，也未得到相应的权利保障。很多居民处在观望态度，既想定居所在城市享受各种恩惠，又不想摆脱农村户籍的土地利益。因此，尽快落实农业转移人口市民化进程中居民所担忧的户籍、就业、住房、教育等方面的保障，尽快让农业转移人口摆脱对农村土地的不舍情怀并让其乐意定居城镇是当前省直管县、扩权县要解决的难题之一。

表 8-3 三种类型下人口市民化指数的差异   （单位：%）

类型	2010年			2012年			2014年		
	非农化率	城镇化率	两者之差	非农化率	城镇化率	两者之差	非农化率	城镇化率	两者之差
省直管县	11.10	30.90	19.80	12.24	33.25	21.01	13.34	36.08	22.74
扩权县	16.03	35.18	19.15	15.65	37.85	22.20	16.33	40.89	24.56
市管县	12.72	28.48	15.76	12.71	30.95	18.24	12.95	33.59	20.64

资料来源：2003~2012年《中国分县市人口统计资料》、2013~2015年河南各市县统计年鉴，个别缺失数据通过合并运算获得。

为进一步分析省直管县与相似经济发展水平非农化率的变化情况，以省直管县为参考，对比分析处在同等级别不同体制两类县（市）非农化率的发展差异，具体见表8-4。

表 8-4 河南不同发展水平区省直管县与非省直管县的非农化率变动情况（单位：%）

类别	县（市）	2003年	2004年	2005年	2006年	2007年	2008年	2009年	2010年	2011年	2012年	2013年	2014年
高水平区	巩义	17.63	18.04	18.75	19.52	19.85	19.55	19.30	18.97	18.63	18.43	19.03	19.03
	永城	11.67	11.78	12.46	12.79	12.87	13.37	13.51	13.52	13.51	13.51	13.51	13.52
	汝州	11.22	11.12	11.12	11.09	10.98	10.89	10.84	10.69	10.51	9.91	9.91	9.90
	荥阳	20.46	21.08	21.92	22.25	22.01	21.92	21.62	16.56	16.03	15.23	15.21	15.20
	新郑	24.97	25.57	25.56	38.78	26.68	23.82	23.27	22.14	21.77	21.12	21.11	21.06
	新密	16.13	17.05	17.79	17.84	17.67	17.38	17.08	21.47	21.09	20.66	20.62	20.56
	沁阳	31.34	19.96	19.28	19.15	19.36	19.25	18.99	18.88	18.77	16.77	16.75	16.71
	偃师	11.27	11.69	11.95	12.24	12.50	12.48	12.23	11.75	14.77	14.32	14.31	14.26
	禹州	12.75	13.68	15.66	16.10	16.09	16.03	15.94	15.96	15.83	15.42	15.42	15.40
	灵宝	16.60	16.49	16.13	16.18	16.30	16.45	16.39	16.25	16.09	15.28	15.25	15.18

续表

类别	县（市）	2003年	2004年	2005年	2006年	2007年	2008年	2009年	2010年	2011年	2012年	2013年	2014年
中高水平区	邓州	9.01	9.22	10.09	10.10	10.04	10.01	9.94	9.77	9.69	9.25	9.25	9.24
	长垣	9.49	9.76	9.66	9.69	9.53	9.51	9.32	9.25	10.04	25.10	25.10	25.12
	淅川	11.80	11.73	14.09	13.95	13.79	13.68	13.67	14.03	14.97	15.41	15.45	15.53
	唐河	9.83	9.91	10.04	10.07	9.97	9.96	9.82	9.66	9.43	9.35	9.32	9.31
	镇平	11.48	11.55	10.85	11.30	11.36	11.28	11.13	11.03	10.91	10.67	10.65	10.63
	新乡	8.88	9.96	9.73	9.13	8.89	8.62	8.67	8.41	8.90	11.68	11.75	11.83
	辉县	13.62	71.90	62.74	49.88	48.45	46.61	43.87	43.93	39.47	28.37	28.33	28.25
中等水平区	固始	11.44	11.99	12.36	12.49	12.69	12.86	12.64	12.72	14.09	14.40	14.24	14.30
	兰考	11.81	11.85	11.81	11.85	11.79	11.71	11.52	11.41	11.12	13.83	14.99	15.70
	鹿邑	10.98	11.33	9.51	11.81	11.78	11.97	12.08	9.63	9.28	9.28	9.27	9.27
	潢川	14.01	14.13	14.29	14.44	14.50	14.66	14.55	14.72	16.73	16.86	16.92	17.11
	尉氏	8.81	8.93	9.06	9.03	9.02	8.94	8.56	8.39	8.15	7.84	7.82	7.81
	杞县	7.21	7.32	7.82	7.86	8.01	7.94	7.91	7.68	7.57	7.46	7.43	7.35
	郸城	8.84	9.01	7.62	9.57	9.35	9.47	9.52	9.92	9.59	8.30	8.26	8.25
低水平区	滑县	7.78	7.23	8.11	7.99	7.96	8.07	7.98	7.89	7.84	6.94	6.94	6.94
	新蔡	7.97	8.33	8.53	8.73	8.86	8.99	9.10	9.16	9.92	9.90	9.90	9.92
	内黄	6.50	6.63	6.82	6.63	7.19	7.40	7.47	7.49	7.56	7.37	7.20	7.12
	浚县	9.16	9.09	9.15	9.37	9.50	9.49	10.09	10.13	10.38	10.11	10.08	10.07
	汝南	11.17	11.43	11.47	11.48	11.52	11.52	11.51	11.40	11.39	11.47	11.45	11.44

从高水平发展区看，巩义与荥阳、新郑州的变化趋势大体相似，2003～2006年呈平稳上升或波动上升趋势，2007年不平稳（或升或降），2008年之后不断下降；巩义与新密的变化情况不同，新密在2003～2006年不断上升，2007～2009年缓慢下降，2009年升至21.47%后开始下降，到2014年变化为20.56%；汝州与巩义变化趋势不一致，研究期呈平稳的下降趋势，2014年降至9.90%；灵宝与巩义、新郑、禹州相比，2003～2007年呈不稳定的波动变化，2008年之后变化趋势一致，至2014年降至15.18%；偃师波动变化略显复杂，但2011年之后也呈不断下降趋势。对比可知，永城人口市民化进程不断加快，呈现较好的发展态势；巩义、汝州2010年以来人口市民化进程有所变缓。

从中高发展水平区看，邓州2003～2006年不断上升，之后不断下降，至2014年变化为9.24%；同在南阳处在同等发展水平的唐河、镇平与之发展情况基本类似，2006年之后不断降低；同在南阳处在同等发展水平的淅川2006~2009年呈下降趋势，2010年后则呈现不断上升状态。长垣与新乡的变化情况类似，2010年之前整体表现为先波动上升后下降的状态，2010年之后不断提升；辉县发展情况特殊，2005年之前非农化率异常，2005年之后不断下降。对比可知，长垣人口市民化与所在地域的情况类似，2010年以来人口市民进程明显加快；邓州与所在区域的县相比，基本发展趋势一致，2010年以来人口市民化进程有所减缓。

从中等水平区看，固始除个别年份外整个研究期呈逐渐升高的状态，与对比参照县潢川的情况基本类似，但其人口市民化进程要明显高于潢川。兰考2003~2006年波动变化，2006~2011年不断下降，2011年以来有所上升，2014年达到15.70%；兰考与尉氏、杞县比，人口市民化的程度与近期变化幅度均好于后者。鹿邑与郸城变化情况类似，2010年之前呈波动变化情况，2010年以来不断降低。对比可知，固始、兰考近期人口市民化进程明显加快，而鹿邑与所在区域的发展情况类似。

从低水平区看，滑县在2008年之前呈现波动变化，2009年以来呈不断下降趋势，2014年降至6.94%；滑县与周边浚县的情况有所相似但近期的下降态势不一，与同在安阳的内黄的情况完全不同。新蔡整体表现为逐渐提高的状态，由2003年的7.97%不断提高至2014年的9.92%；而对比参照县汝南则呈现不稳定状态，2008年之前呈不断上升的状态，近期有所下降，2014年为11.44%。对比可知，新蔡人口市民化进程不断加快，滑县近期的市民化进程有所下降。

总结看来，少数省直管县人口市民化进程表现出不断提升的发展态势，小部分省直管县近期出现加快之趋势，多数省直管县的人口市民化进程依然迟缓。

第三节 城乡收入差距的变化及影响因素分析

一、城乡收入差距的时序变化

从河南省直管县、扩权县、市管县城乡收入比的时序变化看（表8-5），每个年份均是扩权县<省直管县<市管县，这表明省直管县的城乡收入差距要小于市管县，但略高于扩权县。从三者时序变化的规律看，总体变化趋势基本一致。具体而言，省直管县先由2003年的2.418降低至2006年的2.260，又上升至2009年的2.376，之后又逐步降低至2014年的2.165；扩权县先由2003年的2.205降低至2006年的2.106，又上升至2009年的2.286，之后又逐步降低至2014年的2.049；市管县先由2003年的2.519降低至2006年的2.366，又上升至2009年的2.558，之后又逐步降低至2014年的2.289。从城乡收入比的上升或下降幅度看，三种类

型县的变化情况基本相同（图 8-2）。这表明省直管县、扩权县政策带来的各种城乡发展恩惠并没有产生立杆见影之效应，城乡收入差距缩小的任务依然艰巨。

表 8-5　2003～2014 年省直管县、扩权县、市管县城乡收入比平均值的时序变化

类别	2003 年	2004 年	2005 年	2006 年	2007 年	2008 年	2009 年	2010 年	2011 年	2012 年	2013 年	2014 年
省直管县	2.418	2.315	2.264	2.260	2.280	2.315	2.376	2.316	2.245	2.208	2.185	2.165
扩权县	2.205	2.154	2.158	2.106	2.207	2.227	2.286	2.243	2.134	2.130	2.078	2.049
市管县	2.519	2.478	2.421	2.366	2.490	2.499	2.558	2.500	2.402	2.382	2.322	2.289

资料来源：2004～2015 年《河南统计年鉴》。

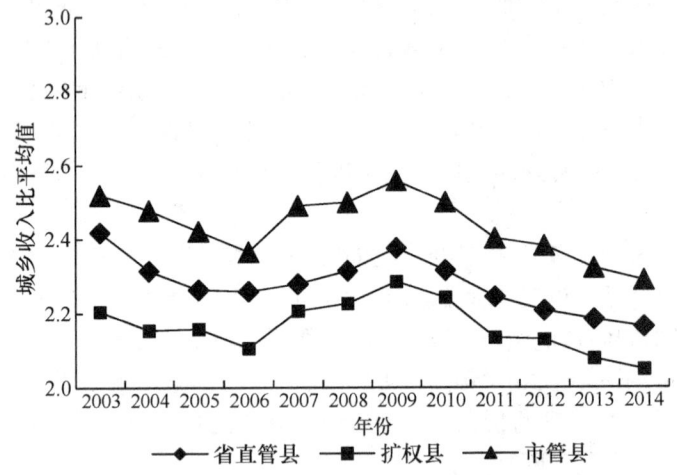

图 8-2　2003～2014 年省直管县、扩权县、市管县城乡收入比平均值的时序变化
资料来源：2004～2015 年《河南统计年鉴》。

从省直管县内部城乡收入比看（表 8-6），10 县（市）整体变化亦呈现先下降，然后小幅上升之后逐步降低的特征。从内部差异看，巩义、长垣城乡收入比较小，2014 年在 1.6 左右，近期有继续下降的趋势；兰考、永城的城乡收入比较大，2014 年依然维持在 2.4～2.5，城乡收入差距缩小的任务依然很大；邓州、固始、鹿邑的城乡收入差距较大，至 2014 年也仍在 2.1～2.4，城乡收入差距缩小存在较大的压力。可以说，受各省直管县经济发展实力、区位条件等方面的差异影响，城乡收入差距的层级仍比较明显。

表 8-6　2003～2014 年省直管县城乡收入比的时序变化

县（市）	2003 年	2004 年	2005 年	2006 年	2007 年	2008 年	2009 年	2010 年	2011 年	2012 年	2013 年	2014 年
巩义	1.703	1.698	1.657	1.664	1.583	1.663	1.699	1.671	1.596	1.578	1.614	1.603
兰考	2.848	3.056	2.914	2.773	2.533	2.594	2.670	2.581	2.489	2.460	2.448	2.433
汝州	2.060	2.043	2.059	2.015	2.153	2.162	2.216	2.104	1.982	1.956	1.909	1.884

续表

县（市）	2003年	2004年	2005年	2006年	2007年	2008年	2009年	2010年	2011年	2012年	2013年	2014年
滑县	1.920	1.888	2.0024	2.043	2.245	2.296	2.411	2.506	2.654	2.703	2.572	2.560
长垣	1.643	1.622	1.630	1.611	1.674	1.716	1.783	1.748	1.656	1.624	1.607	1.598
邓州	2.544	2.744	2.350	2.298	2.349	2.322	2.370	2.335	2.252	2.221	2.178	2.145
永城	3.380	2.736	2.706	2.688	2.714	2.749	2.834	2.763	2.619	2.611	2.531	2.501
固始	2.525	2.394	2.348	2.283	2.394	2.428	2.457	2.358	2.342	2.301	2.271	2.265
鹿邑	2.728	2.469	2.326	2.661	2.480	2.537	2.611	2.485	2.378	2.378	2.337	2.310
新蔡	2.832	2.498	2.650	2.568	2.678	2.679	2.709	2.608	2.480	2.248	2.386	2.353
平均	2.418	2.315	2.264	2.260	2.280	2.315	2.376	2.316	2.245	2.208	2.185	2.165

资料来源：2004～2015年《河南统计年鉴》。

不同发展水平区省直管县与非省直管县的城乡收入比变动情况，见表 8-7。由表 8-7 可知，不同发展水平区的城乡收入比基本与市管县的变化情况类似，呈现逐渐缩小的情况。高水平区、中高水平区的省直管县的城乡收入比整体较小，是区域中城乡收入差距较小的区域。中等水平区、低水平区省直管县的收入差距相对较大，如滑县 2014 年达到 2.560，而与之相比的同等类型区反而相应时段城乡收入比较小。

表 8-7 河南不同发展水平区省直管县与非省直管县的城乡收入比变动情况

类别	县（市）	2003年	2004年	2005年	2006年	2007年	2008年	2009年	2010年	2011年	2012年	2013年	2014年
高水平区	巩义	1.703	1.698	1.657	1.664	1.583	1.663	1.699	1.671	1.596	1.578	1.614	1.603
	永城	3.380	2.736	2.706	2.688	2.714	2.749	2.834	2.763	2.619	2.611	2.531	2.501
	汝州	2.060	2.043	2.059	2.015	2.153	2.162	2.216	2.104	1.982	1.956	1.909	1.884
	荥阳	1.998	1.974	1.928	1.796	1.709	1.775	1.806	1.756	1.677	1.658	1.695	1.686
	新郑	1.846	1.835	1.819	1.690	1.621	1.696	1.732	1.680	1.605	1.587	1.629	1.615
	新密	1.943	1.934	1.925	1.794	1.724	1.790	1.819	1.765	1.679	1.661	1.699	1.687
	沁阳	1.687	1.764	1.845	1.797	1.839	1.934	2.022	1.933	1.880	1.855	1.808	1.786
	偃师	2.041	2.023	1.999	1.866	1.849	1.878	1.888	1.871	1.829	1.829	1.775	1.743
	禹州	1.721	1.680	1.605	1.580	1.715	1.876	2.029	2.014	1.951	1.946	1.915	1.901
	灵宝	2.698	2.532	2.475	2.300	2.241	2.250	2.291	2.235	2.121	2.103	2.051	1.989

续表

类别	县（市）	2003年	2004年	2005年	2006年	2007年	2008年	2009年	2010年	2011年	2012年	2013年	2014年
中高水平区	邓州	2.544	2.744	2.350	2.298	2.349	2.322	2.370	2.335	2.252	2.221	2.178	2.145
	长垣	1.643	1.622	1.630	1.611	1.674	1.716	1.783	1.748	1.656	1.624	1.607	1.598
	淅川	3.392	3.374	2.885	2.811	2.877	2.883	3.127	3.313	3.046	3.047	2.835	2.769
	唐河	2.298	2.524	2.156	2.079	2.165	2.239	2.303	2.316	2.224	2.314	2.192	2.146
	镇平	2.237	2.475	2.113	2.068	2.170	2.174	2.240	2.155	2.207	2.242	2.136	2.115
	新乡	1.648	1.727	1.787	1.927	1.999	1.901	1.965	1.913	1.793	1.761	1.698	1.687
	辉县	1.512	1.665	2.145	2.111	2.202	2.219	2.263	2.169	1.683	2.024	1.997	1.954
中等水平区	固始	2.525	2.394	2.348	2.283	2.394	2.428	2.457	2.358	2.342	2.301	2.271	2.265
	兰考	2.847	3.056	2.914	2.773	2.533	2.594	2.670	2.581	2.489	2.460	2.448	2.433
	鹿邑	2.728	2.469	2.326	2.661	2.480	2.537	2.611	2.485	2.378	2.378	2.337	2.310
	潢川	2.323	2.220	2.259	2.263	2.344	2.337	2.365	2.267	2.237	2.216	2.152	2.122
	尉氏	2.597	2.622	2.587	2.397	2.189	2.102	2.185	2.173	2.051	2.064	2.003	1.974
	杞县	2.648	2.618	2.412	2.263	2.065	1.951	2.029	1.969	1.860	1.837	1.805	1.779
	郸城	2.940	2.448	2.484	2.388	2.645	2.757	2.800	2.711	2.589	2.658	2.537	2.501
低水平区	滑县	1.920	1.887	2.002	2.043	2.245	2.296	2.411	2.506	2.654	2.703	2.572	2.560
	新蔡	2.832	2.498	2.650	2.568	2.678	2.679	2.709	2.608	2.480	2.248	2.386	2.353
	内黄	2.040	1.999	2.159	2.097	2.096	2.168	2.256	2.346	2.246	2.243	2.189	2.183
	浚县	1.785	1.773	1.710	1.652	1.694	1.741	1.823	1.737	1.634	1.614	1.561	1.543
	汝南	2.473	2.203	2.287	2.245	2.427	2.464	2.492	2.401	2.297	2.358	2.203	2.187

资料来源：2004~2015年《河南统计年鉴》。

二、城乡收入差距的空间分异

由于省直管县、扩权县、市管县总体变化的趋势较为一致，下面以2014年河南县域城乡收入比的空间分异情况，分析总体的空间变化规律。2014年，河南省县域空间分异格局十分明显，中部、北部地区城乡收入比较小，郑州附近形成低值集聚中心；而西南部、南部、东部城乡收入比较高，且在局部形成集聚中心。不难发现，由于县域城镇居民人均可支配性收入、农村人均可支配性收入高值区的集聚分布，河南中部、北部地区城乡收入比较小。由于全省西部、南部、东部局部地区城镇收入值较高、农村纯收入较低，形成城乡收入比较大的集聚核心，城乡收入差距在全区最大。无论是省直管县、扩权县还是市管县，基本上与所在区域的经济发展水平、区位条件有关,并非因各种政策优势而显现出城乡收入比"异变"的特点。总体而言,河南城乡收入比的地域差别很大且分布格局明显,并且多数区域比值在2.5以上。因此全省在改善城乡收入的地区分异情况的道路上,仍有很长的一段路要走。

三、影响城乡收入差距的原因分析

(一)变量与数据

城乡收入差距作为被解释变量,以Y表示,即城镇居民家庭人均可支配收入与农村居民家庭人均纯收入比值。城乡二元结构以二元结构系数(RY)来表示,二元结构系数以非农产业比较劳动生产率与农业比较劳动生产率的比值来表示,其中非农业比较劳动生产率以非农业部门的产值同在此部门就业的劳动力人数的比率来表示,农业比较劳动生产率以农业部门的产值同在此部门就业的劳动力人数的比率来表示,该指标在国际上用来测算发展中国家城乡二元经济结构强度。城乡固定资产比(GD)以城市固定资产投资和农村固定资产投资的比值来表示,该指标越大,反映城乡资本投入的差距越大。就业结构(JY)以历年非农产业从业人员与农业从业人员之比表示,即第二、第三产业从业人员和第一产业从业人员的比值,反映产业结构的变化以及测量农业劳动力向非农产业的转移对城乡收入差距的影响。非农化率(FN)用非农人口占总人口的比重来衡量,指标值扩大,意味着人口城镇化水平高。引入虚拟变量省直管县政策(ZG),其中扩权县与省直管县为1,市管县为0,用其测度政策对不同类型县城乡收入的影响。

(二)计算与分析

运用Eviews6.0软件,对2003~2014年河南108个县(市)城乡收入比的影响因素进行了动态面板分析。以城乡收入比为因变量,以二元结构系数(EY),城乡固定资产比(GD),非农化率(FN),就业结构(JY),省直管、扩权县(ZG)为自变量进行分析,结果见表8-8。

表8-8 动态面板数据分析结果

Srb(指标)	Coef.(因变量系数)	Std. Err(标准差)	t-Statistic(t统计量)	Prob.(显著性水平)
EY(二元结构系数)	0.0723	0.0304	2.3776	0.0176
GD(城乡固定资产比)	0.0003	0.0004	0.7622	0.4461
FN(非农化率)	−0.0081	0.0016	−5.1417	0.0000
JY(就业结构)	−0.0074	0.0116	−0.6383	0.5234
ZG(扩权县)	−0.2176	0.0252	−8.6375	0.0000
C(常量)	2.5377	0.0306	82.8630	0.0000

从结果来看，城乡固定资产比（GD）、就业结构（JY）均超过 0.1，表明这两个指标对城乡收入差距缩小的作用不显著。省直管县政策（ZG）的 P 值明显通过了显著性检验，且其系数（Coef.）为-0.2176，表明省直管县政策体制对缩小城乡收入具有正向作用且作用强度较大。而非农化率和二元结构系数则扩大了城乡收入比，但其作用强度较小。

如果将城乡固定资产比（GD）、就业结构（JY）因素去掉，分析结果见表 8-9。由表 8-9 可知，3 个影响因素的作用变化不大，省直管县、扩权县对城乡收入比影响依然较强。

表 8-9　剔除相关变量的动态面板数据分析结果

Srb（指标）	Coef.（因变量系数）	Std. Err（标准差）	t-Statistic（t 统计量）	Prob.（显著性水平）
EY（二元结构系数）	0.0716	0.0304	2.3563	0.0186
FN（非农化率）	−0.0074	0.0014	−5.4815	0.0000
ZG（省直管县政策）	−0.2194	0.0251	−8.7519	0.0000
C（常量）	2.5241	0.0266	95.0060	0.0000

如果固定时间，看截面变化特征，结果见表 8-10。由表 8-10 可知，就业结构仍然不显著，其他因素中，省直管县、扩权县对缩小城乡收入比起到积极作用，且作用力度较大。而二元结构系数、城乡固定资产比扩大了城乡收入比，非农化率则对缩小城乡差距具有一定的积极作用。

表 8-10　固定时间的动态面板数据分析结果

Srb（指标）	Coef.（因变量系数）	Std. Err（标准差）	t-Statistic（t 统计量）	Prob.（显著性水平）
EY（二元结构系数）	0.07448	0.0303	2.4611	0.0140
GD（城乡固定资产比）	0.0008	0.0004	2.0000	0.0458
FN（非农化率）	−0.0087	0.0016	−5.5564	0.0000
JY（就业结构）	−0.0003	0.0120	−0.0269	0.9786
ZG（省直管县政策）	−0.2197	0.0250	−8.7849	0.0000
C（常量）	2.5339	0.0307	82.5042	0.0000

第四节　城乡统筹发展综合水平评价

根据城乡经济综合发展的内涵，按照城镇发展、乡村发展与城乡共同发展的理念，选取 13 项指标评价河南县域城乡统筹综合发展水平。具体而言，选取非农业人口比重、第二产业占 GDP 比重、第三产业占 GDP 比重、城镇人均可支配收入、城镇固定资产投资 5 个指标反映城镇发展；选取乡村人均纯收入、乡村非农从业人员比重、农业机械总动力、乡村密度 4 个指标反映乡村发展；选取城乡人均收入比、城乡居民储蓄余额、城乡社会消费品零售额、城乡拥有的医疗床位数反映城乡发展。根据主成分分析方法（徐建华，2011），运用 SPSS 软件进行降维运算，将每一个主成分与相应的方差贡献率相乘后求和，从而得到 2007 年、2010 年、2014 年的城乡统筹发展综合水平，结果见表 8-11～表 8-13。

表 8-11　2007 年河南县域城乡统筹综合发展水平

县（市）	F1	F2	F3	F4	总得分	位次
新密	2.914	1.871	1.582	0.481	1.721	1
巩义	3.056	1.901	0.273	0.161	1.640	2
新郑	2.425	1.142	0.258	0.964	1.298	3
荥阳	2.212	1.374	0.267	0.669	1.237	4
登封	2.180	0.501	0.845	0.103	1.055	5
偃师	1.698	1.636	0.098	−0.274	0.994	6
林州	1.759	0.848	0.517	0.672	0.973	7
禹州	1.441	1.602	−0.457	0.198	0.873	8
中牟	1.129	1.042	0.049	1.486	0.784	9
长垣	0.300	1.111	0.636	2.871	0.631	10
长葛	1.495	0.018	−0.604	0.266	0.567	11
安阳	0.823	1.008	0.041	−0.075	0.530	12
固始	−0.071	2.232	1.728	−0.674	0.524	13
沁阳	1.271	−0.335	0.079	0.869	0.516	14
辉县	1.232	−0.021	0.947	−0.952	0.496	15
灵宝	0.805	0.628	0.184	−0.476	0.426	16
邓州	0.048	2.000	0.088	−0.437	0.396	17
永城	0.237	1.948	−0.283	−1.643	0.331	18
新乡	1.482	−0.682	−1.022	−0.782	0.299	19
许昌	0.712	−0.033	−0.590	0.675	0.278	20
孟州	1.241	−0.964	−0.787	0.455	0.266	21
义马	2.807	−4.821	1.463	−0.180	0.263	22

续表

县（市）	F1	F2	F3	F4	总得分	位次
镇平	0.448	0.657	−0.028	−0.678	0.255	23
汝州	0.324	0.254	0.070	0.787	0.250	24
博爱	1.023	−0.931	−0.479	0.601	0.225	25
武陟	0.554	0.081	−1.258	0.895	0.196	26
温县	0.916	−0.908	−0.686	0.703	0.176	27
鄢陵	0.570	−0.362	−0.318	0.614	0.174	28
伊川	0.718	0.248	−0.516	−1.590	0.163	29
西平	−0.072	0.679	0.502	0.016	0.155	30
项城	0.353	0.525	−0.059	−1.520	0.120	31
卫辉	−0.101	−1.217	1.332	3.228	0.092	32
罗山	−0.437	0.304	1.906	0.394	0.090	33
宝丰	0.002	−0.704	0.892	1.711	0.076	34
新野	0.265	0.364	−1.101	−0.169	0.067	35
潢川	−0.253	0.158	1.255	0.261	0.065	36
光山	−0.211	0.099	1.317	−0.005	0.054	37
唐河	−0.038	1.076	−1.400	−0.314	0.051	38
新安	0.967	−0.708	−0.317	−2.467	0.017	39
鹿邑	−0.470	0.909	0.237	−0.124	0.008	40
襄城	0.145	−0.178	−0.569	0.416	0.004	41
内乡	0.172	−0.301	0.480	−0.737	−0.008	42
新县	−0.142	−0.729	1.661	0.426	−0.020	43
渑池	0.863	−1.202	0.039	−1.758	−0.036	44
商城	−0.419	0.055	1.421	−0.338	−0.055	45
临颍	0.448	−0.283	−2.641	0.762	−0.055	46
西峡	0.362	−0.557	−0.039	−1.142	−0.063	47
孟津	0.095	−0.797	1.032	−0.440	−0.065	48
息县	−0.600	0.755	0.587	−0.608	−0.082	49
濮阳	−0.039	0.895	−1.360	−1.612	−0.086	50
宜阳	−0.437	−0.026	1.348	−0.376	−0.088	51
陕县	−0.473	−0.575	2.044	0.358	−0.092	52

续表

县（市）	F1	F2	F3	F4	总得分	位次
舞钢	0.712	−1.780	0.776	−1.090	−0.093	53
获嘉	0.065	−1.094	−0.605	1.958	−0.093	54
上蔡	−1.006	1.147	0.747	−0.050	−0.106	55
淇县	1.039	−2.257	−1.139	0.471	−0.107	56
沈丘	−0.777	0.669	0.938	−0.474	−0.128	57
尉氏	−0.093	0.184	−1.317	−0.141	−0.130	58
滑县	−0.720	1.382	−1.933	0.586	−0.135	59
淅川	0.041	−0.204	0.042	−1.682	−0.156	60
修武	0.577	−1.497	−0.979	0.031	−0.158	61
延津	−0.170	−0.864	−0.560	1.602	−0.164	62
方城	−0.408	−0.035	0.286	−0.405	−0.176	63
浚县	0.040	−0.297	−2.854	1.370	−0.192	64
夏邑	−0.973	1.128	0.361	−0.888	−0.199	65
汤阴	0.135	−1.177	−0.456	0.164	−0.212	66
原阳	−0.702	−0.010	−0.710	1.653	−0.214	67
淮滨	−0.718	−0.394	1.639	0.055	−0.214	68
平舆	−0.676	0.081	0.340	−0.137	−0.233	69
封丘	−0.858	0.104	0.039	0.932	−0.243	70
叶县	−0.525	−0.104	−0.327	0.108	−0.251	71
遂平	−0.452	−0.784	0.342	0.637	−0.257	72
鲁山	−1.030	−0.076	1.953	−0.237	−0.269	73
太康	−1.122	1.127	−0.866	0.185	−0.283	74
洛宁	−0.681	−0.423	1.402	−0.660	−0.283	75
民权	−0.918	0.234	0.653	−0.373	−0.290	76
嵩县	−0.683	−0.340	1.061	−0.566	−0.291	77
汝阳	−0.356	−0.818	0.584	−0.479	−0.293	78
开封	−1.232	0.659	−0.569	1.457	−0.293	79
内黄	−0.639	−0.180	−0.949	0.877	−0.307	80
杞县	−1.016	0.792	−1.596	1.000	−0.309	81
虞城	−1.228	1.100	−0.117	−0.395	−0.310	82

续表

县（市）	F1	F2	F3	F4	总得分	位次
兰考	-0.935	-0.405	0.690	0.942	-0.317	83
柘城	-1.238	0.381	0.714	0.387	-0.321	84
商水	-1.207	0.740	0.257	-0.183	-0.323	85
清丰	-0.418	-0.195	-1.318	-0.038	-0.328	86
西华	-0.708	0.363	-0.676	-0.749	-0.330	87
郸城	-0.727	0.604	-1.122	-0.787	-0.332	88
栾川	0.390	-1.021	-0.868	-2.980	-0.367	89
通许	-0.892	-0.602	-0.435	1.690	-0.381	90
卢氏	-1.510	-0.572	3.110	0.577	-0.391	91
泌阳	-1.108	0.346	0.195	-0.468	-0.392	92
扶沟	-0.943	-0.094	-0.581	0.557	-0.403	93
淮阳	-0.984	0.528	-0.522	-0.885	-0.404	94
汝南	-1.006	-0.288	-0.134	0.803	-0.407	95
新蔡	-1.147	0.333	-0.163	-0.366	-0.434	96
南召	-0.254	-0.898	-0.260	-1.671	-0.440	97
正阳	-1.272	0.643	-1.096	0.444	-0.440	98
睢县	-0.815	0.027	-0.526	-1.031	-0.449	99
南乐	-0.469	-0.832	-1.116	0.022	-0.454	100
桐柏	-0.133	-0.895	-0.288	-2.454	-0.456	101
郏县	-0.611	-0.825	-0.328	-0.273	-0.461	102
宁陵	-1.119	-0.554	0.313	0.343	-0.502	103
确山	-0.865	-0.694	-0.230	0.044	-0.502	104
社旗	-1.058	-0.719	0.444	0.001	-0.527	105
舞阳	-0.633	-0.783	-1.047	-0.617	-0.554	106
范县	-0.833	-0.928	-1.156	-0.246	-0.644	107
台前	-0.863	-1.520	-0.704	-0.240	-0.734	108

表 8-12　2010 年河南县域城乡统筹综合发展水平

县（市）	F1	F2	F3	总得分	位次
新密	2.799	1.804	1.433	1.580	1
巩义	2.872	1.656	0.700	1.510	2
新郑	2.322	1.245	−0.137	1.138	3
荥阳	2.346	0.834	0.620	1.130	4
林州	1.999	0.961	1.076	1.065	5
禹州	1.708	1.347	0.718	1.001	6
登封	2.181	0.629	0.309	0.995	7
偃师	1.761	1.390	0.035	0.968	8
中牟	1.408	1.045	0.263	0.782	9
永城	0.505	2.064	0.012	0.625	10
安阳	1.084	0.973	−0.147	0.605	11
固始	−0.176	2.364	1.132	0.529	12
灵宝	1.106	0.756	−0.588	0.528	13
长葛	1.468	0.007	−0.770	0.494	14
辉县	1.078	0.455	−0.281	0.483	15
长垣	0.675	0.334	1.488	0.464	16
邓州	0.160	1.890	−0.063	0.450	17
义马	2.370	−4.604	5.241	0.426	18
沁阳	1.304	−0.607	−0.420	0.335	19
镇平	0.264	0.988	−0.321	0.278	20
伊川	0.642	0.442	−1.242	0.225	21
汝州	0.315	0.376	0.047	0.203	22
新安	1.091	−0.731	−0.755	0.197	23
许昌	0.634	0.137	−0.871	0.192	24
新乡	1.523	−0.913	−2.209	0.192	25
鄢陵	0.680	−0.646	0.615	0.182	26
项城	0.287	0.326	0.013	0.179	27
孟州	1.386	−1.097	−1.545	0.162	28
唐河	−0.186	1.484	−1.057	0.142	29
濮阳	0.182	0.596	−0.733	0.127	30

续表

县（市）	F1	F2	F3	总得分	位次
武陟	0.699	−0.079	−1.402	0.124	31
新野	0.245	0.403	−0.881	0.098	32
渑池	0.830	−0.930	−0.444	0.084	33
西平	−0.271	0.534	0.581	0.060	34
襄城	0.531	−0.396	−0.744	0.053	35
鹿邑	−0.356	0.636	0.425	0.035	36
夏邑	−0.828	1.457	0.500	0.032	37
西峡	0.547	−0.920	0.001	0.018	38
光山	−0.233	−0.001	1.173	0.017	39
潢川	−0.332	0.252	0.983	0.015	40
博爱	0.812	−1.210	−0.807	−0.015	41
温县	0.815	−1.119	−1.122	−0.023	42
息县	−0.650	0.872	0.231	−0.046	43
尉氏	−0.123	0.059	−0.177	−0.051	44
罗山	−0.554	0.374	0.824	−0.059	45
临颍	0.553	−0.392	−2.195	−0.070	46
宜阳	−0.443	0.023	0.864	−0.086	47
滑县	−0.875	1.408	−0.569	−0.094	48
虞城	−1.108	1.258	0.717	−0.097	49
宝丰	0.310	−1.030	−0.106	−0.106	50
内乡	−0.206	−0.225	0.184	−0.109	51
孟津	0.038	−0.785	0.429	−0.110	52
沈丘	−0.813	0.559	0.774	−0.124	53
上蔡	−1.178	1.463	0.232	−0.126	54
商城	−0.470	0.025	0.523	−0.127	55
郸城	−0.485	0.370	−0.212	−0.128	56
太康	−1.043	1.009	0.522	−0.142	57
嵩县	−0.359	−0.222	0.407	−0.147	58
方城	−0.490	0.429	−0.564	−0.150	59
栾川	0.274	−0.820	−1.056	−0.162	60

续表

县（市）	F1	F2	F3	总得分	位次
卫辉	−0.317	−1.425	2.732	−0.170	61
舞钢	0.330	−1.543	0.164	−0.181	62
新县	−0.417	−0.610	1.102	−0.186	63
民权	−0.903	0.196	1.265	−0.190	64
修武	0.476	−1.570	−0.501	−0.190	65
淅川	−0.329	0.153	−1.063	−0.191	66
杞县	−0.900	0.773	−0.099	−0.193	67
淮阳	−0.809	0.465	0.220	−0.193	68
平舆	−0.778	0.184	0.705	−0.196	69
原阳	−0.454	−0.331	0.463	−0.201	70
陕县	−0.324	−0.643	0.569	−0.206	71
商水	−1.032	0.520	0.878	−0.207	72
兰考	−0.801	−0.356	1.785	−0.219	73
淇县	0.922	−2.089	−1.568	−0.225	74
洛宁	−0.549	−0.558	1.112	−0.226	75
柘城	−1.164	0.292	1.648	−0.235	76
清丰	−0.213	−0.232	−1.166	−0.236	77
浚县	−0.022	−0.506	−1.348	−0.237	78
叶县	−0.340	−0.100	−1.062	−0.248	79
西华	−0.695	0.158	−0.332	−0.264	80
获嘉	0.046	−1.320	−0.143	−0.271	81
睢县	−0.915	0.237	0.101	−0.292	82
新蔡	−1.193	0.879	−0.237	−0.296	83
泌阳	−1.205	0.735	0.061	−0.303	84
遂平	−0.519	−0.746	0.552	−0.304	85
正阳	−1.204	0.680	0.121	−0.309	86
淮滨	−0.868	−0.133	0.329	−0.331	87
延津	−0.161	−0.905	−0.913	−0.334	88
桐柏	−0.536	−0.507	−0.304	−0.339	89
汝南	−0.978	0.177	−0.025	−0.340	90

续表

县（市）	F1	F2	F3	总得分	位次
开封	−1.025	0.349	−0.369	−0.354	91
鲁山	−1.256	0.331	0.573	−0.360	92
确山	−0.713	−0.587	0.293	−0.369	93
汤阴	0.054	−1.529	−0.844	−0.375	94
南乐	−0.241	−1.053	−0.705	−0.376	95
南召	−0.591	−0.614	−0.318	−0.384	96
封丘	−0.985	−0.059	0.070	−0.384	97
扶沟	−0.847	−0.148	−0.437	−0.396	98
汝阳	−0.583	−0.990	0.207	−0.411	99
通许	−0.850	−0.473	−0.004	−0.425	100
内黄	−0.807	−0.322	−0.771	−0.447	101
舞阳	−0.531	−0.883	−1.423	−0.518	102
郏县	−0.649	−0.748	−1.425	−0.535	103
范县	−0.808	−1.057	−0.240	−0.552	104
宁陵	−1.230	−0.434	−0.125	−0.573	105
卢氏	−1.567	−0.384	0.951	−0.594	106
社旗	−1.183	−0.276	−0.988	−0.601	107
台前	−0.961	−1.505	−1.140	−0.786	108

表 8-13　2014 年河南县域城乡统筹综合发展水平

县（市）	F1	F2	F3	总得分	位次
新密	2.407	1.946	1.271	1.482	1
巩义	2.649	1.790	0.183	1.431	2
新郑	2.136	1.559	0.684	1.233	3
林州	1.973	1.558	0.878	1.190	4
荥阳	2.391	1.111	−0.289	1.132	5
登封	1.833	1.052	0.740	1.008	6
禹州	1.399	2.001	−0.016	0.984	7
偃师	1.658	0.937	1.382	0.980	8
永城	0.428	2.327	0.088	0.700	9

续表

县（市）	F1	F2	F3	总得分	位次
安阳	0.953	1.331	−0.383	0.626	10
义马	2.840	−3.349	2.249	0.541	11
长葛	1.689	−0.029	−1.390	0.497	12
沁阳	1.653	−0.580	−0.196	0.477	13
固始	−0.363	2.414	0.636	0.473	14
辉县	0.797	0.740	−0.226	0.448	15
汝州	0.408	0.607	1.113	0.403	16
伊川	0.541	0.661	0.461	0.401	17
新安	0.978	−0.227	0.769	0.396	18
长垣	0.721	0.459	0.078	0.386	19
灵宝	1.000	0.441	−1.054	0.376	20
中牟	1.395	0.168	−2.029	0.367	21
邓州	−0.201	2.036	−0.322	0.354	22
镇平	0.043	1.058	0.134	0.270	23
孟州	1.599	−1.078	−0.970	0.266	24
西峡	0.755	−0.676	0.639	0.196	25
项城	0.072	0.533	0.302	0.178	26
渑池	1.027	−1.117	0.213	0.157	27
新野	0.370	0.440	−0.842	0.157	28
许昌	0.739	0.073	−1.438	0.154	29
鄢陵	0.608	−0.456	0.256	0.153	30
新乡	1.603	−1.506	−1.285	0.139	31
唐河	−0.263	1.556	−1.192	0.135	32
博爱	1.033	−1.362	0.365	0.119	33
武陟	0.652	−0.010	−1.415	0.105	34
襄城	0.243	0.059	−0.113	0.094	35
潢川	−0.126	0.308	0.681	0.090	36
舞钢	0.328	−0.995	1.873	0.085	37
孟津	0.359	−0.809	1.057	0.058	38
鹿邑	−0.216	0.474	0.277	0.053	39

续表

县（市）	F1	F2	F3	总得分	位次
濮阳	0.106	0.699	−1.571	0.043	40
温县	0.936	−1.189	−0.506	0.035	41
西平	−0.421	0.450	0.875	0.029	42
栾川	0.086	−0.806	1.659	0.014	43
夏邑	−0.772	1.153	0.160	−0.015	44
宝丰	0.560	−0.937	−0.184	−0.018	45
罗山	−0.508	0.371	0.871	−0.023	46
修武	0.565	−1.336	0.657	−0.024	47
内乡	−0.204	−0.030	0.594	−0.025	48
淅川	−0.141	0.021	0.188	−0.030	49
陕县	−0.213	−0.491	1.319	−0.062	50
宜阳	−0.571	0.007	1.380	−0.078	51
方城	−0.527	0.389	0.264	−0.086	52
光山	−0.390	0.165	0.231	−0.088	53
卫辉	−0.309	−0.934	2.322	−0.099	54
临颍	0.621	−0.634	−2.040	−0.110	55
尉氏	−0.143	0.281	−1.218	−0.111	56
兰考	−0.592	−0.411	1.848	−0.135	57
嵩县	−0.839	0.020	1.786	−0.137	58
沈丘	−0.728	0.492	0.228	−0.142	59
商城	−0.452	−0.085	0.430	−0.148	60
上蔡	−1.133	1.262	−0.093	−0.153	61
遂平	−0.336	−0.826	1.499	−0.167	62
淇县	1.316	−2.577	−0.823	−0.167	63
虞城	−1.066	1.099	−0.137	−0.169	64
息县	−0.772	0.748	−0.494	−0.173	65
平舆	−0.706	0.392	−0.022	−0.181	66
太康	−1.069	1.114	−0.645	−0.217	67
郸城	−0.685	0.400	−0.684	−0.237	68
柘城	−1.060	0.118	1.394	−0.237	69

续表

县（市）	F1	F2	F3	总得分	位次
新县	−0.304	−0.716	0.394	−0.239	70
民权	−0.984	0.123	0.877	−0.259	71
确山	−0.588	−0.635	1.087	−0.260	72
桐柏	−0.476	−0.426	0.138	−0.264	73
洛宁	−0.973	−0.296	1.699	−0.268	74
商水	−0.854	0.402	−0.450	−0.278	75
杞县	−0.942	0.799	−1.102	−0.286	76
开封	−0.793	0.356	−0.700	−0.290	77
南召	−0.700	−0.401	0.664	−0.291	78
滑县	−1.245	1.106	−0.738	−0.295	79
淮阳	−0.887	0.439	−0.642	−0.301	80
汤阴	0.063	−1.328	−0.457	−0.323	81
鲁山	−1.369	0.163	1.583	−0.326	82
通许	−0.548	−0.528	0.022	−0.326	83
淮滨	−0.796	−0.253	0.308	−0.329	84
叶县	−0.416	−0.288	−1.242	−0.347	85
睢县	−1.051	0.131	0.224	−0.347	86
汝南	−0.863	0.017	−0.239	−0.348	87
清丰	−0.202	−0.396	−1.996	−0.365	88
汝阳	−0.626	−0.892	0.718	−0.369	89
新蔡	−1.152	0.653	−0.881	−0.376	90
泌阳	−1.140	0.360	−0.352	−0.386	91
浚县	0.074	−0.919	−2.102	−0.389	92
正阳	−1.392	0.591	−0.176	−0.412	93
西华	−0.780	−0.032	−1.196	−0.422	94
延津	−0.096	−1.223	−1.149	−0.428	95
舞阳	−0.680	−0.787	−0.018	−0.439	96
郏县	−0.320	−1.148	−0.576	−0.440	97
获嘉	0.363	−1.860	−1.611	−0.444	98
社旗	−0.947	−0.315	−0.197	−0.451	99

续表

县（市）	F1	F2	F3	总得分	位次
南乐	−0.224	−1.119	−1.192	−0.458	100
扶沟	−0.703	−0.474	−0.915	−0.465	101
原阳	−0.682	−0.546	−1.082	−0.490	102
卢氏	−1.454	−0.490	1.484	−0.516	103
封丘	−1.061	−0.365	−0.586	−0.544	104
内黄	−1.005	−0.388	−0.778	−0.547	105
范县	−0.700	−1.226	−1.150	−0.658	106
宁陵	−1.297	−0.782	0.006	−0.670	107
台前	−0.913	−1.676	−0.130	−0.740	108

进一步地，按照高水平区、中高水平区、中等水平区、低水平区选择参照县进行对比分析，具体结果见表 8-14。

表 8-14　河南不同发展水平区省直管县与非省直管县的城乡统筹综合发展水平

类别	县（市）	2007 年		2010 年		2014 年	
		得分	排名	得分	排名	得分	排名
高水平区	巩义	1.6397	2	1.5105	2	1.4309	2
	永城	0.3310	18	0.6255	10	0.6999	9
	汝州	0.2498	24	0.2035	22	0.4033	16
	荥阳	1.2370	4	1.1300	4	1.1316	5
	新郑	1.2978	3	1.1376	3	1.2332	3
	新密	1.7206	1	1.5804	1	1.4823	1
	沁阳	0.5155	14	0.3352	19	0.4767	13
	偃师	0.9943	6	0.9683	8	0.9795	8
	禹州	0.8725	8	1.0011	6	0.9841	7
	灵宝	0.4261	16	0.5281	13	0.3755	20
中高水平区	邓州	0.3960	17	0.4500	17	0.3543	22
	长垣	0.6309	10	0.4640	16	0.3860	19
	淅川	−0.1556	60	−0.1911	66	−0.0301	49
	唐河	0.0509	38	0.1419	29	0.1354	32
	镇平	0.2546	23	0.2780	20	0.2697	23
	新乡	0.2985	19	0.1922	25	0.1391	31
	辉县	0.4961	15	0.4825	15	0.4484	15

续表

类别	县(市)	2007年		2010年		2014年	
		得分	排名	得分	排名	得分	排名
中等水平区	固始	0.5242	13	0.5289	12	0.4734	14
	兰考	−0.3171	83	−0.2186	73	−0.1350	57
	鹿邑	0.0077	40	0.0349	36	0.0530	39
	潢川	0.0649	36	0.0149	40	0.0897	36
	尉氏	−0.1300	58	−0.0509	44	−0.1111	56
	杞县	−0.3092	81	−0.1928	67	−0.2855	76
	郸城	−0.3319	88	−0.1281	56	−0.2370	68
低水平区	滑县	−0.1353	59	−0.0935	48	−0.2951	79
	新蔡	−0.4337	96	−0.2956	83	−0.3765	90
	内黄	−0.3065	80	−0.4469	101	−0.5469	105
	浚县	−0.1918	64	−0.2371	78	−0.3890	92
	汝南	−0.4073	95	−0.3401	90	−0.3477	87

由表8-14可知，高水平区省直管县巩义与周边的荥阳、新郑、新密相比，始终保持较高的城乡统筹综合发展水平，位次稳居第2位；永城城乡统筹综合发展水平逐步上升，2014年处于第9位，综合得分达到0.6999。汝州城乡统筹综合发展水平也不断上升，2014年处于第16位，综合得分达到0.4033。对比分析高水平区城乡统筹综合发展水平可知，无论是省直管县还是市管县，城乡统筹综合发展水平相对较高，位次变动也不是很明显。

中高水平区省直管县邓州、长垣的城乡统筹综合发展水平呈波动下降趋势，2014年两县的名次处在20名左右；淅川、唐河两县的城乡统筹综合发展水平呈波动上升状态，2014年位次分别为第49、32位；新乡的位次有所下降，2014年降至第31位；辉县的位次相对稳定，三个年份均处于第15位。由此可知，省直管县城乡经济综合发展指数的波动下降，与对比县（市）的变化规律并不一致，也未呈相反发展状态。

中等水平区省直管县固始的城乡统筹综合发展水平相对稳定，基本处在13名左右；省直管县兰考的城乡统筹综合发展水平不断上升，2014年综合得分为

-0.1350，位次为第 57 位；省直管县鹿邑的城乡统筹综合水平呈小幅波动变化状态，2014 年综合得分为 0.0530，位次为第 39 位。省直管县固始位次虽有波动但未降至 20 位之外，与市管县潢川比仍处在大幅领先的局面，这与固始的经济发展实力密切相关。省直管县兰考与市管县尉氏、杞县比，近阶段受国家、河南的政策优惠较多，位次虽然靠后但处于稳定上升状态。省直管县鹿邑与郸城比，总体变化情况类似，但排名相对高于郸城县。

低水平区省直管县滑县的排名处在波动下降的状态，2014 年处于 79 名。省直管县滑县除位次相对靠前外总体变化与市管县内黄、浚县类似。省直管县新蔡城乡统筹综合发展水平处于波动上升状态，2014 年综合得分达到-0.3765，位次为 90 名。省直管县新蔡与对比市管县汝南相比，新蔡的排名并不靠前。可以说，省直管县新蔡的城乡统筹发展水平并不是很高，在整个豫南地区整体城乡统筹水平不高的局面下提升状态也不是很理想。

总结看来，省直管县的城乡经济综合发展指数虽然处于波动变化，但其总体发展状态有向好的趋势变化，但后期的效应仍需进一步检验。

第五节 公共财政中教育支出、农林社会事务支出的变化

从公共财政支出在三种类型县的分配看（表 8-15、图 8-3），省直管县的公共财政支出占河南县域公共财政支出总额的比重明显上升，由 2003 年的 12.62%逐步上升到 2014 年的 14.45%；扩权县的公共财政支出所占比重呈下降趋势，由 2003 年的 40.08%下降至 2014 年的 37.86%；市管县公共财政支出所占比重呈波动变化状态，先由 2003 年的 47.30%下降至 2006 年的 46.39%，2013 年上升至 48.28%，2014 年又降低为 47.69%。

表 8-15 河南县域公共财政支出在三种类型县的比重 （单位：%）

类别	2003年	2004年	2005年	2006年	2007年	2008年	2009年	2010年	2011年	2012年	2013年	2014年
省直管县	12.62	12.98	12.44	12.59	12.22	12.38	12.52	12.77	12.88	13.51	13.69	14.45
扩权县	40.08	40.47	41.08	41.02	40.80	40.51	40.34	39.91	39.26	38.33	38.04	37.86
市管县	47.30	46.55	46.48	46.39	46.98	47.11	47.14	47.32	47.86	48.16	48.28	47.69

资料来源：2004~2015 年《河南统计年鉴》。

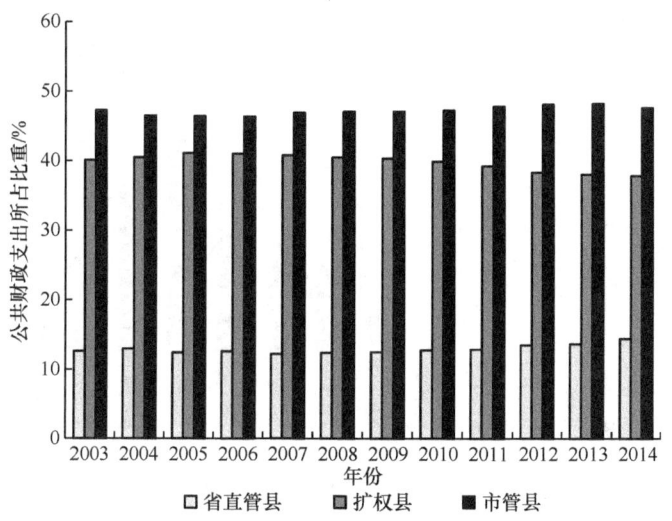

图 8-3　河南县域公共财政支出在三种类型县的比重
资料来源：2004~2015 年《河南统计年鉴》。

从人均教育财政支出看（表 8-16、图 8-4），省直管县的人均教育成本从 2003 年的 98 元不断提高到 2014 年的 993 元；扩权县的人均教育财政成本从 2003 年的 107 元提高至 2014 年的 964 元；市管县的人均教育财政成本从 2003 年的 95 元提高至 2014 年的 982 元。虽然三者之间的差距不大，但仍可看出 2014 年省直管县的教育投入要高于其他两种类型县，人均享受的教育财政支出在三者中最高。

表 8-16　河南三种不同类型县的人均教育成本差异　　（单位：元）

类别	2003年	2004年	2005年	2006年	2007年	2008年	2009年	2010年	2011年	2012年	2013年	2014年
省直管县	98	117	145	191	290	366	414	495	656	877	961	993
扩权县	107	124	151	197	322	398	473	526	710	860	947	964
市管县	95	112	136	185	290	357	420	491	693	886	954	982

资料来源：2004~2015 年《河南统计年鉴》。

从人均农林社会事务支出看（表 8-17、图 8-5），省直管县的人均支出成本由 2003 年的 22 元不断提高到 2014 年的 686 元；扩权县的人均支出成本从 2003 年的 31 元提高至 2014 年的 697 元；市管县的人均教育成本从 2003 年的 22 元提高至 2014 年的 708 元。对比可发现，同期省直管县的人均农林社会事务支出低于扩权县、市管县的支出，这表明省直管县公共财政支出中的农林社会事务投入仍然不够，需促使省直管县加大对农村发展的资金支持力度。

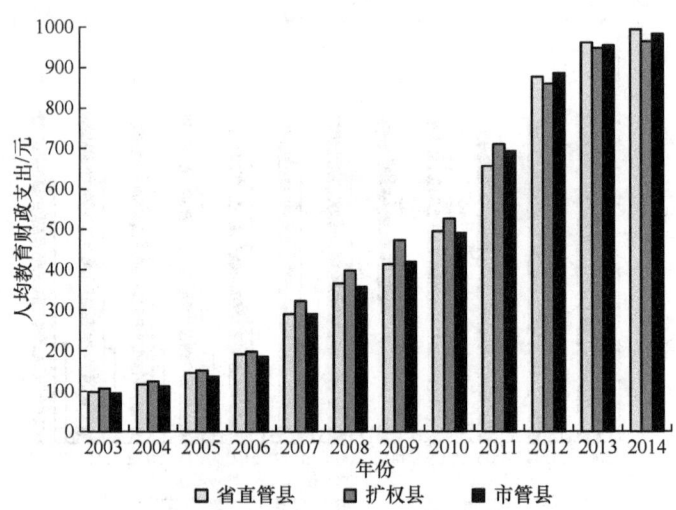

图 8-4　河南三种不同类型县的人均教育财政支出差异

资料来源：2004~2015 年《河南统计年鉴》。

表 8-17　河南三种不同类型县的人均农林社会事务支出差异　（单位：元）

类别	2003年	2004年	2005年	2006年	2007年	2008年	2009年	2010年	2011年	2012年	2013年	2014年
省直管县	22	29	37	48	96	143	206	255	321	546	610	686
扩权县	31	50	58	74	137	197	274	309	381	585	645	697
市管县	22	37	47	62	113	169	236	273	352	562	645	708

资料来源：2004~2015 年《河南统计年鉴》。

通过查阅相关数据进行计算，可计算不同发展水平区的人均教育支出成本（表 8-18），从而进一步分析省直管县人均教育成本与非省直管县的差异。由表 8-18 可知，高、中高水平区省直管县的人均支出成本和县域经济发展水平密切相关，与同组参照的人均支出成本差异不大。中等水平区省直管县的人均教育成本最高，2014 年兰考、固始、鹿邑的人均教育成本分别达到 1344 元、1132 元和 1101 元，远高于同组的参照市管县的人均教育成本。低水平区的新蔡人均教育支出成本最高，2014 年达到 1069 元，远高于同组的参照县人均教育支出成本；滑县的人均教育成本近期呈现下降趋势，2014 年降为 696 元。总体而言，高、中高、中等水平区的省直管县获得的人均教育财政支出相对较高，但并非在同水平组最高。处在低经济发展水平的省直管县获得的人均支出成本相对不高，甚至低于同水平组的市管县水平。这表明省直管县公共财政支出在教育支出的居民受益不明显，资金投入仍需增加。

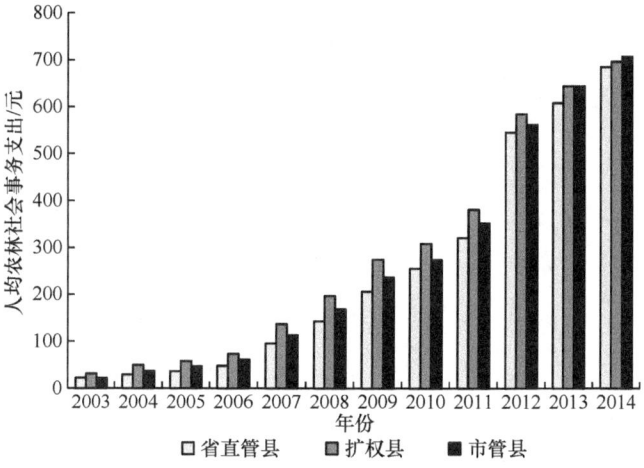

图 8-5 河南三种不同类型县的人均农林社会事务支出差异
资料来源:2004~2015 年《河南统计年鉴》。

表 8-18 河南不同发展水平区省直管县与非省直管县的人均教育成本的变动情况(单位:元)

类别	县(市)	2003年	2004年	2005年	2006年	2007年	2008年	2009年	2010年	2011年	2012年	2013年	2014年
高水平区	巩义	140	167	185	271	355	404	510	604	837	1008	1111	932
	汝州	93	94	95	160	275	335	393	439	578	773	847	915
	永城	100	128	138	267	381	500	514	619	793	993	1143	1232
	荥阳	104	129	175	206	422	539	604	681	712	882	959	997
	新郑	118	133	157	198	428	494	601	550	897	954	931	1031
	新密	143	172	221	295	489	567	655	650	967	976	1096	790
	沁阳	111	143	175	230	404	502	591	627	837	970	1051	798
	偃师	117	120	123	139	291	405	502	524	767	824	1037	1129
	禹州	125	137	134	195	321	470	489	590	523	974	1018	848
	灵宝	151	167	200	258	357	460	584	731	827	960	1019	1125
中高水平区	长垣	103	124	138	153	269	327	347	499	703	757	1070	1091
	邓州	81	101	121	150	236	335	514	354	465	602	745	762
	淅川	165	193	228	261	478	475	690	621	894	749	814	1073
	唐河	111	116	138	172	291	357	493	602	783	912	1038	619
	镇平	103	118	142	192	264	402	476	578	905	1174	1080	725
	新乡	75	94	115	175	265	319	368	348	477	570	688	859
	辉县	79	89	109	141	218	258	273	336	555	808	847	1078

续表

类别	县（市）	2003年	2004年	2005年	2006年	2007年	2008年	2009年	2010年	2011年	2012年	2013年	2014年
中等水平区	兰考	64	106	135	162	219	353	322	456	539	956	981	1344
	固始	99	121	149	224	322	363	384	596	790	1179	1116	1132
	鹿邑	99	102	110	144	283	374	443	592	784	961	1102	1101
	潢川	71	98	110	133	227	282	348	305	463	583	760	885
	尉氏	112	131	159	234	365	506	532	585	844	1067	732	807
	杞县	90	113	131	145	293	350	399	559	808	1069	1144	666
	郸城	63	81	103	131	172	212	314	335	446	575	645	1164
低水平区	滑县	119	121	168	226	315	343	438	428	587	722	673	696
	新蔡	84	83	110	134	214	296	368	421	575	951	963	1069
	内黄	117	126	138	192	271	381	389	484	651	707	810	962
	浚县	92	102	121	145	230	257	339	388	657	736	806	806
	汝南	98	102	110	159	230	276	372	374	628	759	937	943

资料来源：2004~2015年《河南统计年鉴》。

通过查阅相关数据进行计算，可计算不同发展水平区的人均农林社会事务支出成本（表8-19），从而进一步分析省直管县人均教育成本与非省直管县的差异。由表8-19可知，高水平区的省直管县的人均农林社会事务支出成本不高，远低于参照组内其他非省直管县的人均农林社会事务支出成本。中高水平区省直管县的人均农林社会事务支出成本相对较高，与同组参照县相比处于中等靠上水平。中等水平区省直管县的人均农林社会事务支出在四类发展水平区中最高，2014年兰考、固始、鹿邑的人均农林社会事务支出分别达到918元、796元、655元。2014年低水平区省直管县的人均农林社会事务支出相对较高，2014年滑县、新蔡的人均农林社会事务支出成本分别为773元、641元，和同组内参考县的支出成本相当。总体而言，中等水平区省直管县的人均农林社会事务支出成本最高；高水平区的人均农林社会事务支出成本相对较低，但并非在同水平组最低。低水平区的省直管县获得的人均农林社会事务支出成本相对较高，和同水平组的参照县水平相当。总体而言，省直管县人均农林社会事务支出在高、中高水平区的居民受益不明显，仍需增加资金投入以提高这两类区域的人均投入成本。

表 8-19 河南不同发展水平区省直管县与非省直管县的人均农林社会事务支出成本的变动情况 （单位：元）

类别	县（市）	2003年	2004年	2005年	2006年	2007年	2008年	2009年	2010年	2011年	2012年	2013年	2014年
高水平区	巩义	42	58	69	80	113	151	279	322	374	533	587	525
	汝州	14	39	35	46	91	155	267	299	325	478	532	577
	永城	19	24	37	50	82	120	185	222	259	501	578	671
	荥阳	42	59	64	86	184	285	427	446	467	746	810	631
	新郑	47	71	94	100	204	270	382	397	594	796	897	910
	新密	47	77	97	121	235	310	471	422	458	683	770	754
	沁阳	47	60	78	132	189	262	566	374	476	766	711	634
	偃师	34	51	57	76	164	231	235	270	373	559	705	768
	禹州	33	34	40	61	153	193	253	279	317	454	563	394
	灵宝	56	98	119	111	168	363	332	417	472	598	635	864
中高水平区	长垣	23	32	47	57	104	160	213	270	320	614	579	718
	邓州	15	23	33	42	97	160	199	223	340	526	664	636
	淅川	54	86	110	197	200	362	352	340	404	530	624	1164
	唐河	32	48	65	77	148	203	329	413	539	673	729	496
	镇平	29	48	71	65	210	259	360	484	505	775	844	563
	新乡	18	27	43	58	104	161	214	221	280	431	521	543
	辉县	19	30	50	56	94	138	147	204	266	474	550	769
中等水平区	兰考	60	34	36	51	76	133	213	243	358	528	670	918
	固始	17	31	27	41	114	139	201	306	380	641	643	796
	鹿邑	20	21	37	45	94	123	141	220	297	461	550	655
	潢川	33	40	58	83	140	173	235	197	314	514	617	836
	尉氏	20	42	36	51	128	197	292	315	447	659	697	668
	杞县	13	20	21	26	57	92	128	228	281	531	583	536
	郸城	19	21	34	46	102	140	189	233	302	398	467	668
低水平区	滑县	23	32	37	56	106	183	241	251	318	607	705	773
	新蔡	12	14	23	25	75	103	153	222	253	571	543	641
	内黄	17	33	45	63	88	142	216	200	328	509	561	634
	浚县	24	27	35	46	86	146	188	241	294	492	586	652
	汝南	15	17	33	47	123	174	266	266	331	552	690	717

资料来源：2004～2015年《河南统计年鉴》。

第六节　河南省直管县城乡统筹发展面临的问题

通过对河南省直管县、市管县城乡统筹发展状态的定量化分析，结合河南县域城乡发展的现实情况与调研情况，对省直管县与市管县对城乡统筹发展的利弊进行了概括（表8-20）。除表8-20概括出来的省直管县城乡统筹发展不利方面之外，伴随着新型城镇化的进一步推进及人口市民化面临的诸多难度，河南省直管县在城乡统筹发展方面仍面临着以下问题。

表8-20　河南省直管县与市管县对城乡统筹发展的利弊分析

利弊	市管县城乡统筹	省直管县城乡统筹
利	有利于发挥中心城市的辐射带动作用； 有利于市域范围的各县城乡事务的统筹安排； 在一定程度上有助于城乡优势互补； 有利于市域范围内城乡发展的协调和合作； 推动了城镇化的进程，增加地域认同感	促进人口市民化进程加快； 城乡行政管理的权责更为清晰； 增加了城乡统筹发展的资金投入； 利于城乡基础设施、公共服务设施共建共享； 城乡社会保障逐渐完善； 民生事业关注度不断提高； 促进了社会主义新农村建设
弊	缺乏相应的法律依据； 县域发展的自主性、灵活性不够； 行政成本提高，行政效率降低； 城乡发展的政策支持不够； 造成城乡发展资金的截留，市县争利现象严重； 可能造成"市卡县""市刮县""市伤县""市宰县"等现象	城乡发展资金的分配仍重"城"； 城乡基础设施与公共服务平台建设压力大； 农民的土地集约化经营问题； 城乡管理与决策的社会事务增多； 城乡社会统筹保障机制建立难度大； 可能引发新一轮扩城运动的兴起； 农村居民的邻里关系、幸福指数可能下降

一、人口市民化进程压力大、城镇化迁移目的地更为复杂

乡村劳动力转移市民化问题，一方面表现在乡村居民就地城镇化，成为市民；另一方面表现在乡村人口迁移城镇，落户城镇成为市民。根据人口迁移理论，人们总是倾向于预期收入高于现有收入的地区，并考虑迁移目的地的公共服务条件（Todaro，1969）。一般而言，乡村居民转移落户城镇，涉及户籍、就业、孩子教育、住房、福利保障等问题（国务院发展研究中心课题组，2011）。就目前省直管县体制看，脱离地级市管理关系后省直管县不再专属任何地级市，其管理模式、管理程序不同程度存在差异，省直管县乡村居民迁移市民化程序可能更为复杂。一方面现有的省直管县、市管县政策，对乡村居民的迁移行为影响不大，不足以动摇其最初选择，人口市民化进程压力依然很大；另一方面，省直

管县乡村人口迁移目的地的选择更为多元，且多数属于跨行政单元迁移，迁移面临的问题复杂。

二、城乡基础设施与公共服务设施共建共享压力大

基础设施是城乡经济社会发展的基础和必备条件，并支撑和保障着城乡之间各种网络要素的正常流动，为城乡统筹发展提供必要的支撑平台（战金艳和鲁奇，2003）。公共服务设施则从教育、医疗服务等方面影响城乡居民素质、生活水平，对城乡公共服务均等化有重要意义。一直以来，河南城乡基础设施、公共服务设施建设步伐不协调，城乡居民基础服务设施共享方面差距较大。省直管县在实现由市管转变为省直管后，享受到地级市待遇，城乡基础设施与公共服务设施的建设水平必将大幅提升。省直管县虽享受地级市待遇，但其区域面积、人口规模、经济发展规模等仍处于县级层次，其基础设施建设水平、服务设施建设水平同样处于县级水平。省直管县在脱离地级市管理关系后，如何实现城乡基础设施和公共服务设施统筹建设，成为其需要解决的一大问题。

三、城乡社会统筹保障机制建立难度大

河南社会保障统筹层次不高，区域差距大。就社会保险费而言，河南大部分地级市实现统筹，县、县级市落实情况不容乐观，各省直管县社会保险费统筹情况参差不齐。就养老保险覆盖范围看，省直管县与其他县相似，仍存在城乡之间有较大差距等问题。就城乡社会保障基础看，城乡存在很大差异，基本上表现在城镇养老保险覆盖率较高，而乡村覆盖率总体处于较低水平。由此，社会保障与区域经济、居民收入关系密切，城乡社会统筹保障机制建立的难度大。

四、城乡民生问题急需进一步关注

河南社会保障制度不断完善，社会救济、最低生活保障、公共卫生保障等保障日趋好转，但城乡保障力度、覆盖率存在显著差异，部分乡村保障力度不够。从现实情况看，谋生手段、就业技能、发展能力等事关民众切实利益问题，政府、社会关注不够且投入的长期成本不够。而社会福利等与区域经济基础相关联的民众权利，基本处于发达区域福利待遇高、欠发达区域福利待遇低的状况。总之，省直管县城乡统筹发展需要解决的民生问题较多，既有其他市管县所遇到的困难，也有省直管县所面临的独有问题。因此，省直管县在享受特殊待遇的同时，更要解决其有可能遇到的重大民生问题。

第七节 本章小结

　　河南省直管县、扩权县在获得经济社会管理权限的同时，在河南城乡统筹发展中逐步显现出较为显著的作用。具体表现在以下四个方面：第一，省直管县的人口市民化进程在逐渐加快，但与经济发展水平较高的区域相比还存在一定的差距，但是这种差距有缩小的趋势。从非农化率（户籍城镇化率）与人口城镇化率的差距看，扩权县的差距最大，省直管县的差距次之，市管县的差距最小，表明省直管县的人口市民化进程须进一步加快。第二，城乡差距的定量化分析方面，省直管县和扩权县在缩小城乡差距方面起到积极作用。根据动态面板回归结果可知，2003~2014年省直管县、扩权县均对城乡收入比表现为负作用且作用强度较大，表明省直管县、扩权县在获得更多经济社会管理权限的同时城乡统筹水平也在不断提升。第三，城乡统筹综合水平方面，省直管县的城乡统筹综合发展指数虽然处在波动变化的状态，但其总体发展状态有向好的趋势变化，而后期的效应仍需进一步检验。第四，公共财政中教育支出方面，省直管县的公共财政支出占河南县域公共财政支出总额的比重明显上升，扩权县呈下降趋势，市管县呈波动变化状态，表明省直管县体制下居民的教育保障明显增强。省直管县、扩权县和市管县的人均教育财政支出均呈现较快的增长趋势且三者的差距不大，但仍可看出省直管县的教育投入要高于其他两种类型县，人均享受的教育财政支出在三者中最高。省直管县的人均农林社会事务支出低于扩权县、市管县的支出，表明省直管县公共财政支出中的农林社会事务投入仍然不够，需促使省直管县加大对农村发展的资金支持力度。

　　综合定量化分析结果和河南县域情况可发现，省直管县体制对县域城乡统筹有以下有利和不利影响。有利影响主要表现在：①促进了县域经济活力的释放，加快了人口市民化进程，户籍城镇化率逐步提升。②增加了城乡统筹发展的资金投入，利于城乡基础设施、公共服务设施的一体化建设与共建共享。③赋予了更多的经济社会事务管理权限，城乡行政管理的权责更为清晰。④城乡的户籍改革制度不断落实，城乡社会保障体系不断完善，与城乡居民密切相关的民生事业的关注度不断提升。⑤重视了乡村地区的开发与建设，促进了社会主义新农村建设，利于构建新型城乡工农关系。不利的影响主要表现在：①在省直管县体制下，各直管县虽然获得了更多的城乡发展资金，但资金的分配仍存在重"城"轻"乡"，并有可能引发新一轮扩城运动的兴起。②城乡基础设施与公共服务设施的一体化建设压力大，城乡一体化管理平台建设难度大。③省直管县在获得更多管理权限的同时，城乡管理与决策的社会事务增多。④省直管县的财力、物力等依然有限，城乡社会统筹保障机制建立的难度大。⑤新一轮的规划建设将使乡村地区的生活方式和耕作方式发生重大改变，乡村内部邻里关系将得到破坏，农村居民幸福指数等可能不断下降。

可以说，在省直管县今后的城乡统筹发展仍面临诸多问题：人口市民化进程压力大，城镇化迁移目的地更为复杂；城乡基础设施与公共服务设施共建共享压力大，城乡一体化的管理平台亟待建立并统筹实施各项规划建设；城乡管理的改革创新体制须尽快建立，城乡社会统筹保障机制建立难度大；城乡民生问题需进一步关注，城乡居民的幸福指数需进一步提升。在省直管县城乡统筹发展中，第一，深化户籍制度改革，加快人口市民化进程。长期的户籍分离管理，赋予了城市居民和农村居民不同身份，造成了城乡发展的种种障碍。户籍制度本身与统购统销制度、城市劳动就业以及社会福利保障等制度紧密结合，城乡户籍分离就把城乡人口分为经济利益完全不平等的社会阶层，城乡居民在多方面享有的权利和待遇具有巨大差别。城乡户籍分离助推了城乡二元结构加剧，不利于农村剩余劳动力转移，阻碍城镇化水平的提高，也阻碍了以工促农、以城带乡的长效机制的实施。因此，按照国家相关要求，把解决符合条件的农业转移人口逐步在城镇就业和落户作为推进城镇化的重要任务，放宽中小城市和城镇户籍限制，是加快省直管县城乡统筹发展的重要途径。要加快省直管县的人口市民化进程和城乡统筹布局，就必须调整完善现行制度和政策，着力解决农民进城后的就业、住房、子女入学和社会保障等问题，促进农村人口向城镇转移，加快就地就近城镇化进程。要进一步贯彻落实户籍制度改革的要求，确保符合条件的农民在城镇落户并享有与城镇居民同等的权益。要进一步健全城乡衔接的社保体系，落实农业转移人口社保账户顺畅转移与接续的政策。要进一步统筹产业集聚、城镇发展和城乡基础设施建设，提高城镇综合承载能力，为农业转移人口提供就业保障和发展空间。要按照"撤镇建办、职能不减、宗旨不变"的原则，适时推进撤镇建办，拓展直管县所在城区的发展空间。第二，推进农村土地改革前行，探索土地流转新形式。在坚持符合用途管制和城乡规划的前提下，着眼于稳定所有权、落实承包权、搞活经营权，制定周密方案，慎重稳妥进行，在2～3年时间完成土地承包经营权、农村集体建设用地和宅基地确权登记颁证工作。积极推进土地承包权证和经营权证分离，加快健全土地经营权流转市场，在尊重民情民愿的基础上，鼓励有条件的农户流转承包土地经营权，积极引导农业用地向专业大户、家庭农场、农民合作社、农业企业集中；鼓励农民采取互换并地等方式解决承包地块细碎化问题，加快发展多种形式的规模经营；积极探索、慎重稳妥推进农民住房财产权抵押、担保、转让。第三，完善行政管理体制，构建现代城乡体系。逐步改革与完善行政管理体制。适当扩大各级政府的综合行政能力，强化其统筹协调能力。按照责权统一、重心下移的原则，调整县城、镇的行政事权。凡省已下放给省直管县的管理权，除法律、法规、规章有明确规定外，有计划有步骤下放到镇。理顺城乡关系，构建现代城乡体系。加强空间整合，适时调整行政区划，推进县城、建制镇、新型农村社区的整合，形成合理的城乡体系。把一定地域内的经济和社会管理职能逐步转移到中心镇和新型农村社区，加强中心镇和新型农村社区的功能建设，适当扩大核心区和新型农村社区的行政区域范围，引导人口集聚；撤并附近规模小、布局不合理、经济实力较弱的村，促进区域基础设施统一布局和共建共享。第四，深化要素保障机制的改革创新。实施资金保障机制创新。探索建立银企对接长效机制，进一步扩大贷款利用规模；加快城市基础设施投融资体制改革，积极吸引各类社会资本参与基础设施建设运营；支持社会资本发起设立中小型银行和金融租赁公司；在利用股票、债券等直接融资方面积极创新，完善和规范投融资平台，争取尽快在发行城投集合债上有新突破，在建立高水平的创业投资、风险投资企业上有新进展，努力形成市场化、可持续的融资机制；高度重视防范和化解金融风险。探索农村金融机制创新。有条件的省直管县适时启动筹建农村土地信托中心，探索开展土地存贷业务；推进农村产权交易市场建设试点工作，力争在城乡建设用地增减挂钩、工矿废弃地复垦利用、人地挂钩试点等方面积累新经验。实施人力资源保障机制改革。创新人力资源培训开发机制，重点实施农民工职业技能提升计划，确保县（市）域内每名农民工至少得到一次免费基本职业技能培训；积极推进职业院校投资主体多元化体制改革，争创国家级职业教育强县；创新人才引进机制，加大高层次、紧缺人才的引进力度。第五，完善城市社会治理机制形态。对省直管县城市社会治理体系中的利益相关者进行总体分类，厘清城市社会治理体系的参与者之间的复杂关系，明确城市社会治理的行为主体。通过企业、居民及其社区、相关社会团体、政府等利益主体共同参与，提高居民参与社会治理的积极性，将社区作为城市社会空间的有机构成单元，将社区困难群体作为重要的服务对象，从民生建设方面构建相关制度与规则。具体而言：①形成较为完善的民生工程管理体系。将城镇社区、社会主义新农村示范区（引导点）、新型农村社区等工作纳入城乡管理体系之中，并以惠及城乡居民幸福指数提升为最终落脚点，并实现对社会救助工作、低保工作审批及管理的规范管理，构建城乡民生事业管理的示范点。②建立惠及民生的公共服务体系。规划完整的社区公共物品形态，构建"爱心服务中心"，设立公共服务团体、再就业培训基地、爱心诊所及网络信息中心等服务设施，构建便民商业机构，如"爱心超市"，扩大覆盖范围，提供弱势及困难群体的就业岗位，切实保障城乡居民生活水平。③形成扶贫帮困救助体系。以低保家庭中无业人员为服务对象，开展救助式就业、社会互助、文化娱乐等活动。建立居家养老服务中心，对辖区内的下岗职工、优抚对象、孤寡老人、困难群众、弱势群体提供一些免费或优惠服务，形成扶贫帮困救助体系。④推进小型社区养老机构建设。支持社会力量参与养老服务，打造精神社区，建立或完善已有的老年活动室、图书阅览室、居民议事中心、活动广场，服务于居民。

第九章 省直管县改革对县域行政成本的影响

第一节 评价目的与方法

一、评价目的

从河南省委、省人民政府出台的相关政策文本中不难看出,河南推行省直管县体制改革的主要着眼点是经济发展,即以超出常规的发展速度将省直管县(市)建设成为区域性中心城市。但是,从实践层面来看,省直管县改革的切入点却是市管县体制对县域经济发展的体制性障碍。河南省委、省人民政府期望通过深化改革,形成权责一致、分工合理、决策科学、执行顺畅、监督有力的省直管县管理体制,切实提高行政效能,推动省直管县加快建设成为区域性中心城市。由此来看,省直管县改革政策设计的基本逻辑是通过理顺行政管理体制来促进区域经济的健康快速发展。依此理论逻辑,省直管县经济的发展主要是通过行政管理体制改革促成的县级政府行政行为的合理化实现的。毕竟,改革开放以来,地方政府在区域经济发展中扮演至关重要的角色。反过来,如果省直管县(市)的经济发展仅仅是得益于省人民政府"开小灶"式的大量政策倾斜和资金投入,而不是得益于直管体制释放出来的改革红利,那么,省直管县体制改革就不能说真正取得了成功。河南推行的省直管县体制改革是否达到了省直管县(市)行政效能的明显提高,需要进行科学的评价。本章从行政成本的角度,通过访谈资料和统计数据,全面地评价河南省实行省直管县体制改革是否明显地降低了省直管县(市)的行政成本。

二、评价方法

(一)行政成本及其测量

行政成本是政府向社会提供公共产品所需要的投入或耗费的资源,是政府行使其职能时所付出的代价,是政府行使职能的必要支出。广义上讲,国家的全部公共财政支出都属于行政成本,主要包括三大块:第一是行政管理、国防等保障社会秩序的基础性开支,第二是公共工程等建设性开支,第三是教育、医疗等民生开支(刘晓斌,2012)。广义的行政成本概念外延过于宽泛,导致各国政府在统计其行政成本时口径不一,难以进行国际比较。基于此,国际上通行的惯例是将一般公共服务、涉外（外交外援）、公共安全三个大类加总作为政府的行政管理成本，此为狭义的行政成本概念。此概念由于定义明确，操作性强，便于进行国际和地区间的比较，被越来越多的政府统计部门所采用。

2007年以前，中国财政支出的分类仅粗略地分为经济建设、社会文教、行政管理、国防和其他支出五大类。行政管理费支出里面包括了太多的内容，如理应列为军费支出的武警部门的开支等，导致社会各界对中国政府行政成本过高的质疑（杨宇立，2011）。为了避免这种误解，2006年2月，财政部发布了《财政部关于印发政府收支分类改革方案的通知》，推出《政府收支分类改革方案》和《2007年政府收支分类科目》。这个新的财政统计分类在充分照顾中国现实的基础上，尽量与国际标准接轨，统一按支出功能设置类、款、项三级科目。一级科目分为17大类，包括一般公共服务、外交、国防、公共安全、教育、环保、城乡社区事务、交通运输、工商金融事务等。于是，中国各地统计年鉴中再也没有"行政管理费支出"这一项目了，取而代之的是"一般公共服务支出"。

参照狭义的行政成本概念，对于县级政府而言，由于没有外交支出这一项，所以，行政成本主要指一般公共服务支出和公共安全支出。在统计年鉴中，一般公共服务支出的解释是：政府提供基本公共管理与服务的支出，包括人大事务、政协事务、政府办公厅（室）及相关机构事务、发展与改革事务、统计信息事务、财政事务、税收事务、审计事务、海关事务、人力资源事务、纪检监察事务、人口与计划生育事务、商贸事务、知识产权事务、工商行政管理事务、质量技术监督与检验检疫事务、国土资源事务、海洋管理事务、测绘事务、地震事务、气象事务、民族事务、宗教事务、港澳台侨事务、档案事务、共产党事务、民主党派及工商联事务、群众团体事务、彩票发行事务、国债事务、债券投资、其他一般公共服务支出。公共安全开支的解释是：政府维护社会公共安全方面的支出，包括武装警察、公安、国家安全、检察、法院、司法行政、监狱、劳教、国家保密、缉私警察等[①]。本章以财政预算总支出、一般公共服务支出和公共安全支出作为衡量县级政府行政成本的三个基本指标。

（二）研究对象及其数据来源

本章将河南108个县（市）作为分析对象，而有关县级政府行政成本的数据在《河南统计年鉴》中是不全面的，只有查看地级市政府的统计年鉴才能全面获得。但是，由于河南很多地级市政府的统计年鉴在网络上无法全面获取，本章的数据主要来源于2011~2014年的《河南统计年鉴》以及能够在网络上查阅到的《洛阳统计年鉴》《郑州统计年鉴》《开封统计年鉴》《三门峡统计年鉴》《安阳统

---

① 参见《河南统计年鉴2018》。

计年鉴》五个地级市政府的统计年鉴。《河南统计年鉴》中有所有省直管县（市）的相关统计资料，加上五个地级市的非省直管县（市），一共有 42 个县（市）4 年的统计数据。

（三）模型设定

由于所要分析的数据是一个对 42 个观测个案连续观察 4 年得到的面板数据，在做多元回归分析时，一般使用面板回归模型。该模型的数学表达式为

$$y_{it} = \sum_{k=1}^{k} \beta_{ki} x_{kit} + u_{it}$$

式中，i=1, 2, 3, …, N，N 表示观察个案数；t=1, 2, 3, …, T，T 表示时间；y_{it} 表示观测个案 i 在时间 t 上的行政成本；x_{kit} 表示第 k 个自变量在观测个案 i 及时间 t 上的观测值；β_{ki} 表示第 k 个自变量的待估计参数；u_{it} 表示随机扰动项。

第二节 省直管县体制对政府行政成本的影响

对于县级政府来言，省直管县和市管县是两种非常不同的制度环境。市管县体制下的县级政府，要与同一辖区内的其他县级政府一道直接接受地级市政府的领导。而处在省直管县体制下的县级政府，则脱离了原属地级市政府的直接领导，直接接受省人民政府及其各厅局的行政领导。特别是人事权，实施全面直管之后，省直管县主要干部的任免由省委组织部负责，与原属地级市政府没有关系。

一、市管县体制的县县关系与县市关系

（一）县县关系：竞争与强制性协作

研究表明，改革开放之后中国经济发展的主动力是地方政府间的竞争。如果将地级市政府比喻为一个经济发展总公司，那么，其下属的各个县级政府都是这个经济发展总公司的子公司。首先，子公司要服从总公司的领导，在总公司的统筹安排下与其他子公司开展合作，实现总公司利益的最大化；其次，各子公司之间形成一种竞争关系，以利润为主要标准进行评比，贡献大者奖励也就越多。

与此类似，在市管县体制下，县级政府和辖区内其他县级政府之间形成一种激烈的竞争关系，因为所有的县（市）要在诸多考核中放在一块排出一个先后顺序，排名靠前者奖励，排名靠后者惩罚，此为锦标赛体制（周黎安，2007）。此外，各县级政府之间也有协作，但是这种协作很少是出于自愿的，更多的是在地级市政府的行政命令之下间接进行的。所有的县（市）要在市政府的统一部署下

配置稀缺资源，现实中往往表现为"富县多出点、穷县多给点"的行为特征。

（二）县市关系：命令与服从

按照科层制管理的一般原则，县级政府与地级市政府之间是一种上下级关系，县级政府要接受地级市政府的领导。在下管一级的干部管理模式下，县级政府主要领导的任命由地级市党委组织部门决定。对于大多数县级政府的主要领导干部而言，职业发展的主要目标就是调入市政府的各职能部门工作，而至于能否如愿，主要取决于自身在县级政府工作岗位上的业绩表现。

由于存在行政隶属的上下级关系，在权力和地位不对等的现实背景下，县级政府在多数情况下只能被动地接受来自地级市政府的各项行政命令，这种情况可能会让地级市管辖下的县级政府在发展地方经济方面陷入困境。国内多数地区实施的扩权强县改革其实都是针对这一现实问题而来的。但是，这只是问题的一个方面，从另一方面来讲，地级市政府也为县级政府做了许多单一的县级政府无法做的事情。比如公共安全，它需要在更大范围内的统筹协调，这是单一一个县级政府无法做到的。再如对上级政府文件精神的理解和贯彻，一些县级政府工作人员也是比较欠缺的。

二、省直管县体制的县县关系与县市关系

（一）县县关系：竞争与自愿协作

2014年，河南市实施"全面"的省直管县体制改革之后，省直管县已经不再接受原属地级市政府的直接领导，这导致省直管县政府与原属地级市辖区的各县级政府之间的竞争关系和强制性协作关系消失了，取而代之的是全省范围内省直管县政府之间的竞争和全省范围内各县级政府之间的自愿性协作。

实施省直管体制改革之后，省直管县不再与原属地级市辖区的县级政府进行锦标赛式的竞争。但是，这并不表明省直管县没有竞争对象了，反而是竞争对象更多了，竞争对手的实力更加强大了。因为省人民政府要对全省10个省直管县（市）进行统一考核，而且考核标准比非省直管县更高。同时，由于与原属地级市政府没有了行政上的隶属关系，特别是人事上的任免关系，省直管县不需要与原属地级市辖区内的县级政府进行非自愿性的合作了，而是可以在平等、自愿、双赢的基础上实现直接的横向合作。

（二）县市关系：分离与归属

省直管县体制实施以后，各省直管县政府都在忙着与原属地级市政府"分离"，财权、事权、行政管辖权都要从原属地级市政府中剥离出来。剥离以后，

特别是人事权剥离后，省直管县政府与地级市政府之间已经基本不存在原来的"命令"与"服从"式的上下级的关系了。减少了行政隶属上的中间环节，在一定程度上会减少省直管县政府的行政开支，但缺少了地级市政府的"宏观协调性的服务"，又在一定程度上会增加省直管县政府的行政成本。

当然，在"分离"的过程中也出现了不少的矛盾和纠纷。矛盾主要表现在，两者都想得到更多的财权和更少的事权。但是，从实地调查的情况来看，地级市政府基本上把原来"帮助"省直管县政府做的公共事务都"名正言顺"地推给省直管县政府，而一些财权的划分仍然存在一些遗留问题，迟迟转不到省直管县政府。这样一来，可能导致的结果就是省直管县政府在短期内会出现事情急速增多、但财力增速缓慢的问题，这对行政成本的降低来说是不利的。

另外，虽然省直管县政府与原属地级市政府"分离"了，但是地理空间上的接近以及由此积累的社会关系网络的重合没有改变。由于长期的行政隶属关系，省直管县的老百姓包括政府公职人员，与原属地级市老百姓之间的社会联系仍然是最频繁的，他们并没有因为省直管而减少经济和社会上的往来。特别是一些省直管县的政府公务员，在心理上仍然归属于原属地级市，希望在原属地级市政府工作和生活，而不愿去往其他地级市。同时，由于地理空间上的邻近，省直管县政府在和原属地级市政府的业务对接上会减少交通成本，实施省直管之后，虽然信息技术高度发达，但是很多事务与省直部门对接仍然需要直接的面对面，这可能会增加省直管县政府的行政开支。

三、省直管县体制对行政成本的影响

（一）有利于降低行政成本的因素

接待费用减少。在市管县体制下，地级市政府出于全市统筹管理的需要，承担起下属各县级政府任务的分配者和监督考核者角色。省直管县改革之后，省直管县不再是地级市政府统筹管理的对象了，有关全市性的任务分配和监督检查就少了很多，这在一定程度上减少了省直管县政府的接待费用支出。

行政效率提高。市管县体制下的县级政府，一些重大事项必须向市委、市政府及各局委请示，获得批准之后才能具体实施。这样一来，从申请到批准，最少也得一周时间。省直管之后，省直管县在一些重大事项上享有独立的审批权和决策权，自主性大大增强，办事效率大大提高。省直管之前，永城市发展和改革委员会受理一个企业投资项目，需要报商丘市发展和改革委员会复核，正常情况需要7~10个工作日，而省直管之后，县政府拥有了直接受理和复核的权力，只需要3~5个工作日即可将此事办妥。同时，市管县体制下的县级政府，在获得上级文件精神时要通过地级市这个中间环节，中间往往需要至少1~2天的转换环节。而省直管县政府则不通过地级市政府而直接从省委、省人民政府及各厅局获得有关文件指示和会议精神，这就要比非省直管县（市）早1~2天。早知道上级精神和意图对于申报各类项目具有至关重要的意义，省直管县（市）可以事先下手准备，成功率也高于非省直管县（市）。

政府行为的自主空间扩大。市管县体制下，县级政府在接受中央和省级政府的领导之外，还要接受地级市政府的领导，除了要做好中央和省级政府交办的工作之外，还要完成市政府下达的地方性工作任务。特别是市政府的统一部署往往都非常具体，但很多指示可能并不符合本县的实际情况，这会进一步压缩县级政府自主活动的空间。同时，任何一个组织的注意力都是有限的，当三级政府都密集下达工作任务指令时，县级政府根本没有时间去谋划一些富有本地特色的公共行动方案。省直管之后，省直管县政府没有了市政府的直接行政领导，而且，中央和省级政府的领导以宏观指导为主，这大大扩展了省直管县政府行为的自主性空间，会提高省直管县政府公共行动的有效性和针对性，减少行政内耗，从而间接地降低行政成本。

（二）有可能提高行政成本的因素

财政收入增多了。市管县体制下的县级政府，在地方税收方面需要与地级市政府分享。同时，中央和省财政的转移支付拨款通过地级市政府下拨到县级政府时经常出现被截留的问题。所以，在市管县体制下的县级政府，财政收入能力明显弱化。2011年6月，河南实施省直管县改革试点，首先让10个省直管县（市）在财政上脱离原来的地级市政府，省直管县不再向地级市政府上缴地方税收，同时，中央和省级政府的转移支付拨款也不再经过地级市政府而直接划拨到省直管县政府。

由此一来，地级市政府失去了"刮""卡"县级政府的机会，10个省直管县（市）的财政收入能力将会大大增强。从图9-1可以看出，多数省直管县财政预算收入的增长曲线在2011年出现明显的拐点，升幅增长明显。在财政收入有限的情况下，有关行政成本的控制可能就会比较严格一些。如果财政收入比较宽裕，有关行政成本控制的意识可能就相对淡漠一些，这在一定程度上可能会增加省直管县的行政成本。

干部业务素质提升需要付出成本。在市管县体制下，县级政府由于有地级市政府的直接指导，对干部业务素质要求并不高，日常行政工作以模仿和执行为主。但是，省直管之后，省直管县各局委需要与省人民政府各厅局直接对接，省直管县干部不仅要做事，还要对省人民政府的宏观性指令进行科学的解读并制定出符合本县实际的执行方案，这对省直管县干部的业务素质提出了更高的要求。为此，省直管县在干部业务素质提升方面，需要比非省直管县做更多的工作。一方面，

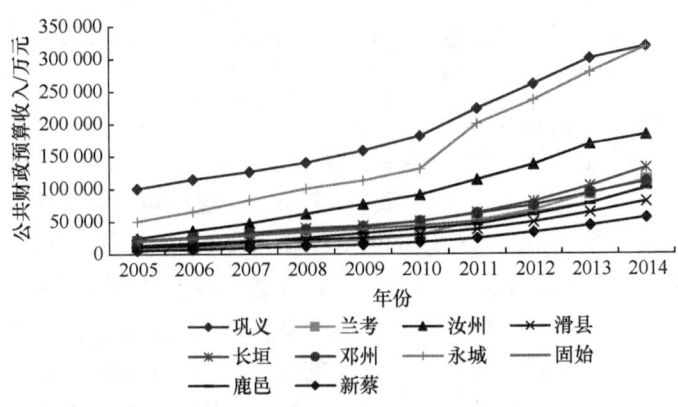

图 9-1　省直管县（市）财政收入增长趋势图

由于原属地级市政府不再对省直管县干部业务素质提升负责，省人民政府各厅局对省直管县干部进行不定期培训。另一方面，省直管县为了提升本县干部业务素质也做了很多工作，如从外地聘请名师授课、外出考察交流等，这会在一定程度上增加省直管县政府的财政成本。

政府行为从不规范到规范的过渡需要投入。省直管县改革是一项极其复杂的系统工程，省直管县政府在与原属地级市政府"分离"的过程中，需要理顺各种关系，适应新的角色，在接受省厅直管的过程中需要重构政府职能架构，在部门设置、人员配备、硬件更新上都要在短期内有集中的投入，而且，这种新的改革要相关工作者学习和接受也需要付出很大的成本，这种过渡成本会在短期内提升省直管县的行政成本。

政府职能逆势增加。1994 年的分税制改革导致基层政府事权与财权的高度不匹配，本该由省级政府或者中央统筹解决的公共服务事项都下放到基层政府，结果导致全国范围内公共服务地区间的不平等加剧和规模效益的缺乏。近年来，中央政府在逐步地将一些能够带来明显规模效益和社会公平的公共服务事权向上一级政府集中，比如社会保障、教育等。但是，省直管改革之后，原来由地级市统筹的公共服务事权又下放到省直管县政府，这是一种逆势而增的现象，不符合国家行政管理体制改革的大方向，而且事情多了，相应地，省直管县政府就需要扩大公务员队伍，这会进一步加大省直管县政府的行政成本。

基于上述的逻辑分析，本研究认为，对于一般公共服务支出，虽然省直管之后存在诸多提升行政成本的因素，但是由于改革，减少行政成本的因素力量会更加强大和明显一些，由此导致省直管县一般公共服务支出可能会明显减少。但是，对于公共安全的投入，由于没有原属地级市的协助，省直管会明显提升省直管县政府的公共安全支出。

第三节 模型及结果

为了检验省直管县改革是否显著地影响县级政府的行政成本，本研究采用 Stata10.0 统计分析软件对所收集的面板数据做面板回归模型。经 Hausman 检验，宜做随机效应模型。结果如表 9-1 所示，首先在模型 I 中，只有财政预算收入一个自变量，标准化回归系数 Z 值为 1.87，表明财政预算收入对县级政府一般公共服务支出具有显著的正向影响，即财政预算收入越多，一般公共服务支出也越多，这与现实情况是相符合的。其次，在模型 I 的基础上加入总人口自变量后，模型的拟合优度大大提高，而且总人口对县级政府一般公共服务支出也存在显著的正向影响关系。模型 III 在模型 II 的基础上又加入了是否直管自变量，结果表明省直管对一般公共服务支出具有负向影响，但是不具有统计上的显著性，所以还不能将此结论推论到全省范围。

表 9-1 省直管对县级政府一般公共服务支出影响的面板回归结果

项目	模型 I	模型 II	模型 III
财政预算收入	1.87*	2.20**	1.76*
	（0.0189）	（0.0172）	（0.0206）
总人口		3.47***	2.48**
		（35.4154）	（59.6253）
是否直管			−0.80
			（4973.6740）
R^2	0.0604	0.1516	0.1254
观测个案数	145	145	108
县（市）个数	42	42	42

*** $p<0.01$，** $p<0.05$，* $p<0.1$。

基于相同的统计分析方法，再检验省直管县改革对于县级政府公共安全支出是否会产生明显的正向影响。结果见表 9-2，在模型 I 中，只有财政预算收入一个自变量，结果表明财政预算收入对县级政府公共安全支出具有显著的正向影响。模型 II 在模型 I 的基础上加入总人口自变量后，总人口对县级政府公共安全支出具有正向影响，但是不具有统计显著性。这与表 9-1 的结果是不一样的，表 9-1 的结果表明，总人口对县级政府一般公共服务支出具有显著的正向影响，这可能与公、检、法、司等部门的工作与人口多少关系不密切有关。模型 III 在模型 II 的基础上加入是否直管自变量，结果显示，省直管对县级政府公共安全支出具有正向影响，即直管增加了县级政府的公共安全支出，这与表 9-1 显示的直管减少了县级政府一般公共服务支出的结论刚好相反。这也与我们在实地调研的结果相一致，省直管县政府在脱离了原属地级市政府之后，由于不能共享原属地级市公安公共服务的网络资源，什么都要重新建设，公共安全的成本会随之明显增加。

表 9-2　省直管对县级政府公共安全支出影响的面板回归结果

自变量	模型 I	模型 II	模型 III
财政预算收入	9.04***	8.99***	7.99***
	（0.0618）	（0.0616）	（0.0759）
总人口		1.44	0.44
		（123.9834）	（218.6889）
是否直管			0.58
			（18245.09）
R^2	0.3634	0.3726	0.3876
观测个案数	145	145	108
县（市）个数	42	42	42

*** $p<0.01$。

如果不细分财政支出的类型，我们以县级政府在教育、农林社会事务方面的公共财政预算总支出作为因变量来衡量县级政府运行的总成本或总消耗，分析直管体制改革对县级政府运行总成本的影响。统计结果见表 9-3，模型 I 表明，财政预算收入对县级政府公共财政预算总支出具有显著的正向影响，结论与政府财政预算运行中强调收支平衡的政策规定是吻合的。模型 II 表明，在控制了财政预算收入的情况下，总人口对县级政府运行的总成本具有显著的正向影响，即总人口越多，财政预算总支出也越多。模型 III 表明，在控制了财政预算收入、总人口之后，省直管县平均财政预算总支出少于非省直管县，这表明省直管在一定程度上可以降低县级政府运行的总成本，但是这一结论不具有统计推论的意义。

表 9-3　省直管对县级政府财政预算总支出影响的面板回归结果

自变量	模型 I	模型 II	模型 III
财政预算收入	2.27**	2.20**	1.25
	（0.1152）	（0.1077）	（0.1353）
总人口		4.68***	3.03***
		（216.6516）	（389.8683）

续表

自变量	模型Ⅰ	模型Ⅱ	模型Ⅲ
是否直管			-0.79
			(32526.48)
R^2	0.0349	0.1640	0.1260
观测个案数	145	145	108
县（市）个数	42	42	42

*** $p<0.01$，** $p<0.05$。

第四节 本章小结

综上所述，如果不考虑结论的推广性，省直管县改革总体上有利于降低县级政府的行政成本。但是，省直管县改革对县级政府不同类型的行政成本的影响又存在明显的差异性。具体而言，省直管县改革有利于降低县级政府一般公共服务支出成本，但是在短期内可能会提升公共安全的财政支出。这种情况的出现，具有深刻的制度背景。对于省直管县政府而言，市管县体制和省直管县体制是两种非常不同的制度环境。省直管县体制下的县级政府，摆脱了与原属地级市政府之间的"朝贡"关系，减少了行政层级，简化了办事的中间环节，使得一般公共服务财政成本减少和降低。但是，省直管县改革之后，县政府与原属地级市政府"分家"后，原来可以与原属地级市政府共享的一些公共资源网络没有了，导致在诸如公检法、公安、环保等公共服务方面，省直管县政府需要自己搭建，投入大量的人力物力，省直管县改革在短期内不仅没有降低县级政府的公共安全成本，反而增加了公共安全的开支。

研究结论对于进一步深化省直管县体制改革具有以下三个方面的启示：第一，充分利用现代信息技术，大胆放权，强化监管，进一步减少不必要的纵向层级之间的行政环节，压缩县级政府的行政成本。第二，充分认识到地理空间对人们行为的限制性作用，通过购买等多种形式，强化省直管县政府与原属地级市政府之间的业务合作。第三，将能够产生明显规模效应的公共服务事权重新上移，改变县级政府"各自为政""小而全"式的公共服务提供格局，从而降低基层政府的行政成本。

第十章 省直管县改革对县域干部流动的影响

从市管县到省直管县，县级拥有了更大的发展自主权，对于加快县域经济社会发展，有较大的推动作用，对于强化基层社会管理、提高县域公共服务水平也会有较大的促进作用。但这一改革过程中的干部管理体制问题，既涉及干部工作热情因素，也关系着省、县畅通工作沟通、密切工作联系。

省直管前，省直管县（市）委书记一般为所在省辖市市委常委（副厅级），由省委管理，县（市）长、人大主任、政协主席和四个班子其他成员及副县级以上干部由省辖市市委管理。省直管后，县（市）委书记、县（市）长由省委管理，其他副处级以上干部，省委委托省委组织部管理。省直管前，直管县（市）纪委副书记由省辖市市委组织部和市纪委管理；县（市）委组织部副部长由省辖市市委组织部管理；乡镇党委书记、乡镇长由县委管理，由省辖市市委组织部审批备案；其他科级干部由县（市）委管理。省直管后，干部的提拔调整要到省委组织部汇报调整方案，省委组织部同意后，方可进行；所有科级干部均由县（市）委管理（垂直单位除外）。

省直管后，省直管县（市）党委、人大、政府、政协的正职由省委管理；班子其他成员及副县级以上的干部由省委委托省委组织部管理；实施双重领导单位的干部由省辖市有关部门主管或者协管调整为省级部门主管或协管。

第一节 省直管对干部管理体制的影响

一、积极影响

干部是推动事业发展的核心动力。省直管以来，省直管县各项事业的发展受到了全省的关注，省委、省人民政府领导对省直管县倾注了大量精力，到省直管县调研和指导工作，给了省直管县干部极大的温暖和鼓励。总体来看，干部的工作精神状态是好的，绝大多数干部都有一种强烈的使命感、责任感和强烈的发展愿望，工作兢兢业业、尽心尽责。

一是为省直管县干部提供了干事创业的广阔平台。省直管后，河南省委、省人民政府为省直管县提出了争做全省县域经济发展的排头兵、领头羊、地区副中心城市的定位，广大干部群众的责任感、使命感显著增强。新蔡县委的一位同志说，省直管县体制改革，最重要的是带给省直管县干部心灵上的震撼，广大干部群众加快发展的热情空前高涨。

二是提升了省直管县干部选拔交流的机会。干部交流渠道可能实现多元化。例如，与省直单位、省直管高校、省直管企业及其他省辖市等之间的交流。

三是拓展了省直管县干部的培训教育的渠道。提高了培训标准层级和水平，开阔了干部的视野，对提高省直管县干部政治理论水平、政策观念和业务素质能力是一个非常好的机遇。例如，省发展和改革委员会对省直管县采取集中和分散相结合的方式经常组织培训，或采用以会代训的方式，对 10 个直管县（市）发展改革干部进行培训，提高了省直管县履行职责和依法行政水平，实现业务顺利对接。此外，省直管之后，省直管县各局委需要与省级政府各厅局直接对接，省直管县对省级政府的宏观性指令进行科学的解读并制定出符合本县实际的执行方案，这对省直管县干部的业务素质提出了更高的要求。兰考的一位同志在座谈时谈道，省直管之后，在积极与省厅衔接的过程中，干部群众的视野境界发生了深刻变化，精神面貌得到极大提振。

二、消极影响

省全面直管后，在干部管理使用上没有顶层设计和制度安排，没有形成一个规范的、良性的长效机制，多个省辖市已多次调整干部，省直管县基本上没有调整过，与同时期的调整提拔干部比，省直管县的干部错失了几次调整机会，一定程度上挫伤了省直管县干部的积极性。

（一）要求提升——干部履职能力相对不足

省直管县改革的各项工作任务，最终需要试点县的广大干部予以落实。对于省直管县而言，无论是队伍数量，还是干部素质，都与履职要求不相适应。一是部门人员编制短缺。新体制运行以来，由于县级机构设置较少，一个部门可能要对应省里 2~3 个部门，一个科室一般需对应省里十多个处室，工作量大大增加。调研中发现，某省直管县较大的局委财政局，内设机构 14 个，对应省财政厅的 36 个处室；生态环境局 4 个内设机构对应省生态环境厅 15 个处室；人力资源和社会保障局 10 个内设机构对应省人力资源和社会保障厅 27 个处室；民政局内设机构 8 个对应省民政厅 14 个处室；发展和改革委员会内设机构 7 个对应省发展和改革委员会 38 个处室。这一现象在人大、政协、政法部门均存在，县人大 8 个内设机构对应省人大 31 个处室及委员会。尽管不同省直管县部门设置稍有差异，但问题具有共性，普遍反映内设机构偏少，事多人少的现象较为突出（中原发展研究院课题组，2015）。省直管县改革后，省直管县享有和承担了省辖市的管理权限，再加上中央、省级行政审批权限的不断下放，县级部门的任务量更大，但行政、事业编制却没有随之相应增加，各部门现有编制和人员与所承担的职能不符。二是干部履职能力有待加强。省直管县改革前，省直部门对地级市相关部门下发相关文件、提出工作标准和要求，地级市对省直部门的文件和要求进行解读后，向试点县（市）进行安排部署，试点县（市）主要是完成地级市相关部门的工作安排，达到相应的要求。省直管县改革后，试点县（市）新增了很多原本由地级市承担的经济管理和社会管理权限，他们需要直接面对省直部门，需要自己对省里的文件进行独立分析和研判，提出工作思路，并进行贯彻落实。由此，对试点县（市）相关部门的业务素质、专业水平提出了更高的要求和挑战。省直管县现有干部队伍面对新增职能，存在缺乏历练、知识储备欠缺及资质不够等一系列问题。此外，由于试点县（市）存在基础设施落后、工资待遇相对较低等一系列原因，很难吸引高层次、高学历、年轻的专业性人才，包括专业的行政管理人才、法律人才、专业技术人才等，干部队伍结构不合理，普遍存在年龄偏大、知识老化、技术力量滞后问题。省直管后许多新增权限涉及专业人才、专家队伍、机构资质、专业设施设备等的配套，在短期内较难一步到位（金世斌等，2018）。现有的干部队伍结构很难适应省直管后的新形势和新机遇。三是与省厅业务部门工作对接存在心理障碍。省直管县改革后，试点县（市）需要直接与省直部门对接，形成科级干部对厅级干部、股级干部对处级干部汇报及请示工作的情况。较大的职级差别导致试点县（市）干部在与省直部门对接过程中存在一些心理障碍，思想上有压力，工作不自信。对于某些较为棘手的工作，试点县（市）的科级干部往往无法充分表达自己的观点，不敢与省直部门的处级、厅级干部进行彻底的意见交流，无法充分发挥基层干部的工作积极性、主动性和创造性。

（二）激励不足——对干部的激励措施较为单一

当前省直管县体制下的党政领导干部制度在全国还没有统一的模式。现行的做法是将党政一把手予以高配，这是提升行政级别的措施。在传统的干部体制下，官员的行政级别决定了其政治、生活、工资、医疗等各种待遇。县一级在我国非常重要，但县级的行政级别比较低，最高为正处级。从这个角度讲，从行政级别入手，施行原职提级是一种思路，将这部分县委书记提拔为副厅级干部后，有利于他们在这一重要位置上稳定、长期工作。但这种方式也有弊端，它无疑放大了干部对于级别和提拔的关注。此外，还可能出现监管乏力，腐败高发的态势。县委书记的位置特殊，直接掌握着一个县域的人、财、物，影响县域的司法和舆论。所以，省直管县体制改革后，省直管县的县委书记面临更多、更大的风险和考验。首先，由于县委书记的"高配"和提升，同级监督则显得太软；由于政治体制改革的滞后和不配套，群众缺乏相应的知情权和参与权，下级监督难度较大；对县委书记从市管升格到省直管，省委难以全面了解下情，下面的情况也难以反映上去,导致上级的监督太远。其次,省直管县后,随着一系列强县扩权政策的实施,县委书记的权力将得到加强,作用的范围将更为扩大,这在客观上也增加了县委书记被"腐蚀"的可能性(洪晓静等,2009)。因此,要真正完善省直管县体制下的党政领导干部制度和提高县级党政领导干部的工作积极性,还需跳出行政级别的圈子,更好地实施以任期制、任期目标承诺制、引咎辞职制等为主体的激励约束机制。有效解决县级党政领导干部"能上亦能下"的问题(陈国权和郑春勇,2011)。

(三)走不动——干部垂直晋升渠道受阻

由于省委和省委组织部对省直管县处级干部的管理还处于探索阶段,相关体制机制还不完善,省县之间层级级差较大,在一定程度上导致干部垂直晋升渠道受阻。省直管县的书记和县长由省委管理,且书记和县长不宜频繁或同时调整,导致副处级干部在本县的晋升受到影响,进而影响科级干部晋升副处,造成整个县里的干部垂直晋升渠道狭窄。此外,省委组织部对副处级干部的管理责任没有完全到位,没有建立对副处级干部和科级干部直接考核的方法。副处级干部的晋升一般从科级干部选拔,对省直管县400名左右的科级干部的考核使省委组织部的管理难度和工作强度大大提升。也直接影响省直管县副处级干部的选拔任命和科级干部的晋升。晋升渠道堵塞的一个直接影响是基层干部的工作积极性。当处级干部调整出现问题时,由于职数限制,科级干部就没有上升渠道,减少了对科级干部的激励手段。一些长期在基层工作的同志,兢兢业业在基层干了一辈子,只能享受科级干部的工资待遇。在升迁无望的情况下,往往会产生消极悲观的情绪,工作干劲低落,人心不稳,影响工作效果。特别是个别面临退居二线的干部手握一定权力,在自感晋升无望、付出与回报不对等的情况下,可能产生思想上的波动。对于能力强、干劲足的年轻干部而言,他们更多的是追求组织的认可和重用,有更大的上升空间,晋升激励也是党组织调动年轻干部工作积极性常用的手段。但是,在晋升渠道不畅的前提下,省直管县缺少了对于年轻干部进行激励的手段,在很大程度上影响了他们干事创业的积极性和主动性,也影响了他们成长和进步的步伐。

(四)流不通——干部交流渠道不畅

与所在省辖市交流通道不畅。市管县的情况下,省辖市内的所有干部可以互相交流,县区干部可以和市直机关以及相关业务部门交流,各县区干部之间也可以交流,即使在本县区的晋升受阻,也有向其他县区和市直机关交流的机会。但省直管之后,财权、事权等方面省直管县与地级市基本上脱离了关系,所有的业务关系变成了县与省之间的关系,地级市变成了省直管县的"旁观者"。省直管县处级干部由省级党委管理,省辖市党委不再具有管理省直管县干部的权力,他们也没有积极性选拔省直管县干部。在全面省直管后，试点县与省辖市之间的干部交流渠道基本被切断。此外，试点县的处级干部越过省辖市党委，直接由省级党委任命和管理，这就形成了隔级管理现象。一方面，对于试点县处级干部的选拔任命，从民主推荐、人选提名到组织考察、民主测评，再到公示、组织任命，所需的时间为数月，大大增加了省委组织部的工作量；另一方面，省辖市与试点县干部的接触较多，对于其品德、性格、能力、修养等各方面素质的了解较为充分。相对而言，省委组织部对试点县干部情况的掌握较为有限，既难以形成合适的重点提拔对象，又难以保证公平公正。

与省直厅局交流渠道不畅。如果省直管县干部到省里各职能部门任职，由于省直部门的专业性和系统性较强，对省直管县干部适应和学习能力是较大的考验。省直部门具有机关工作的一般特点，较多时间在编制方案、计划和指导性文件，监督下级工作的执行情况，而省直管县的工作具有基层工作的一般特点，直接面对群众，解决其日常生活中的实际问题，较多时间在执行上级政策。省直部门的工作性质与县（市）的工作性质差别较大（中原发展研究院课题组，2015）。此外，直管县干部到省厅工作后，其拥有的丰富基层工作经验将难以发挥。由于省直单位的机构规格较高，内设机构就是县处级，且绝大多数干部人选都在本单位、本系统内部产生，较少考虑在省直管县的副处级干部中选拔，对省直管县干部而言上升的空间不大。从省直部门干部到省直管县任职看，有些省直部门干部身处的部门本身掌控的资源比较多，如果到地方要面临很大的不确定性，需要在地方上取得一定成绩才有重新回到省里或者晋升的可能。否则，在地方如果无法胜任，晋升的可能相对较小，所以省直干部到地方任职可能就会表现得不那么积极主动。

省直管县之间交流前景不容乐观。干部异地交流是我国干部人事管理体系的重要组成部分，也是干部管理工作的一项常规性任务。只有对当地情况和发展特点足够了解，才能真正有效提升管理县域的能力，摆脱执行性行政的弊端，因地制宜地发展地方经济；也只有提升县级党政干部的个人利益与当地发展的利益相关度，才能有效促进领导干部对县域发展进行全面关怀，提升公共服务的质量和效率。为此，省直管县体制下干部制度改革，应积极推行干部任免和管理本地化。省直管县之间的干部交流要跨越地级市，由于省直管县干部的身份认同、区域认同、文化认同等原因，其赴其他省直管县工作的积极性不足。此外，省直管县之间经济发展水平差异较大，导致不同发展水平省直管县干部交流时的难度较大。例如，省直管县既包括巩义、永城等相对富裕的经济强县，也包括滑县等相对落后的农业大县，由于各地的经济条件和公共设施有一定差距，让富裕县的副处级干部升职为贫穷县的正处级干部，也没有较大的吸引力（中原发展研究院课题组，2015）。

第二节　省直管县体制下干部制度改革路径

着力加强对省直管县干部的管理，重点是在加大交流上下功夫，打破省直管县干部交流使用的"孤岛"现象，使干部放下包袱，轻装上阵，合理流动，成长的渠道更加顺畅，让省直管县干部有干头、有盼头、不吃亏。

一、畅通干部交流渠道

实现省直管县分等并进行动态调整。按照一定的依据和标准，将县级政区划分为几个等级，再据此实行差异化行政管理的制度。对县而言，则可大致分为一类县、二类县、三类县，形成与行政级别相对应的序列（厅级、副厅级、正处级）。市县的分类、分等标准，应是由区域面积、人口数量、经济发展、公共服务、社会建设、生态保护、投资环境、开放程度等变量共同组成的综合评价体系。需要注意的是，市县分等不能绝对化、静态化，应该根据一定的周期进行动态调整，有升有降。而且，可以把政区等级的升降作为考核地方主要党政领导的重要标准。实现省直管县体制下的市县分等，党政干部就可以有更平等的机会流动到更高等级的县或市获得晋升的空间，最终减轻"省直管县"体制改革的阻力（李金龙和谢哲夫，2010）。

省直管县干部通过省直部门过渡后与市直部门交流。省直管县干部通过省直部门过渡后与市直部门交流，省直管县干部交流到省直相关部门，在省直部门工作一段时间后，由省直部门调动到省直管县原所属省辖市任职。既可以实现省直管县干部的本地交流、发挥省直管县干部基层工作经验丰富的特点，又打破了直管县和所属市辖区干部交流的屏障。此外，应强化省直管县与所在地级市之间的协调配合，重点加强土地利用和城乡规划、产业布局、基础设施建设、公共服务等方面的统筹协调，促进市场要素的合理配置和自由流动，实现重大公共基础设施共建共享，优势互补，共同发展，构建互利共赢的新型市县关系（张占斌，2013）。通过加强省直管县和省辖市之间的合作来拓展干部交流渠道。

二、强化对县处级以上干部的管理和使用

对省直管县处级以上干部的管理，除坚持党政正职由省委管理外，建议其余干部由省委组织部和省直管县原所属省辖市委共同管理，并酌情明确哪些职位以省委组织部为主来管理，哪些职位以省辖市委为主来管理，最大限度地发挥省辖市委对省直管县班子建设的主动性。对党政正职，应从保持工作的连续性和稳定性出发，原则上党政正职不同时交流调整。针对任职时间长、工作实绩突出的县委书记，可以考虑设立副厅级县委书记这个职位，有利于他们在这一重要位置上

稳定、长期工作。也可以进行政治级别、工资待遇上的激励，并且形成正规的长效机制。同时，因为省直管县体制改革政府承担着重要任务和责任，对省直管县县长表现优秀、符合条件的，根据工作需要，可优先明确为副厅级干部人选，或在全省范围内提拔使用，激发省直管县有效推进体制改革的内在动力。

三、干部交流向省直管县等基层倾斜

为激发广大干部立足基层干事创业的热情，要在全省范围内通盘考虑对省直管县的干部选配，根据整体超缺情况，在同等条件下优先考虑省直管县的干部。例如，省直厅局进行干部调整时，除一些特殊岗位外，必须预留一定的职数给省直管县的干部，探索建立各种载体，完善公推公派、公提公选、公推公选、竞争上岗等方式。对省直管县急需的"专业型"干部，要采取激励措施，有效引导省直单位干部到省直管县任职或挂职，最大限度地实现干部队伍资源的最佳配置。建立省直管县干部到省直厅局的挂职锻炼机制，通过培训、下派、上挂、交流和人才引进等方式，进一步深化人事管理体制改革。及时交流提拔一批在基层岗位和急难险重任务中经受考验、取得成绩的干部，一批扎根基层、服从大局、恪尽职守、群众公认的干部，畅通基层干部"上"的通道。要把优秀的干部资源向基层倾斜，使优秀的干部"下得去"。注重选拔综合素质高，熟悉县域经济、"三农"工作和社会管理的优秀人才交流到基层任职。切实加强县级领导班子建设，进一步强化重视基层、加强基层、服务基层的工作导向和用人导向（黄建华等，2014）。通过大力推进干部交流，拓展干部成长进步的空间，促进干部资源的优化配置，激发干部队伍的生机与活力。

四、注重改善领导班子结构

根据省直管县体制改革和领导班子建设的长远需要，在突出选优配强正职人选的基础上，注重培养选拔年轻干部、女干部、少数民族干部和非党干部，进一步优化班子结构，切实增强各级领导班子的整体功能。统筹消化超职超配的干部。省直管县超职数配备的县级干部（包括实职和虚职），是由原所属省辖市委管理时期形成的，消化干部的任务也压给省辖市委。相关省辖市消化超职数配备干部，势必带动干部微调，给干部工作注入生机。

第三节 本章小结

省直管对干部管理体制的积极影响主要表现在三个方面。第一，为省直管县干部提供了干事创业的广阔平台，这给省直管县干部莫大的激励。在此感召下，

干事创业的激情竞相迸发。第二，提升了省直管县干部选拔交流的机会。拓宽了省直管县干部选拔交流的平台，干部交流渠道可能实现多元化。例如，与省直单位、省管高校、省管企业及其他省辖市等之间的交流。第三，拓展了省直管县干部的培训教育的渠道。通过直接与省厅相关部门的业务联系和业务培训，提高了培训标准层级和水平，对提高省直管县干部政治理论水平、政策观念和业务素质能力是一个非常好的机遇。

省直管对干部管理体制的消极影响主要表现在三个方面。第一，激励不足——对干部的激励措施较为单一。将这部分县委书记提拔为副厅级干部后，有利于他们在这一重要位置上稳定、长期工作。但这种方式也有弊端，它无疑放大了干部对于级别和提拔的关注。当处级干部调整出现问题时，由于职数限制，科级干部就没有上升渠道，减少了对科级干部的激励手段。第二，走不动——"干部垂直晋升渠道受阻"。由于省委和省委组织部对省直管县处级干部的管理还处于探索阶段，相关体制机制还不完善，省县之间层级级差较大，在一定程度上导致干部垂直晋升渠道受阻。特别是副处级干部在本县的晋升受到影响，进而影响科级干部晋升，造成了整个县里的干部垂直晋升渠道狭窄。第三，流不通——"干部交流渠道不畅"。与所在省辖市交流通道不畅。省直管之后，省直管县处级以上领导干部的管理与原属省辖市完全脱钩，所有的业务关系变成了县与省之间的关系，导致省直管县与省辖市交流通道不畅。与省直厅局交流渠道不畅。由于省直部门的专业性和系统性较强，对省直管县干部适应和学习能力是较大考验，此外省直管县干部多年来积累的基层工作经验无法得到充分发挥。由于省直单位的机构规格较高，内设机构就是县处级，且绝大多数干部人选都在本单位、本系统内部产生，对省直管县干部而言上升的空间不大。省直管县之间交流前景不容乐观。省直管县之间的干部交流要跨越地级市，由于省直管县干部的身份认同、区域认同、文化认同等原因，其赴其他省直管县工作的积极性不足。此外，由于省直管县之间经济发展水平差异较大，不同发展水平省直管县干部交流时的难度较大。

第十一章 省直管县改革的备选对象

探索推进省直管县体制改革，是中央全面深化改革的一项重要部署，是河南省委、省人民政府的一项重大决策，是行政管理体制改革的积极探索。2011年，经中央机构编制委员会办公室批准，河南省委、省人民政府确定自2011年6月1日起在巩义等10个县（市）开展改革试点。经过相关改革，试点县（市）在经济增长、地方财政、城乡统筹、政府行政成本、干部流动等方面取得了显著成效。为培育更多区域经济发展新的战略支点、加快河南发展，还需推进更多县（市）进行省直管县改革。通过深化改革，形成权责一致、分工合理、决策科学、执行顺畅、监督有力的省直管县管理体制，切实提高行政效能，推动省直管县加快建设成为区域性中心城市。本章主要分析哪些县（市）更适合推进省直管县改革，为省委、省人民政府科学决策提供依据。

第一节 现有省直管县特点分析

河南现有巩义、兰考、滑县、长垣、汝州、固始、新蔡、邓州、永城、鹿邑10个省直管县（市）。省直管县平均人口97.15万人，比河南108个县（市）和98个非省直管县（市）平均人口分别多30.83万人和33.98万人；省直管县经济体量占市区的比重为70.86%，比河南省108个县（市）和98个非省直管县（市）平均值分别高12.66%和13.95%；省直管县与中心城市的平均距离为75.99km，比河南省108个县（市）和98个非省直管县（市）分别多出29.51km和32.53km（表11-1）。

表11-1 河南县域总体概况

类型	人口/万人	经济体量占市区比重/%	与中心城市距离/km
108个县（市）	66.32	58.20	46.48
98个非省直管县（市）	63.17	56.91	43.46
10个省直管县（市）	97.15	70.86	75.99

资料来源：《河南统计年鉴2014》。

从10个省直管县（市）内部看，邓州人口总量最大，达到143.07万人，是

10个省直管县（市）平均值的1.5倍；兰考人口总量最小，也达到108个县（市）的平均人口水平。鹿邑经济体量占市区的比重最大，达到127.14%，是10个省直管县（市）平均值的1.8倍；巩义虽然经济总量很大，位列全国百强县，在全国30个试点县中仅次于昆山，排名第二位，由于其所在的河南和中原经济区的核心城市郑州经济实力强大，其经济总量占市区比重仅为20.41%，具有一定的特殊性。固始与中心城市的距离最大，达到149.06km，是10个省直管县（市）平均值的2倍；兰考与中心城市的距离最小，为46.09km（表11-2）。

表11-2　10个省直管县（市）概况

县（市）	人口/万人	经济体量占市区比重/%	与中心城市距离/km
巩义	81.63	20.41	58.79
兰考	66.26	67.76	46.09
汝州	93.27	80.13	53.86
滑县	111.4	60.64	59.96
长垣	74.34	52.08	69.42
邓州	143.07	63.65	54.98
永城	123.05	98.23	90.10
固始	106.52	68.25	149.06
鹿邑	88.67	127.14	81.25
新蔡	83.24	70.31	96.37

第二节　省直管县设立最低标准

第一，距离标准。《中共河南省委河南省人民政府关于促进中心城市组团式发展的指导意见》（豫发〔2011〕11号）明确指出，中心城市组团是指距离省辖市中心城区30km左右，空间相对独立、基本服务功能完善、与中心城区分工合理、联系密切的城区，包括中心城区周边基础较好的县城、县级市市区和符合条件的特定功能区。根据这一定义，确定省直管县距离中心城市的最低距离为30km。

第二，人口标准。河南省委、省人民政府对省直管县寄予厚望，尽快建成50万人左右的地区副中心城市，打造全省区域经济新的战略支点。根据这一要求，省直管县的人口最低为50万人。

第三，经济体量。省直管县未来要发展成为区域中心城市以及经济增长极，必须具有一定的经济体量。现有 108 个县（市）占市区经济体量的均值为 58.20%，除省直管县外的 98 个县（市）占市区经济体量的均值为 56.91%。将此标准适当放宽，设定省直管县经济体量占市区比重的最低标准为 30%。

第三节　新省直管县选择范围

根据上述最低标准，对河南除省直管县外的 98 个县进行了遴选，杞县、林州、夏邑、沈丘、郸城、太康、平舆、通许、尉氏、内黄、封丘、鄢陵、襄城、禹州、舞阳、灵宝、方城、淅川、唐河、新野、民权、睢县、柘城、罗山、光山、商城、潢川、淮滨、息县、扶沟、项城、西平、上蔡、正阳、泌阳、汝南等 36 个县可以作为河南下一步省直管县的备选（图 11-1）。

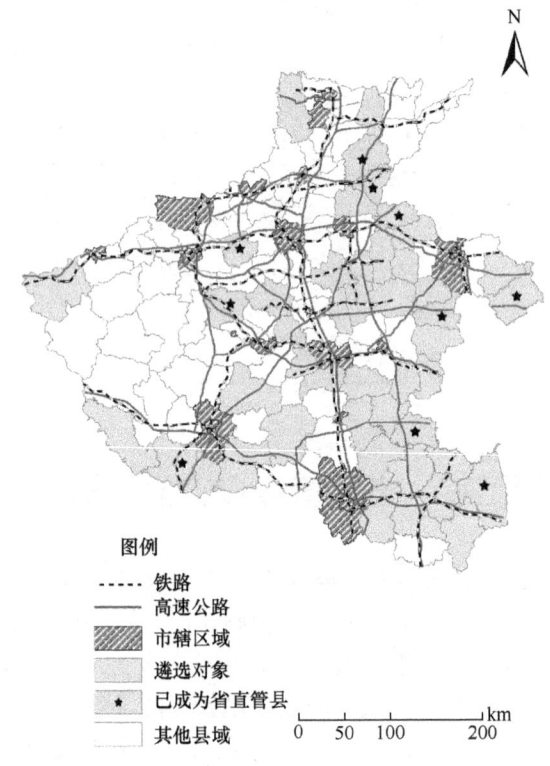

图 11-1　省直管县遴选对象（36 个）

若参考现有 10 个省直管县（市）的人口规模、经济体量、距离中心城市距离三个指标的平均值，以距离中心城市距离（大于 45km）、相对于中心城区的经济体量（大于 50%）、人口规模（大于 70 万人）等为标准，杞县、林州、夏邑、沈丘、郸城、太康、平舆 7 个县（市）可以作为省直管县的优先备选对象（表 11-3）。

进一步地，对其他 29 个县进行了甄别和排除，由于部分县已经参与都市区一体化、城市集群建设、对接航空港区等，这些县不宜划为省直管县（表 11-4）。排除这些县后，封丘、禹州、灵宝、淅川、新野、民权、睢县、柘城、光山、商城、潢川、淮滨、息县、扶沟、上蔡、正阳、泌阳 17 个县（市）为一般备选对象（图 11-2，表 11-5）。

表 11-3　省直管县优先备选对象

县（市）	人口（>70 万人）/万人	经济体量占市区比重（>50%）/%	与中心城市距离（>45km）/km
杞县	94.79	88.21	50.96
林州	78.90	77.69	47.61
夏邑	88.38	51.87	46.81
沈丘	95.26	120.08	46.84
郸城	95.41	121.25	50.43
太康	106.06	124.85	53.07
平舆	71.73	66.59	59.69

表 11-4　省直管县一般备选对象甄别

县（市）	人口（>50 万人）/万人	经济体量占市区比重（>30%）/%	与中心城市距离（>30km）/km	排除原因
通许	56.28	59.99	39.21	地级市至少带 2 个县
尉氏	87.19	92.31	44.68	对接航空港区
内黄	67.78	42.09	51.06	安阳城市组团
封丘	73	34.56	53.24	
鄢陵	55.06	91.05	33.21	对接航空港区
襄城	67.03	111.82	39.42	许昌水源地
禹州	112.93	184.38	36.41	
舞阳	54.59	31.15	44.05	地级市至少带 2 个县
灵宝	72.55	263.02	40.90	
方城	90.4	34.84	51.09	南阳中心城市组团
淅川	67.29	32.48	98.49	
唐河	123.92	51.00	43.50	南阳中心城市组团
新野	61.47	33.98	55.93	
民权	72.06	45.87	53.61	
睢县	66.77	40.47	53.20	
柘城	69.49	43.50	50.33	

续表

县（市）	人口（>50万人）/万人	经济体量占市区比重（>30%）/%	与中心城市距离（>30km）/km	排除原因
罗山	52.45	36.23	42.98	信阳城市组团
光山	60.36	39.26	78.47	
商城	52.01	35.57	130.03	
潢川	66.04	46.98	90.50	
淮滨	57.61	35.17	128.57	
息县	81.34	47.96	65.85	
扶沟	60.06	81.81	54.03	
项城	97.16	132.97	31.84	周项淮一体化
西平	68.84	66.36	41.19	漯河辐射带动
上蔡	100.20	83.87	37.34	
正阳	62.59	57.05	59.56	
泌阳	67.78	66.69	69.88	
汝南	64.78	60.75	33.50	驻马店城市集群

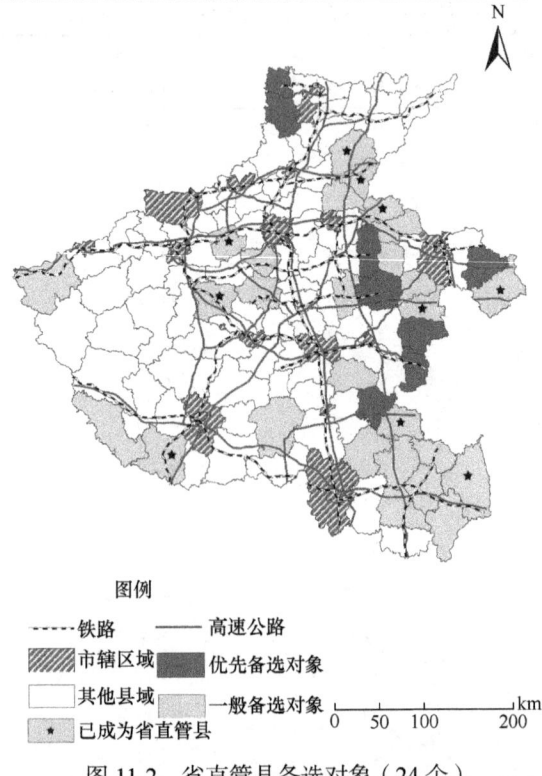

图 11-2　省直管县备选对象（24个）

表 11-5　省直管县备选对象

类别	县（市）	人口/万人	经济体量占市区比重/%	与市区距离/km
优先备选对象	杞县	94.79	88.21	50.96
	林州	78.90	77.68	47.61
	夏邑	88.38	51.87	46.81
	沈丘	95.26	120.08	46.84
	郸城	95.41	121.25	50.43
	太康	106.06	124.85	53.07
	平舆	71.73	66.59	59.69
一般备选对象	封丘	73	34.56	53.24
	禹州	112.93	184.38	36.41
	灵宝	72.55	263.02	40.90
	淅川	67.29	32.48	98.49
	新野	61.47	33.98	55.93
	民权	72.06	45.87	53.61
	睢县	66.77	40.47	53.20
	柘城	69.49	43.50	50.33
	光山	60.36	39.26	78.47
	商城	52.01	35.57	130.03
	潢川	66.04	46.98	90.50
	淮滨	57.61	35.17	128.57
	息县	81.34	47.96	65.85
	扶沟	60.06	81.81	54.03
	上蔡	100.20	83.87	37.34
	正阳	62.59	57.05	59.56
	泌阳	67.78	66.69	69.88

对 24 个备选对象进行了逐一分析，结合每个县（市）所处的交通区位条件、人口规模、经济体量、与市区距离，在更大空间范围内综合统筹。其中，商丘市民权交通区位条件优越，陇海铁路、连霍高速、郑徐客运专线高铁车站等过境，

其重点实施"东拓南扩"发展战略,建议其与南部相邻的睢县进行整合,打造商丘西部经济增长极。信阳市光山、商城、潢川、淮滨 4 个县距离中心城区较远、相对市区的经济体量较小,鉴于潢川交通区位条件优越,宁西铁路、京九铁路、沪陕高速等在此交汇,且人口数量较多、经济实力较强,可由潢川整合周边其他三个县,打造信阳东部地区经济增长极(表 11-6)。建议对杞县、林州、夏邑、沈丘、郸城、太康、平舆、封丘、禹州、灵宝、淅川、新野、民权、柘城、潢川、息县、扶沟、上蔡、正阳、泌阳 20 个县(市)进行直管(表 11-7,图 11-3)。

表 11-6 省直管县备选对象进一步甄别

类别	县(市)	人口/万人	经济体量占市区比重/%	与市区距离/km	备注
优先建议对象	杞县	94.79	88.21	50.96	
	林州	78.90	77.68	47.61	
	夏邑	88.38	51.87	46.81	
	沈丘	95.26	120.08	46.84	
	郸城	95.41	121.25	50.43	
	太康	106.06	124.85	53.07	
	平舆	71.73	66.59	59.69	
一般建议对象	封丘	73	34.56	53.24	
	禹州	112.93	184.38	36.41	
	灵宝	72.55	263.02	40.90	
	淅川	67.29	32.48	98.49	
	新野	61.47	33.98	55.93	
	民权	72.06	45.87	53.61	民权
	睢县	66.77	40.47	53.20	
	柘城	69.49	43.50	50.33	
	光山	60.36	39.26	78.47	潢川
	商城	52.01	35.57	130.03	
	潢川	66.04	46.98	90.50	
	淮滨	57.61	35.17	128.57	
	息县	81.34	47.96	65.85	
	扶沟	60.06	81.81	54.03	

续表

类别	县（市）	人口/万人	经济体量占市区比重/%	与市区距离/km	备注
一般建议对象	上蔡	100.20	83.87	37.34	
	正阳	62.59	57.05	59.56	
	泌阳	67.78	66.69	69.88	

表 11-7　省直管县建议对象

类别	县（市）	人口/万人	经济体量占市区比重/%	与市区距离/km
优先建议对象	杞县	94.79	88.21	50.96
	林州	78.90	77.68	47.61
	夏邑	88.38	51.87	46.81
	沈丘	95.26	120.08	46.84
	郸城	95.41	121.25	50.43
	太康	106.06	124.85	53.07
	平舆	71.73	66.59	59.69
一般建议对象	封丘	73	34.56	53.24
	禹州	112.93	184.38	36.41
	灵宝	72.55	263.02	40.90
	淅川	67.29	32.48	98.49
	新野	61.47	33.98	55.93
	民权	72.06	45.87	53.61
	柘城	69.49	43.50	50.33
	潢川	66.04	46.98	90.50
	息县	81.34	47.96	65.85
	扶沟	60.06	81.81	54.03
	上蔡	100.20	83.87	37.34
	正阳	62.59	57.05	59.56
	泌阳	67.78	66.69	69.88

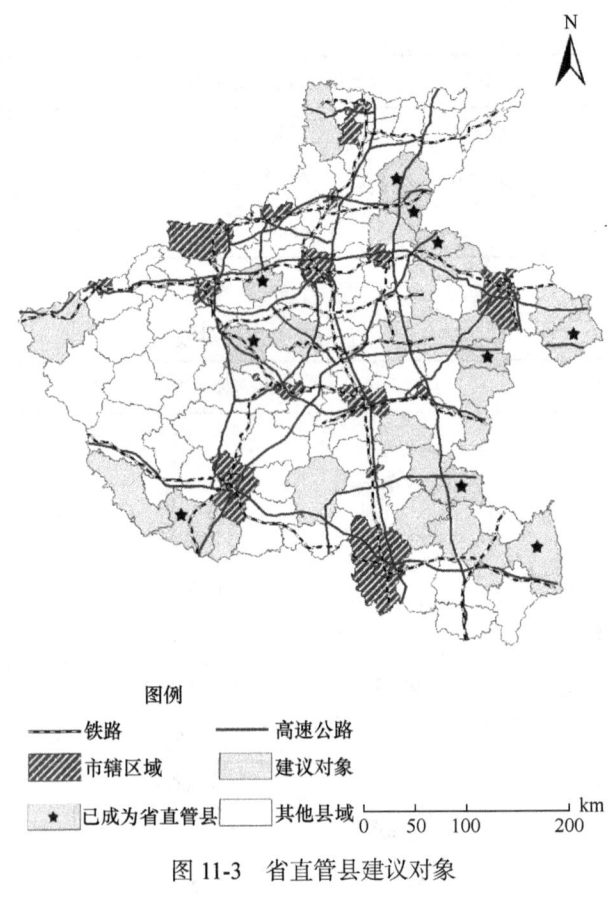

图 11-3　省直管县建议对象

第四节　本 章 小 结

参考现有 10 个省直管县（市）的人口规模、经济体量、距离中心城市距离三个指标的平均值，以距离中心城市距离（大于 45km）、相对于中心城区的经济体量（大于 50%）、人口规模（大于 70 万人）等为标准，杞县、林州、夏邑、沈丘、郸城、太康、平舆 7 个县（市）可以作为省直管县的优先备选对象。由于部分县已经规划到都市区一体化、参与城市集群建设、对接航空港区等，这些县不宜划为省直管县。排除这些县后，封丘、禹州、灵宝、淅川、新野、民权、睢县、柘城、光山、商城、潢川、淮滨、息县、扶沟、上蔡、正阳、泌阳 17 个县（市）作为省直管县的一般备选对象。

对 24 个备选对象进行了逐一分析，在更大空间范围内综合考虑。建议对杞县、林州、夏邑、沈丘、郸城、太康、平舆、封丘、禹州、灵宝、淅川、新野、民权、柘城、潢川、息县、扶沟、上蔡、正阳、泌阳 20 个县（市）进行直管。

参考文献

才国伟, 张学志, 邓卫广. 2011. "省直管县"改革会损害地级市的利益吗?[J]. 经济研究,（7）: 65-77.

陈国权, 郑春勇. 2011. 省管县改革中的党政领导干部管理问题[J]. 探索与争鸣,（1）: 42-45.

陈钊. 2006. 地级行政区划调整对区域经济发展的影响——以四川为例[J]. 经济地理, 26（3）: 418-421.

崔凤军, 陈晓. 2012. "省管县"体制对不同等级行政区域经济发展的影响研究——以浙江省为例[J]. 经济地理, 32（9）: 1-7.

邓雪, 李家铭, 曾浩健, 等. 2012. 层次分析法权重计算方法分析及其应用研究[J]. 数学的实践与认识, 42（7）: 93-100.

邓悦, 周宇航. 2013. 基于双重差分法的改革绩效评估——以河南邓州强县扩权为例[J]. 江西社会科学, 3（2）: 178-182.

丁肇启, 萧鸣政. 2017. 省管县新模式"全面直管"改革政策效果分析——基于河南省的研究[J]. 公共管理学报,（2）: 14-25, 153.

樊建飞, 周俊俊. 2011a. "省管县"体制改革的动力机制[J]. 理论学习,（3）: 58-61.

樊建飞, 周俊俊. 2011b. 四维视阈下"省管县"体制改革的动力机制研究[J]. 改革与开放,（5）: 23-25.

方创琳. 2014. 中国城市发展方针的演变调整与城市规模新格局[J]. 地理研究, 33（4）: 674-686.

干春晖, 郑若谷, 余典范. 2011. 中国产业结构变迁对经济增长和波动的影响[J]. 经济研究,（5）: 4-16, 31.

顾朝林, 王颖, 邵园, 等. 2015. 基于功能区的行政区划调整研究——以绍兴城市群为例[J]. 地理学报, 70（8）: 1187-1201.

国务院发展研究中心课题组. 2011. 农民工市民化进程的总体态势与战略取向[J]. 改革,（5）: 5-29.

韩春晖. 2011. "省管县": 历史与现实之间的观照——中国地方行政层级的优化改革[J]. 行政法学研究,（1）: 115-122.

韩艺. 2015. 省直管县体制改革进程中的市县关系——嬗变、困境与优化[J]. 北京社会科学,（5）: 73-79.

贺曲夫, 刘君德. 2009. 省直辖县（市）体制实现的路径及其影响[J]. 经济地理, 29（5）: 741-745.

洪晓静, 虞江永, 周英姿. 2009. 县委书记任命权收归省委利弊析[J]. 领导科学,（33）: 4-5.

胡汉伟, 杨华伟, 王飞. 2014. 省直管县体制在破解市管县体制弊端中的积极作用[J]. 行政科学论坛, 1（6）: 38-42.

黄建华, 戴树源, 陈远, 等. 2014. "省直管县"体制下干部人事管理制度研究[J]. 湖南社会科学,（2）: 11-15.

贾俊雪, 张永杰, 郭婧. 2013. 省直管县财政体制改革、县域经济增长与财政解困[J]. 中国软科学,（6）: 22-29.

金世斌, 刘为民, 邱家林, 等. 2018. 省管县改革中的突出问题与破解路径[J]. 唯实, (4): 36-40.
金淑婷, 李博, 杨永春, 等. 2015. 地学视角下的中国县级行政区空间格局演变[J]. 经济地理, 35（1）: 29-37.
克拉克. 1987. 经济进步的条件[A]//宫尺健一. 产业经济学[M]. 2 版. 东京: 东洋经济新报社.
库兹涅茨. 1985. 各国的经济增长[M]. 常勋, 等译. 北京: 商务印书馆.
寇明风, 王晓哲. 2010. 省直管县改革的三维视角: 历史经验、西方模式与实践问题[J]. 地方财政研究, (3): 6-10.
李金龙, 邓春生. 2009. 新中国行政区划六十年回顾与展望[J]. 经济地理, 29（12）: 1952-1956.
李金龙, 谢哲夫. 2010. "省直管县"的现实可能性: 改革的战略性调整[J]. 甘肃社会科学, (3): 244-247.
李金珊, 叶托. 2010. 县域经济发展的激励结构及其代价——透视浙江县政扩权的新视角[J]. 浙江大学学报（人文社会科学版）, (3): 107-115.
李猛. 2012. "省直管县"改革的经济影响[J]. 经济学家, (3): 55-58.
李明强, 庞明礼. 2007. "省管县"替代"市管县"的制度分析[J]. 财政研究, (3): 59-61.
李葳. 2013. "省管县"体制对县域发展的影响——基于浙江省面板数据的双重差分[D]. 杭州: 浙江大学硕士学位论文.
李晓玉. 2008. 中国市管县体制变迁与制度创新研究[D]. 武汉: 华中师范大学博士学位论文.
李郇, 徐现祥. 2015. 中国撤县（市）设区对城市经济增长的影响分析[J]. 地理学报, 70（8）: 1202-1214.
廖建江, 祝平衡. 2017. 湖南"省直管县"财政体制改革对县域经济发展影响实证分析[J]. 经济地理, 37（4）: 52-57, 116.
刘君德. 2006. 中国转型期"行政区经济"现象透视——兼论中国特色人文—经济地理学的发展[J]. 经济地理, 26（6）: 897-901.
刘君德, 林拓. 2015. 中国行政区经济与行政区划: 理论与实践[M]. 南京: 东南大学出版社.
刘君德, 贺曲夫, 胡德. 2006. 论"强县扩权"与政区体制改革[J]. 杭州师范学院学报（社会科学版）, 28（6）: 47-51.
刘晓斌. 2012. 我国公共管理中行政成本控制与政府效率提高——欧债危机的警示[J]. 企业研究, (10): 4-7.
龙朝双, 谢昕. 2001. 地方政府学[M]. 武汉: 中国地质大学出版社.
罗植, 杨冠琼, 赵安平, 等. 2013. "省直管县"是否改善了县域经济绩效: 一个自然实验证据[J]. 财贸研究, (4): 91-99.
马斌. 2009. 政府间关系: 权力配置与地方治理: 基于省、市、县政府间关系的研究[M]. 杭州: 浙江大学出版社.
毛琦梁, 董锁成, 黄永斌, 等. 2014. 首都圈产业分布变化及其空间溢出效应分析——基于制造业从业人数的实证研究[J]. 地理研究, 33（5）: 899-914.
潘文卿. 2012. 中国的区域关联与经济增长的空间溢出效应[J]. 经济研究, (1): 54-65.
庞明礼. 2007. "省管县": 我国地方行政体制改革的趋势?[J]. 中国行政管理, (6): 21-25.
配第. 1978. 政治算术[M]. 陈冬野译. 北京: 商务印书馆.
皮建才. 2015. 省管县与市管县的比较制度分析[J]. 中国经济问题, (6): 3-14.
浦善新. 2006. 中国行政区划改革研究[M]. 北京: 商务印书馆.

钱纳里. 1989. 工业化和经济增长的比较研究[M]. 上海：上海三联书店.
任丰金, 胡汉伟, 王飞. 2014. 我国地方政府管理层级历史沿革及启示[J]. 行政科学论坛, 1（6）: 59-62.
史卫东. 2006. 省制以来统县政区发展研究[D]. 上海：华东师范大学博士学位论文.
孙斌栋, 丁嵩. 2016. 大城市有利于小城市的经济增长吗?——来自长三角城市群的证据[J]. 地理研究, 35（9）: 1615-1625.
孙东琪, 张京祥, 胡毅, 等. 2013. 基于产业空间联系的"大都市阴影区"形成机制解析——长三角城市群与京津冀城市群的比较研究[J]. 地理科学, 33（9）: 1043-1050.
孙永杰. 2016. 省直管县促进了区域经济增长吗?——来自河南省县域经济的证据[J]. 地方财政研究, （8）: 47-52.
谭兰英. 2013. "省管县"：体制改革进程中的问题与对策[J]. 中国政法大学学报, （5）: 119-125, 161.
陶然, 陆曦, 苏福兵, 等. 2009. 地区竞争格局演变下的中国转轨：财政激励和发展模式反思[J]. 经济研究, （7）: 21-33.
汪应洛. 2003. 系统工程[M]. 3版. 北京：机械工业出版社.
汪宇明. 2004. 中国省直管县市与地方行政区划层级体制的改革研究[J]. 人文地理, 19（6）: 71-74.
王婧, 乔陆印, 李裕瑞. 2016. "省直管县"财政体制改革对县域经济影响的多维测度——以山西省为例[J]. 经济经纬, 33（2）: 1-6.
王开泳, 陈田. 2018. 行政区划研究的地理学支撑与展望[J]. 地理学报, 73（4）: 688-700.
王少剑, 王洋, 赵亚博. 2015. 1990年来广东区域发展的空间溢出效应及驱动因素[J]. 地理学报, 70（6）: 965-979.
王雪丽. 2013. 中国"省直管县"体制改革研究[M]. 天津：天津人民出版社.
王玉明. 2009. 试论广东实行省管县体制的必要性与实现路径[J]. 岭南学刊, （4）: 62-67.
魏衡, 魏清泉, 曹天艳, 等. 2009. 城市化进程中行政区划调整的类型、问题与发展[J]. 人文地理, 24（6）: 55-58.
吴金群. 2013. 省管县体制改革：现状评估及推进策略[M]. 南京：江苏人民出版社.
吴云清, 翟国方, 李莎莎. 2012. 省管县体制下的中心城市空间布局耦合——以苏州市为例[J]. 现代城市研究, 27（6）: 45-49, 71.
肖立辉. 2016. 中国省直管县体制改革中的问题及对策[J]. 当代中国政治研究报告, （00）: 3-38.
徐建华. 2002. 现代地理学中的数学方法[M]. 北京：高等教育出版社.
杨宇立. 2011. 中外政府行政管理成本实证比较[J]. 社会科学, （11）: 31-39.
叶兵, 黄少卿, 何振宇. 2014. 省直管县改革促进了地方经济增长吗?[J]. 中国经济问题, （6）: 3-15.
叶冠杰, 李立勋. 2018. 行政区划调整与管理体制改革对经济强县经济发展的影响——以广东省佛山市顺德区为例[J]. 热带地理, 38（3）: 394-404.
叶子荣, 郑浩生. 2013. "省直管县"改革的经济绩效实证研究——来自四川省县（市）面板数据的经验证据[J]. 天府新论, （5）: 51-54.
余鑫星, 吴永兴. 2011. 行政区划体制与浙中地区的城市发展研究——以金华—义乌的相互关系为例[J]. 经济地理, 31（1）: 72-78.

战金艳, 鲁奇. 2003. 中国基础设施与城乡一体化的关联发展[J]. 地理学报, 58（4）: 611-619.

张改素. 2015. 基于新型城镇化的中原经济区城乡统筹发展研究[D]. 开封: 河南大学博士学位论文.

张京祥. 2009. 省直管县改革与大都市区治理体系的建立[J]. 经济地理, 29（8）: 1244-1249.

张京祥, 庄林德. 2000. 大都市阴影区演化机理及对策研究[J]. 南京大学学报（自然科学版）, 36（6）: 687-692.

张永理. 2012. 我国行政区划层级历史变迁——兼谈其对省直管县体制改革的启示[J]. 北京行政学院学报, （2）: 5-10.

张占斌. 2009. 省直管县体制改革的实践创新[M]. 北京: 国家行政学院出版社.

张占斌. 2013. 省直管县改革新试点: 省内单列与全面直管[J]. 中国行政管理, （3）: 11-15.

赵建吉, 吕可文, 田光辉, 等. 2017. 省直管能提升县域经济绩效吗?——基于河南省直管县改革的探索[J]. 经济经纬, （3）: 1-6.

郑新业, 王晗, 赵益卓. 2011. "省直管县" 能促进经济增长吗? ——双重差分方法[J]. 管理世界, （8）: 34-44, 65.

中原发展研究院课题组. 2015. 地方治理体系现代化探索: 河南省市县并立体制研究[M]. 北京: 社会科学文献出版社.

周黎安. 2007. 中国地方官员的晋升锦标赛模式研究[J]. 经济研究, （7）: 36-50.

周仁标. 2011. 市领导县体制的战略意涵、历史嬗变及重构思路[J]. 社会主义研究, （2）: 77-80.

周仁标. 2012. "省管县" 改革的动因、困境与体制创新研究[M]. 芜湖: 安徽师范大学出版社.

周天勇. 2014. 从市管县到省管县的体制变迁[J]. 中国党政干部论坛, （7）: 7-11.

周湘智. 2009. 我国省直管县（市）研究中的几个问题[J]. 科学社会主义, （6）: 76-80.

朱光磊. 2008. 当代中国政府过程 [M]. 3 版. 天津: 天津人民出版社.

朱建华, 陈田, 王开泳, 等. 2015. 改革开放以来中国行政区划格局演变与驱动力分析[J]. 地理研究, 34（2）: 247-258.

朱建华, 陈曦, 戚伟, 等. 2017. 行政区划调整的城镇化效应——以江苏省为例[J]. 经济地理, 37（4）: 76-83.

Athey S, Roberts J. 2001. Organizational design: decision rights and incentive contracts [J]. American Economic Review, 91（2）: 200-205.

Brenner N. 1999. Globalization as reterritorialization: The re-scaling of urban governance in the European Union [J]. Urban Studies, 36（3）: 431-451.

Keen M, Marchand M. 1997. Fiscal competition and the pattern of public spending [J]. Journal of Public Economics, 66（1）: 33-53.

Krugman P. 1993. On the number and location of cities [J]. European Economic Review, 37（2-3）: 293-298.

Lewis W A. 1954. Economic development with unlimited supplies of labour [J]. The Manchester School, 22（2）: 139-191.

Puga D. 1988. Urbanization patterns: European versus less developed countries [J]. Journal of Regional Science, 38（2）: 231-252.

Rosenthal S S, Strange W C. 2001. The determinants of agglomeration [J]. Journal of Urban Economics, 50（2）: 191-229.

Rostow W W. 1962. The Stages of Economic Growth. London: Cambridge University Press.

Todaro M P. 1969. A model of labor migration and urban unemployment in less developed countries [J]. The American Economic Review, 59（1）: 138-148.

Wagenaar F P. 2004. Excises, postal services, oaths of office and property taxes: How small administrative adjustments led to large changes in intergovernmental relations [J]. Administrative Theory & Praxis, 26（4）: 545-565.

Wellisch D. 2000. Theory of Public Finance in a Federal State [M]. Cambridge: Cambridge University Press.

Wheaton W C. 2000. Decentralized welfare: Will there be underprovision?[J]. Journal of Urban Economics, 48（3）: 536-555.

Wollmann H. 2000. Local government systems: From historic divergence towards convergence? Great Britain, France, and Germany as comparative cases in point[J]. Environment and Planning C: Government and Policy, 18（1）: 33-55.

Wu F. 2000. The global and local dimensions of place-making: Remaking Shanghai as a world city [J]. Urban Studies, 37（8）: 1359-1377.